초국적 공간에서의
경계 재생산
그리고 귀환

초국적 공간에서의
경계 재생산
그리고 귀환

| 방미화 지음 |

책을 펴내며

1992년 한중수교이후로부터 시작된 중국 조선족들의 한국 이주는 지금까지 거의 30년의 역사를 만들어가고 있다. 그 역사는 이동하는 조선족들의 삶의 열정과 몸부림, 해탈과 수행, 고통과 깨달음 등 수많은 느낌들로 점철되었으며 그만큼 그들의 삶의 이야기는 깊고 넓었다.

하지만 한가지만은 분명했다. 한국으로 입국한 조선족들은 자신이 실현하고자 하는 목표와 법적·제도적 제약 사이에서 탈출구를 찾기 위한 행위자로 변모한다는 것, 따라서 그들의 삶은 몸과 돈의 이야기들로 가득 차게 된다는 것. 또 한 가지 더 주목해야 할 것은 그들은 자신이 처한 사회적 조건을 종종 조선족이라는 자신의 민족적 조건과 연관 지어 해석하고자 하며, 해석에 따라 일상적 실천의 방식도 다르다는 것이다. 이러한 사회적 현실에 기초하여 나는 재한 조선족을 연구함에 있어서 무엇보다도 민족적 소속감에 대한 그들의 주관적인 느낌, 인지, 감각들을 그들의 사회적 삶을 재조명하는 바탕으로 삼고자 하였다. 그리고 그들의 삶의 세계를 드러내기 위한 작업의 결과로 2013년 7월『이동과 정착의 경계에서 : 재한 조선족의 실천전략과 민족 정체성』이라는 책이 출판되었다.

그리고 30여년이라는 한국 이주의 역사를 거쳐 현재 고향으로 돌아와 정착하거나 정착하려는 조선족들이 늘어나고 있다. 성공적으로 정착한 조선족들은 대부분 창업에 성공한 조선족들이거나 경제적 자립을 실현한 조선족들로서 재정착에 실패한 조선족들은 다시 제3의 도시 혹은 국가로 이주하거나 아니면 한국으로 재이주하는 순환이주의 구성원이 된다.

이 책에서는 위 저서에서 반영되지 못한 부분들 예하면, 한국에서 살아가는 조선족들과 한국인 집단 간의 차이와 차이에 대한 조선족들의 느낌, 인지, 해석, 대응방식 및 문화적 실천 등에 대해 보완하였으며 경계에 직면한 재한 조선족들의 '민족적 소속'에 대한 자기 규정의 현실적 조건들을 드러냄으로써 기존 연구를 뒷받침하고자 했다. 그리고 책의 2부에서는 고향에서의 재정착을 실현하는 하나의 통로로서의 귀환창업 사례들을 대상으로 연변지역으로 돌아온 조선족들의 창업활동 양상, 창업 과정에서 직면한 공통적 애로사항을 고찰함으로써 재정착 과정에 필요한 정책을 제시함과 동시에 조선족 귀환 이주자에 대한 향후 연구 과제를 제시하였다.

중국 조선족은 국제화 시대 이주 행위주체들이 일상에서 맺는 복잡한 사회, 정치, 문화적 관계를 고찰하는데 적합한 대상이다. 초국적 공간에서 진행되는 그들의 일상적 실천은 미시적 수준에서 수행되는 문화적 실천들의 성격을 국가, 사회, 문화 등 차원에서 잘 보여줄 뿐만 아니라 '초국가주의'의 시대에 탈영토적 움직임이 국가 간의 경계를 무너뜨리면서도 어떻게 민족 집단 간의 경계가 구축되는지를 잘 보여줄 수 있을 뿐만 아니라, 기존의 한국의 이념과 관념이 어떻게 이주민 집단 특히 재외동포와 한국 주류집단 간의 '민족적 만남(ehnic encounter)'을 어떻게 독특하게 만들고 있는지, 그것이 한국사회에 만연되어 있던 일상적 관념에 어떤 도전을 제기하는지를 살펴봄에 있어서도 중요한 시사점을 제시할 수 있을 것이다.

 지면을 빌어 주제를 좀 떠난 이야기를 덧붙인다면, 아니 약간 추상적인 이야기를 해본다면, 우리가 영원하다고 생각하는 모든 현상들은 결국은 영원하지 않다. 하나의 사건은 어떤 사물을 생겨나게 하고, 얼마 후에 또 다른 조건은 그 사물을 소멸하게 만들며, 세상은 매 순간 끊임없이 변화하는 과정을 겪고 있다. 우리가 알고 있는 세상은 생멸의 순환반복 중의 한 순간에 지나지 않는다. 이와 같이 "주체"의 종말을 선고받은 시대, 우리의 연구도 진정으로 탈영토화되어야 할 시점에 이른 것이 아닌가 라는 생각이 든다. 인격체나 인과관계를 전제하지 않는 탈영토화과정은 결국 본질로서 한 사물의 동일성을 보증해주는 '주체' 혹은 '존재'가 없음을 제시하는 것이며, 한 사물 혹은 실체는 항구성과 우월성이 없음을 강조하고 있는 것이라 볼 수 있다. 다시 말해서 모두가 중심이 아님을 말해주는 것이다.

 끝으로 이 책이 출간되기까지는 많은 사람들의 관심과 도움이 있어 가능하였다. 먼저, 자료를 수집하는 과정에서 자신의 진술한 삶의 이야기를 들려주신 조부모, 부모 형제분들에게 감사의 인사를 올린다. 그들은 나를 딸처럼 친구처럼 동생처럼 믿고 나의 연구에 적극적인 협력을 아끼지 않았다.

또 이들의 소중한 이야기를 논문으로 엮어내는 과정에서 내가 방황할 때마다 격려와 힘을 주신 분들에게도 감사의 인사를 드리고 싶다. 그리고 이 책의 출간에 힘써주신 김현선 선배님께 고마움의 인사를 드린다. 내가 평생 마음에 간직할 모든 분들에게 지면을 빌어 깊은 감사의 인사를 올린다.

차례

제2부 귀환하는 조선족들과 고향에서의 재정착

제1부

한국에서의 사회적 삶과
경계의 재생산

제1장
서론

1. 왜 조선족인가

1) 문제 제기

<황해>가 한국 사회에 대한 위협으로 조선족을 상상하고 재현한
영화적 악몽이라면, 장률 감독의 <망종>은 중국 사회에서 조선족
으로 사는 것이 어떤 것인지를 드러내는 현미경이다. <황해>에서
조선족은 한국 사회를 위협하는 타자로, <망종>에서는 중국 사회
가 밀어내는 소수 집단으로 재현된다.[1]

중국에서 어렸을 적에는 한족들이 우리를 조선 사람 꼬리빵즈(高
麗棒子)라고 배척하고, 한중 수교 이후에는 한국 제품들이 중국에
들어오자 또 우리를 '너희 한국인들' 하면서 우리가 중국인이라는
것을 부정하고, 지금 한국에 와서도 한국 사람들이 '너희들은 중
국인이다'라고 하기에 조선족들은 결코 박쥐 같은 존재일 수밖에
없는 거야. 중국인도 아니고 한국인도 아닌 조선족일 수밖에 없는
존재지(전수철, 본 연구의 면담대상자).

위의 두 단락 글은 한반도로부터 중국 동북지역으로 이주하여 중
국의 '소수민족'으로 형성된 '조선족' 그리고 탈냉전과 지구화의 흐
름 속에서 한국으로 이주하게 된 '중국 조선족'들의 '경계인'적 정체

---

1) 「황해가 외면한 조선족 삶」, http://www.mediatoday.co.kr/news/articleView.html?idxno=92984
(2012.7.16일 접속).

성을 압축적으로 보여주는 글이다. 이 책에서 주목하고자 하는 부분이 바로 '경계인'으로 살아가는 재한 조선족의 사회적 삶의 경험에 관한 것들이다.

중국 조선족(이하 조선족)은 19세기 후반부터 한반도에서 중국 동북지역으로 이주하여 중국의 '소수민족'으로 형성된 조선인과 그 후손들을 가리킨다. 그들은 1990년대 이전까지 중국 동북지역에 집거하여 살면서 촌락형의 민족공동체를 형성하고 유지해왔다. 그러나 1990년대부터 동북아시아의 정치경제적 변동 속에서 조선족 집단은 중국의 연해개방도시 혹은 미국, 일본, 러시아, 북미 국가, 한국 등 여러 나라로 이주하는 이주민 집단으로 변화하게 된다. 그중에서도 한국으로의 이동이 가장 활발히 진행되고 있으며, 현재(2019. 9월 기준) 한국에 체류하고 있는 조선족은 712,637명으로서 전체 체류 외국인 가운데서 29%를 차지하는 수치로 가장 높은 비중을 차지한다.[2]

1992년 한중 수교 이후부터 한국으로 이주하기 시작한 조선족들은 한국에서 '못사는 나라에서 온 중국인' 혹은 '3D 업종에 종사하는 최하층 노동자', 미국과 일본 등 선진국 출신의 '동포'와는 구별되는 '동포'라는 사회적·정치적 위치에 놓이게 된다. 이에 조선족들은 한국을 '조상의 나라', '고국'이라고 생각하던 데로부터 스스로에게 '조선족은 과연 누구인가'라는 문제를 제기하게 되며, 조선족 정체성에 대한 한·중 학계의 학문적 접근이 증가하게 된다.

기존의 조선족 정체성 연구는 관점에 따라 살펴보면 종족성(ethnic identity)을 전제로 하는 본원론적 접근, '이중 정체성'의 소유자로 인식하는 관점, 민족 정체성은 고정불변한 것이 아니라 복합

---

2) 출입국·외국인정책본부, 「2019년 9월호 출입국외국인정책 통계월보」.

적이고 유동적인 것이라는 관점, 복합적인 정체성을 '제3의 정체성' 혹은 '독립적 정체성'으로 바라봐야 한다는 관점, 조선족들의 '정체성 전략'에 주목하여 국적, 민족, 계급을 뛰어넘는 유연한 정체성의 출현 가능성을 제시한 연구 등으로 나누어볼 수 있다.

이러한 기존 연구들은 설문조사를 통해 민족 정체성 현황에 대해 조사하였고, 또 심층면접의 방법으로 한국 이주 이후 (재)구성되는 조선족의 유동적이고 복합적이며 다층적인 정체성을 드러내고 또 국적, 민족, 계급을 뛰어넘는 유연한 정체성 출현의 가능성을 보여주었다는 점에서 의의가 있다.

그럼에도 불구하고 기존 연구들은 집단 간의 상호작용 속에서 체험하게 되는 일상적 내용과 감정에 대한 섬세한 식별이 부족하여 민족 정체성의 특성을 심층적으로 해석하지 못하고 있다는 점에서 아쉬움이 남는다. 정체성 연구에서 중요한 것은, 그들의 행위 지향 속에 역동적으로 자리 잡고 있는 민족적 감정의 내용을 분별해내고 그러한 다양한 느낌, 인지, 행위들로 인해 (재)구성되는 민족 정체성의 함의를 밝히는 것이다.

이 글의 1부에서는 이와 같은 문제의식에서 재한 조선족들의 일상적 체험 속에서 드러나는 행위 지향의 특성에 대해 고찰하고자 하며 그것을 통해 민족적 소속감의 내재적 인식체계를 파악하고 나아가 민족 정체성 (재)구성의 의미에 대해 분석하고자 한다. 즉 지금까지 재한 조선족들이 '어떠한 집단인가'를 규명해보고자 하는 기존의 문제의식을 '재한 조선족의 정체성은 어떻게 (재)구성되어 가고 있는가'라는 질문으로 전환시킴으로써, 조선족이 역사적으로 어떠한 정체성을 형성해온 집단인지, 그들의 '민족 정체성'은 한국에서의

사회 경험을 통해 어떻게 재구성되고 있는지, 또한 그들의 실천은
어떠한 파급효과를 가져오는지 등 질문에 대한 해답을 찾고자 한다.

2. 이론적 배경 및 기존 연구 검토

여기서는 이주3) 연구에서 자주 등장하는 사회과학적 개념인 민
족·민족 정체성4)에 대한 기존의 논의를 검토하고 이 책의 주제
와 관련된 조선족5) 정체성에 대한 기존 연구를 중점적으로 검토

---

3) 이주(migration)가 "한 곳에서 다른 곳으로 거처를 옮김"이라는 뜻을 나타낸다고 할 때, 인간의
이동과 이주에 관한 문제는 결코 새삼스러운 일이 아니다. 그러나 지구화의 심화와 더불어 '이
주의 시대'(Castle and Miller, 2000)라고 불러도 손색이 없을 만큼, 국제이주는 점점 보편적이며
안정적인 체계로 자리 잡고 있다. 그 성격 또한 지속적이고 다방향의 추세로 발전해나가고 있으
며 송출국과 유입국 모두에 경제적·정치적·사회문화적 변동을 초래할 정도로 큰 영향력을 행
사하고 있다. 이주의 형태를 살펴보면, 초기에는 전쟁포로들이 초기 노동이주민의 형태를 띠었
으며 유럽 국민국가가 출현함에 따라서는 다른 대륙에 대한 유럽의 식민화가 다양한 형태의 국
제이주를 야기하는 변화를 가져왔다. 그 이후, 제2차 세계대전 종전 이후인 1945∼1970년대 초
까지의 국제이주는 유럽의 주변 국가들에서 서유럽으로의 '초청노동자'이주, 피식민지 국가 노
동력의 식민 모국으로의 이주, 유럽과 아시아, 남미인들의 북미와 호주로의 영구적 이주의 형태
를 띠게 된다. 1970년대 초부터의 국제이주는 신자유주의와 직결되는, 크게 변화된 세계경제구
조 아래 초국적인 다방향성 이동으로, 보다 높은 임금을 추구하고 보다 나은 생활여건을 찾기
위해 해외로 이주하는 노동이주자들이 국제이주의 주류를 이루는 것이 그 특징이다. 국제이주
에 관한 연구에서는 외국인 노동자라는 개념은 개념 자체에 국가주의, 인종주의로 인한 배제,
차별, 인권 문제가 내포되어 있기 때문에 국제적으로 '이주노동자(migrant workers)'라고 표현하
기를 권장하고 있으며, 본 논문에서 사용하고 있는 '이주'라는 용어는 '이주노동자'라는 용어와
같은 맥락에서 출발한다.
4) ethnic/ethnicity는 민족/민족성 혹은 종족/종족성으로 번역된다. 조선족이 고국인 한국과의 관계
를 더욱 부각시킬 때에는 한민족 동일한 혈통과 문화를 공유한다는 의미에서 종(種)이라는 개념
이 강하고, 중국의 56개의 소수민족의 일원임이 부각될 때에는 중국이라는 국가 내에서 새롭게
구성된 하나의 민족이라고 할 수 있다. 또한 중국 내에서 각 민족 간의 차이를 강조할 때에 종
족성으로 번역해서 쓸 수도 있다. 민족은 한국과 중국 어느 입장에 서냐에 따라서 각기 다른 입
장으로 사용될 수 있는데, 조선족은 역사적으로 형성된 새로운 집단이라는 입장에서 여기에서
종족(種)이라는 개념을 사용하지 않고, 민족이라는 개념을 사용하고자 한다. 따라서 'ethnicity'를
'민족성'으로, 'ethnic group'을 '민족 집단'으로 'ethnic identity'를 '민족 정체성'으로 'ethnic
boundary'를 '민족 경계'로 번역하며, 'nation'을 '국민', 'nation state'를 '국민국가', 'national identity'
를 '국가 정체성'으로 번역하여 사용하고자 한다.
5) 한국에서 중국 조선족은 구두형식으로 중국 동포, 중국 교포, 조선족, 연변조선족, 연변사람 등
으로 불리고, 서면 형식으로는 조선족, 재중 동포, 재중 한인, 한국계 중국인으로 쓰인다. 본 연
구에서는 '조선족'이라는 집단의 '민족 정체성'에 대한 인식을 고찰하는 작업이므로, 그들이 스
스로 사용하는 명칭-조선족을 그대로 사용한다.

하고자 한다.

(1) 정체성·민족 정체성

전통사회에서 '자아 정체성'[6]은 문제시되지 않았는데, 그것은 "개인의 정체성이 자신이 속한 종족에 의해서 정해진 역할과 기능에 따라 뚜렷이 결정되기 때문"이었다(Kellner, 1995: 231).[7] 그러나 현대사회에 들어서면서 급속한 산업화와 공동체의 다변화는 개인에게 '나는 누구인가'라는 질문을 빈번하게 제기하도록 하였으며, "정체성은 대중적·성찰적 프로젝트가 되었다"(Giddens, 1991: 32-34). 그리하여 1960년대 '정체성'은 사회과학의 핵심 용어로 등장하였고

---

6) 한국어로는 '정체성'으로 번역되는 '아이덴티티'라고 하는 말은 라틴어의 identitas에서 유래한 것으로 "전적으로 동일한 것이다", "그 사람에 틀림없는 본인이다", "그것의 자기 자신", "정체" 등의 의미를 지니고 있다. 역사적으로 볼 때, '정체성'을 둘러싼 철학의 논의는 "A는 A이다"라고 하는 동일률에 주목한 파르메니데스(Parmenides)와 "만물은 변한다"고 한 헤라클레스(Heracles)에서 비롯되는데, 이 대립은 드디어 감성적인 만물의 변화와 불변의 Idea 세계를 구별함으로써 양자의 통일을 성취한 플라톤으로 발전되었다(박아청, 1990: 23). 정체성은 20세기 초 프로이트에 의해 처음으로 학문적으로 연구되기 시작했다. 심리학 전통에 한정되었던 정체성 연구가 사회과학의 본격적인 연구대상이 된 것은 1960년대부터였다. 정체성에 대한 기존의 정의들을 정리해보면 다음과 같다. '어떤 대상에 대한 성찰적 인식'(Giddens, 1991: 52), '한 행위자가 타자의 시각을 받아들이는 속에서 사회적 객체(social object)로서의 자기 자신에게 귀속시키는 의미들의 집합'(set of meanings, Wendt, 1994: 385), '개인이나 집합체가 사회적 관계 속에서 다른 개인이나 집합체들과 구별되는 방식들'(Jenkins, 1996: 4), '의미의 원천으로서 중요한 문화적 특징 또는 문화적 특징들의 집합이라는 기초 위에서 의미가 구성되는 과정'(Castells, 1997: 6), '자아이해'(self-understanding, Hall, 1999: 73) 등등.
7) 정체성 문제가 반드시 근대적인 이슈인가 하는 문제에 대해서는 하나의 핵심적 논쟁이 존재한다. 즉 근대주의자들은 정체성을 근대적 이슈로 간주하며(Callhoun, 1994: 10-11, 20; Gidens, 1991: 32-34, 52-53, 74-75), 근대성이 혈연, 가족, 지방 공동체(local community) 같은 전면적 정체성 형성 체계(all-encompassing identity scheme)를 파괴했다고 주장한다(Callhoun, 1994: 11). 전통 사회에는 삶의 패턴을 교란시킬 만한 지리적·사회적·공간적 이동이 활발하지 않았기 때문에 '나는 누구인가'라는 자기 정체성의 혼란을 겪는 경우가 극히 적었지만, 근대사회로 이행하면서 그러한 삶은 더 이상 불가능하게 되었다는 것이다. 이러한 주장에 반대하는 입장은, '나는 누구인가'라는 화두에 몰두할 수 있는 것이 근대인뿐이라고 보는 것은 교만이며, 근대 이전의 인간 경험을 모두 무시하는 처사이며, 성찰적 인식은 인간으로서의 보편적 특징이기 때문에 정체성 또한 근대 서구에만 국한시킬 수 있는 특징이 아니라고 주장한다(Jenkins, 1996: 9-10, 171). 이 논문에서는 근대주의자들의 입장을 택한다. 왜냐하면, 근대 이전에도 성찰적 정체성의 시도들이 많았지만, 그것이 대중화된 것은 근대 이후였기 때문이다.

정체성 개념은 점차 사회학, 정치학, 교육학, 국제정치학 등 영역에까지 도입되면서 인간 집단의 양상, 통합, 집단 간 갈등을 분석하는 개념으로 사용되었다.

'정체성'이란 본래 다양한 모습을 띠고 있으며 '정체성'이라는 용어 앞에 성, 가족, 계급, 국가, 민족, 정당, 지역 등을 붙이면, 성 정체성, 가족 정체성, 계급 정체성, 국가 정체성, 민족 정체성, 정당 정체성, 지역 정체성 등 다양한 종류의 정체성의 모습을 나타낸다. 그러한 정체성들이 서로 경합하고 협상하면서 자기 정체성을 형성해 나가기 때문에 정체성의 다양한 모습에 대한 의미는 파악하기가 쉽지 않다. 따라서 여기에서는 정체성·민족 정체성에 대한 접근법을 제시하는 데 그치도록 하겠다.

정체성의 유형은 크게 개인적·집단적 정체성으로 나눌 수 있다. 개인적 정체성이란 자신의 특별한 계획들과 과업 또는 목적, 타인과 유사점보다는 차이점을 기반으로 형성되며, 개인이 공동체의 목적이나 목표로서가 아니라 개인의 특성으로서 개인적 목적을 추구하면서 오랫동안 쌓아왔던 자아의식이다(윤인진 외, 2001: 153-159). 그리고 집단적 정체성에는 민족, 인종, 국가, 종교, 지역, 문화 정체성이 있다. 이 가운데서 민족 집단은 가장 원초적 집단이며 개인이 자신을 정의하는 가장 기준적인 준거 집단이다. '민족 정체성'은 민족 집단 구성원들 사이에 공유되어 있는 객관적 차원의 특성과 어느 한 개인이 어느 특정 민족 집단에 느끼는 주관적 차원의 민족의식이라는 두 가지 의미를 포함한다.

민족 정체성 형성에서는 타자와의 상호작용이 중요하다. 인간은 타인이나 타 집단과의 직접적 혹은 간접적인 상호작용을 통해 자신을 그들과 비교하게 되고 따라서 자신 혹은 자신이 속한 집단의 독특성, 차별성, 이질성을 인식한다. 즉 정체성은 "항상 타자와의 상호작용 속에서 형성되는 것이고 타자와 맺는 상호 주관적인 관계가 내가 누구인지를 규정하는 것이다"(Honneth, 1996: 126-127). 또한 "집단 내 상호작용과 집단 간 상호작용 가운데 어떤 것이 그 성원들에게 더 중요한 의미를 가지는가, 자신을 둘러싸고 있는 환경에 대한 상황적 인지가 어떠한가에 따라 자신에 대한 인식이 결정된다"(권태환, 2005: 120).

기존의 정의들을 종합하여 '민족 정체성'의 개념을 조작적으로 정의하자면, 그것은 "공유된 민족적 특성 및 그로 인해 어느 한 개인이 어느 특정 민족 집단에 느끼는 소속감(a sense of belonging)이자 (Shibutani and Kwan, 1965), 외부와의 상호작용 속에서 자기의식 (self-consciousness)을 통해 재구성되는 유동적·다원적·개인적·자기성찰적인 형성물이라고 할 수 있다"(Kellner, 1995: 231-232).

이 책에서는 '민족 정체성' 개념에 대한 조작적 정의의 기초 위에서 정체성을 객관적 차원-주어진 것(지역, 혈통, 언어, 문화, 역사, 공동체 의식), 상호작용의 차원-외부로부터 규정된 것(통치성, 국적, 여권, 학문, 신분), 주관적인 차원-자기의식적인 것(소속감의 통일성, 통합성, 동일시, 분화) 등 세 가지 차원으로 구분하여 보고자 한다. 객관적으로 주어진 정체성은 타자와의 상호작용을 통해 규정되는 정체성에 직면하여 자기 성찰적이고 유동적인 정체성을 재구성한다.

객관적 차원에서의 정체성은 중국 조선족의 역사적 형성과정에서 형성된 정체성, 즉 언어·문화·역사·관념·규범·관습·공동체 의식 등에 관한 것이다. 본 글의 대상인 재한 조선족[8]은 자신들의 고유

---

8) 여기에서 본 연구의 대상 재한 조선족을 어떤 집단으로 설정하느냐가 중요하다. 객관적인 차원

한 문화를 유지해온 중국의 56개 민족 중의 하나인 '소수민족'이다.9)
1910년 이후부터 대량으로 중국 동북지역으로 이주한 재만(在滿) 조
선인들은 점점 '중화민족'을 구성하는 국가 프로젝트에 포섭되며 '조
선족'이라는 '소수민족' 정체성을 형성해간다. 따라서 '중국의 일원'
으로 구성되어 가는 과정에서 그들은 사회주의국가의 가치, 규범, 관
습, 관념 등을 내면화했을 뿐만 아니라 역사적·정치적·사회적 경험
속에서 조상, 민족영웅, 과거의 고난 등으로 표상되는 민족관념을 형
성해왔다. 중국에서 역사적으로 형성된 조선족들의 민족 및 국가 정
체성에 대한 고찰을 통해 서로 다른 사회적 배경에 놓이게 된 두 집
단-조선족과 한국인 집단-이 어떻게 서로 다른 집단으로 형성되었는

과 주관적인 차원을 구분하여 본다면, '조선족'은 조선족의 객관적인 특성을 가진 '조선족'과 스
스로를 '조선족'이라고 정의하는 '조선족'으로 구분될 수 있다. 주관적인 차원에서 '조선족'은 '조
선족'의 객관적 특성을 가지고 있으면서 스스로를 '조선족'이라고 생각하고 있는 '조선족'과 '조
선족'의 객관적 특성을 가지고 있지 않으면서 자신을 '조선족'이라고 의식하면서 살아가는 자로
나누어볼 수 있다. 예를 들면, 북한이탈주민 같은 경우 그들은 자신들에 대한 한국 사회의 독특
한 시선 때문에 '조선족'으로 위장하여 살아가기도 한다. 이 연구에서는 역사적으로 형성된 중국
조선족이 한국 사회와의 상호작용 속에서 자기의식을 통해 정체성을 재구성하는 과정에 대해
고찰하고자 하기 때문에 '재한 조선족'을 역사적으로 형성된(스스로를 조선족이라고 인식하든
안 하든) 한국 이주의 경험이 있는 조선족 집단으로 설정하고자 한다. '재한(在韓)'을 한국에 거
주하고 있는 조선족이라고 설정하지 않고 한국 이주의 경험이 있는 조선족이라고 설정하는 이
유는 그들의 이주가 2007년 방문취업제도 실시 이후부터 상대적으로 유동적이고 연구자가 인터
뷰할 당시에는 한국에 있었지만 현재는 이미 중국 혹은 기타 제3의 나라로 이주했을 수도 있기
때문이다. 그리하여 여기서는 '재한 조선족'을 한국 이주에서의 사회적 삶의 경험이 있는, 역사
적으로 형성된 조선족 집단을 통칭하는 명칭으로 쓰고자 한다.
9) 조선족의 한국 이주와 비슷한 사례로 일본의 도시에서 형성되는 일계인(日系人) 커뮤니티에 관한
일본 학계의 연구가 1990년대 초반부터 본격적으로 이루어지기 시작했다. 연구자들은 양적 방법
과 질적 방법으로 외국인 이주민들의 집거지가 어떻게 형성되는지, 그들의 집거지에서의 비즈니
스 활동은 어떻게 전개되고 변화되어 가는지, 그들의 생활은 어떻게 전개되며 일본인들과의 교류
는 어떻게 진행되고 있는지, 그들의 정주화와 정주의식은 어떻게 변화해가고 있는지 등의 주제로
진행되어 왔다. 그중에서도 대표적인 연구들로는 도시에서 형성되는 에스닉 커뮤니티에 관한 奧
田道大(1995)의 연구, 에스닉 네트워크에 관한 広田康生(1995)의 연구, 도시형 에스닉 비즈니스
형성에 관한 田嶋淳子(1995, 1998), 일계 브라질인들의 정주화에 관한 小内透·酒井恵眞(2001), 梶
田孝道·丹野清人·樋口直人(2005), 小内透(2009)의 연구, 지역 커뮤니티와 일계 브라질인이 생
활 전개에 대해 연구한 俵有美(2007), 일계인의 저항적 아이덴티티를 주장한 Tsuda,
Takeyuki(2009)의 연구 등이 있다. 이러한 연구들은 양적·질적 방법으로 일계인들의 사회적 공
간, 사회적 차별 등 주제를 다룸으로써 그들의 사회적 적응, 정체성 형성을 고찰하고자 하였지만
이러한 연구의 한계는 행위 주체들의 능동성과 자율성을 간과함으로써 그들의 주체화 과정을 드
러내지 못하고 있다는 데 있다.

지를 살펴볼 수 있으며, 외부로부터 부여되는 정체성에 대하여 그들 기존의 정체성 가운데 어떠한 것이 중요한 변수로 작동하게 되는지를 살펴볼 수 있을 것이다.

상호작용의 차원에서 외부로부터 규정된 정체성은 한국으로 이주한 조선족들에 대한 법적 지위와 사회적 지위에 관한 것이다. 한국 이주가 생기기 전에 조선족들이 '정체성'이나 '정체성의 위기', '정체성 혼란'을 겪었던 적은 없었다. 다민족국가인 중국에서 그들의 정체성은 강요받지 않았고, 한족과의 상호작용 속에서 민족 감정의 문제는 있을 수 있었으나 '나는 누구인가'라는 자기의식을 불러일으키는 타자는 존재하지 않았다. 그들의 '나는 누구인가'라는 자기의식은 상호작용의 대상이 생기고부터이다. 한국 사회에 이주한 조선족들은 외부로부터 규정되는 정체성, 즉 한국 사회가 자신들에게 부여한 법적 지위와 한국에 의한 무시, 편견, 차별의 경험 속에서 '민족적 소속'에 대해 재인식하게 된다. 그러한 법적·제도적·사회문화적 차별은 그들이 '조선족'으로서의 자기를 인식하게 된 외부적 조건이며 객관적 현실이다.

주관적인 차원에서의 자기의식적인 정체성은 재한 조선족들의 '민족적 소속'에 대한 자기인식에 관한 부분이다. 재한 조선족들은 한국에서의 사회적 삶의 경험을 통해 자신의 '민족적 소속'에 대해 재인식하기 시작한다. 그들은 한국에서 기존의 소속감인 '소수민족'-'조선족'이라는 생득적이고 고정적인 소속감만 가지고 살아가는 것이 아니라 자신들의 삶을 구성하는 일상과 보다 나은 생존공간의 확보를 더욱 중요하게 여기면서 국가, 민족, 집단 등 다양한 소속들을 표출하면서 살아간다.

이와 같은 경험적 사실들은 재한 조선족들이 사회적 상호작용 속에서 어떻게 기존의 정체성(관념, 관습, 문화, 역사, 소속감)을 스스로의 삶을 만들어가는 생존 전략과 실천에 활용하면서 자신의 정체성을 재구성해 나가는지를 고찰해야 함을 말해준다. 그리하여 이 책의 1부에서는 중국 조선족의 역사적 형성, 재한 조선족들에 부여되는 법적 지위와 집단 간 경계의 양상 및 대응, 그들의 '민족적 소속'에 대한 재인식의 과정 등 세 가지 차원으로 설정하여 재한 조선족의 민족 정체성을 고찰하고자 한다.

(2) 기존 연구 검토

한국 이주로 인한 조선족 사회의 변동과 조선족들의 한국 경험으로 인해 조선족 정체성이 중국 조선족 학자들에 의해 제기되었고, 한민족의 일부분으로 간주했던 조선족 집단의 이질성 때문에 한국인 학자들도 조선족 정체성에 대해 관심을 가지기 시작했다. 기존의 조선족 정체성 연구는 관점에 따라 살펴보면 다음과 같다.

첫째, 중국 조선족의 정체성은 종족성(ethnic identity)을 전제로 하는 본원론적 접근을 통해 분석되는 경우가 있다(전경수, 1989; 이현정, 2001). 일찍이 1989년 인류학자 전경수는 종족성 이론의 근원주의로부터 출발하여 중국 조선족의 형성 역사를 밝힘으로써 조선족의 근원적인 정체성을 확립하고자 하였다. 이현정(2001)에서는 조선족의 종족 정체성을 전제로, 한국으로 이주하기 이전 조선족은 "중국 국가의 공식적 담론의 강력한 영향 속에 자신들에 대한 차별을 '차별'로 받아들이기보다는 오히려 한족에 대한 우월함의 형태로 그들만의 종족 정체성을 강조함으로써 한족에 대한 열등감을 중성화시키고 동시에 한족과의 불평등한 경쟁으로부터 벗어나고자 하며", 한국으로 입국한 이후에는 차별적 경험 속에서 '같은 민족'이라는 기대에서 벗어나 한국인과 구별된 조선족만의 종족 정체성을 형성한다고 주장하였다.

둘째, 조선족을 '이중 정체성'의 소유자로 인식하는 관점이 있다(김용범, 1992; 이광규, 2002; 최우길, 1999; 강재식, 2000; 권태환, 2005; 정판룡, 1996; Choi, Woo-Gill, 2001; Kang, Jin Woong, 2008). 즉 정판룡(1996)은 중국 조선족은 한반도 문화와는 다른 이중문화, 이중성격을 가진 '중국 조선족'으로 형성되었음을 주장했다. 당시 조선족 정체성을 설명함에 있어 유명했던 '며느리론'이 바로 정판룡의 이와 같은 주장하에 제기된 것이다. 정판룡의 '며느리론'에서는 "조선족은 부모님 슬하를 떠나 중국으로 시집간 딸로 자신을 생각하는 것이 퍽 자연스러운 일이며 중국에 시집온 이상, 우선 남편과 시부모를 잘 모셔야 하고 친정집과는 좀 거리를 두어야 하며 또 우선 시집의 가법을 잘 지켜야 한다. …… 소재국에서 가장 꺼리는 것은 외국에서 온 이민들이 원래 속해 있던 자기 모국과 내통하여 손해를 끼치는 일이다. 마치 시집에서 자기 가문에 들어온 며느리가 계속 친정에만 마음을 두는 것을 꺼리는 것과 마찬가지이다"라고 주장하고 있다(정판룡, 1996: 271-272). 이에 김강일(2001)은 '변연문화론(邊緣文化論)'의 주장을 펼치면서 "조선족의 문화와 정체성은 중국과 조선의 문화와 정체성이 융합되어 만들어진 새로운 문화와 정체성이며 자신을 '며느리'라고 여기는 것은 자신을 주권국가의 국민으로 당당하게 여기지 못하는 굴종적인 자세"라고 주장하고 있다. 이러한 초기 논의는 조선족의 민족 정체성을 학문의 영역으로 끌어올렸다는 점에서는 의미가 있지만 담론적인 수준에 머물렀으며 실증적이지 않다는 면에서 부족함이 있다. 왜냐하면, 정체성은 항상 구성 중의 산물로서 행위 주체들의 주관적인 인식을 떠나 임의로 규정할 수 있는 것이 아니기 때문이다.

그리고 김용범(1992)의 글에서는 조선족으로서의 민족의식과 더불어 중국 공민으로서의 국민의식이 혼재하는 '이중 정체성'의 소유자로 보고 있다. 또한 최우길(1999)의 논문에서는 "조선족은 고국(故國)이 한국이고 조국(祖國)이 중국"이라는 '이중 정체성'을 갖는 것으로 분석된다. 이에 황유복(2009)은 "'중국 공민'은 국적과 관련된 개념이고 '조선 민족'이란 민족과 관련된 개념으로서, 서로 다른 개념을 함께 싸잡아서 이중성을 이야기할 수 없다"며 조선족의 '이중 정체성'을 부정한 적이 있다. 그러나 자신의 고향이었던 한국 혹은 북한을 중국과 똑같게 자신의 조국이라고 생각할 가능성이 있는 이주 1세대가 있을 경우, 그들을 '이중 정체성'의 소유자로 볼 수 있기에 기존 논의들은 실증에 앞서 조선족 정체성의 일반화를 서두르기에 급급했다고 할 수 있다.

요컨대, '이중 정체성' 논의는 한반도로부터 중국 동북지역으로 이주하여 간 '한민족'이라는 조선족의 역사적 특성에 주목하여, 조선족을 하나의 어떠한 정체성을 가진 집단으로 간주하고 있으며, '민족적 소속'에 대한 개별적인 조선족들의 판단, 선택, 해석의 역동적인 과정에 접근하지 못하고 있다.

셋째, 근 몇 년래의 질적 연구에서는 기존 연구의 한계를 지적하면서 조선족들의 민족 정체성은 고정불변한 것이 아니라, 복합적이고 유동적인 것이라고 지적했다(노고운, 2001; 임성숙, 2004; 유명기, 2002; 김명희, 2003; 방미화, 2013; 최우길, 2014; 박경화·박금해, 2015; 황해영·천지아, 2016). 이러한 연구에서는 정체성에 대한 고정적이고 정태적인 가정에서 벗어나, 정체성을 유동적이고 동태적인 과정 속의 구성물로 보면서 그들의 정체성 재형성 과정에 주목하였다. 예를 들면, 조선족의 민족/국민 정체성이 한국 사회에서의 생활경험을 통해 정착형, 개인주의형, 중국인 국민의식 강화형으로 나타난다고 주장한 연구(유명기, 2002), "조선족들에게 있어서 민족의 경계란 그들과 타자 간에만 있는 것이 아니라 동시에 그들 자신들 안에도 생겨나고 있으며 그들은 수많은 경계를 만들고, 지우고 가로지르면서 삶을 모색하고 있다"고 지적한 연구(임성숙, 2004) 등에서는 기존의 실증적인 연구들이 그들의 경험들을 맥락화하지 못함으로써 정체성의 동태적 측면을 간과한 데 대해 비판하면서, 정체성의 가변적이고 유동적인 측면에 초점을 맞추어 정체성 표출의 상황적 요소를 맥락화하고 정체성을 재형성되는 구성물로 간주했다는 점에서 의미 있는 통찰을 보여준다. 그리고 김현선(2010, 2011)의 연구에서는 재한 조선족 가운데서도 이주노동자, 영구이주 희망자, 국적취득자를 대상으로 정체성을 유형화함으로써 재한 조선족의 사회적 적응 및 정체성에 대한 자기인식의 상태를 구체적이고 실증적으로 보여주었다는 점에서 의의가 있다고 할 수 있다.

방미화(2013)의 연구에서도 "재한 조선족들의 귀속의식은 국가나 민족 혹은 집단이라는 객관적 요소를 기반으로 각 개인의 내면에서 복합적으로 구성되며, 그것은 불변하거나 고정된 것이 아니라 유동하는 성격을 띠며, 조선족 개인에게 있어 국가, 민족, 집단 등의 귀속의식은 그들이 자신의 위치 설정에서 유리한 입장에 서게 하기 위한 전략적이고 도구적인 것으로 활용되고 있음을 지적하였다. 또한 이와 같이 귀속의식을 도구화하는 전략적 행위를 빌려 그들은 사회적 관계에서 수동적 위치에서 벗어나고자 하며, 그 과정에서 그들은 정서적인 안정과 심리적 위안을 얻는다"고 주장하였다(방미화, 2013: 253).

넷째, 복합적인 정체성을 '제3의 정체성' 혹은 '독립적 정체성'으로 바라봐야 한다는 주장이 등장했다(예동근, 2009; 박정군 외, 2011; 강진웅, 2012; Park, Jung-Sun and Paul Y. Chang, 2005; Lee, Jean-young, 2011). 예를 들면, 예동근(2009)은 세계시민주의에 기반한 '공생'관계를 형성하기 위해 조선족들이 국가와 민족을 뛰어넘는 '제3의 정체성'을 만들어갈 것을 주장하였다. 또한 박정군(2011)에서는 '조선족들은 높은 조선족 정체성을 유지하고 있다'는 조선족의 '독립 정체성'을 변수로 '독립 정체성'이 한국과 북한 태도에 미치는 영향을 살펴보았다. 즉 양적 접근 방법으로 계층별, 연령별, 성별, 지역별, 교육수준, 소득수준 등 변수에 따라 중국 현지 조선족 및 한국 이주 경험이 있는 조선족의 국가의식, 민족의식, 소수민족의식, 한국관, 남북통일관 등을 실증적으로 고찰하였다. 이와 같은 연구에서는 조선족 정체성을 하나의 어떠한 정체성으로 규정하고 있기에 연구자가 설정한 측정범주들을 넘어 이주공간에서 수많은 경계들을 넘나들며 스스로의 '민족적 소속'을 그 나름대로 판단하고 선택하며 해석하는 역동적인 자기인식의 형성과정이 간과된다.

다섯째, 최근 일부 연구에서는 '인정투쟁' 개념을 동원하여 그들의 대응 양상을 주류 담론으로부터 형성된 부정적 정체성의 회복이라고 해석하였으며, 양쪽 국가에서의 차별을 상대화시키는 조선족들의 '정체성 전략'에 주목하여 국적, 민족, 계급을 뛰어넘는 유연한 정체성의 출현 가능성을 제시하였다(황해영·김영순, 2016, 2017a, 2017b; 이춘호, 2014; 이주희, 2014). 특히 이주희(2014) 연구에서 이러한 점을 밝히고 있으며, 이 연구는 구성주의 시각에서 재한 조선족 민족 정체성의 복합적이고 다층적이며 유동적인 측면을 보여줌으로써 단일한 국민국가에의 소속과 귀속 영토성을 근간으로 하는 근대국가관을 위반함과 동시에, 국적, 민족, 계급을 뛰어넘는 유연한 정체성 출현의 가능성을 보여주었다는 점에서 의의가 있다.

기존의 연구 성과를 바탕으로 1992년 한·중 수교 이후부터 진행된 조선족 정체성 연구의 한계를 지적하자면 다음과 같다.

첫째, 초기 연구에서 '정체성'은 하나의 고정된 내용으로 간주되었으며, 따라서 조선족은 어떠한 고정적이고 일관된 정체성이 있는 집단으로 상정되었다. 조선족 정체성에 대한 논의는 실증보다도 일반화에 서두르는 경향이 강했으며, 국가, 민족이라는 고정된 범주 속에서 조선족 정체성을 분석하고자 하였다.

둘째, 조선족 정체성 연구의 문제점은 이러한 주제를 다루는 시각에만 있는 것이 아니라 그 접근방법에 있어서도 한계가 있다. 정체성이란 어떤 특별한 사건과 계기를 통해 인식하는 순간 '완성되거나 끝나는 것'이 아니라 항상 구성 중에 있는 산물이기에, 양적 방법으로 접근할 수 있는 개념이 아님에도 불구하고, 초기 연구들에서는 정체성을 계량적 지표에 의해 기술하는 양적 접근 방식을 취하고 있다. 정체성은 항상 타자와의 상호작용 속에서 경험하게 되는 자아의 경험을 떠나 논할 수가 없기 때문에, 정체성을 제대로 파악하려면 세대, 성별, 직업, 지역에 따른 정체성의 일반론을 펼칠 것이 아니라 스스로의 '민족적 소속'에 대한 역동적인 자기인식에 대해 심층적으로 고찰해야 할 것이다.

셋째, 조선족 정체성의 재형성 과정에 주목한 질적 연구에서도 집단 간의 상호작용 속에서 체험하게 되는 일상적 내용과 감정에 대한 섬세한 식별이 부족하여 민족 정체성의 특성을 심층적으로 해석하지 못하고 있다는 점에서 아쉬움이 남는다. 정체성 연구에서 중요한 것은, 그들의 행위 지향 속에 역동적으로 자리 잡고 있는 민족적 감정의 내용을 분별해내고 그러한 다양한 느낌, 인지, 행위들로 인해 (재)구성되는 민족 정체성의 함의를 밝히는 것이다.

이와 같은 문제의식으로부터 출발하여 1부에서는 한국 사회의 일상적 체험 속에서 드러나는 행위 지향의 특성에 대한 고찰을 통해 민족적 소속감의 내재적 인식체계를 파악하고 나아가 민족 정체성 (재)구성의 의미에 대해 분석하고자 한다.

이는 전 지구화의 흐름 속에서 기존의 이념, 국가, 민족과 같은 근대적 질서에 급격히 단절되고, 새로운 질서 속에서 자신을 둘러싼 힘들에 의해 삶의 조건들을 형성하며, 그로 인해 정체성 위기를 경험하면서 스스로의 삶의 공간을 확보해나가는 재한 조선족들이 일상적 실천을 심층적으로 고찰하는 작업이 될 것이다.

3. 연구방법 및 과정

이 글에서는 조선족들의 일상적 실천들을 더욱 심층적으로 고찰하기 위해 참여관찰, 심층면접 등 현지조사 및 문헌연구 방법을 활용하였다. 이주 영역에서 끊임없이 스스로의 삶의 공간을 확보해나가기 위해 수행되는 행위 주체들의 일상적 실천은 그들에 대한 장기간의 현지조사가 없이는 절대 접근할 수 없는 영역이다. 본 연구의 참여관찰은 2010년 10월~2012년 9월까지 중국 동포 한마음 협회[10](이하 한마음 협회), 조선족 연합회[11](이하 연합회), 재한동포연합총회[12] 등 단체 및 현지조사에서 만난 조선족들과의 회식 장소를 중심으로 진행되었다. 심층면접은 현지에서의 조사 및 참여관찰 과정에서 상황과 맥락에 따라 선정된 조선족들에 대해 진행되었다. 그리고 2019년 10월 1~9일까지 대림동 지역에 대한 현지조사와 관련 단체에 대해 추가조사를 진행하였다.

---

10) 조선족 단체는 2006년도부터 활성화되기 시작하였다. 현재 가리봉동·대림동·구로동 일대에는 재한동포연합총회, 귀한동포연합총회, 중국동포 한마음 협회, 대림동 시냇길 경로당, 한민족신문사 등 조선족 단체 및 언론사가 있다. 그 외에도 조선족을 대상으로 하는 한국의 언론사, 교회 및 단체로는 중국동포타운신문사, 중국동포교회, 한중사랑교회, 이주동포정책연구소 등이 있다. 한마음 협회는 2008년도에 세워진 조선족 친목 도모 활동 민간단체이다. 단체는 2006년 축구단으로부터 시작되었으며 회원 및 회원 가족들이 증가되자 협회 산하에는 봉사단, 산악회, 배구단, 배드민턴 클럽, 골프 클럽 등 단체가 세워졌다. 정기적으로 단체 활동에 참여하는 회원들은 100여 명 정도이고, 카페 총회원은 1,500명 정도이며, 회원들의 연령대는 30~40대이다. 단체 활동에 참가하여 여가를 보내는 조선족들은 주로 등산, 배구, 축구, 배드민턴, 골프 등 스포츠 활동을 하며, 매주 혹은 매달 한 번씩 구로동에 위치한 구로중학교(배구·배드민턴)와 대림1동에 위치한 대림중학교(축구)에서 연습을 진행한다.
11) 조선족 연합회는 2000년도에 설립된 조선족 단체이다. 창립 초기에는 조선족선교복지센터와 협력하였고 안식처도 그곳에 정하였다. 2006년 이전까지 연합회 활동은 조선족선교복지센터와의 협력 속에서 진행되었지만, 2006년도 이후부터는 종교단체와 분리하고 홍제동에 4층짜리 건물을 임대하여 자체적으로 운영하고 있다. 4장의 집합적 실천 부분에서 연합회 활동에 대해 상세히 서술하도록 하겠다.
12) 재한동포연합총회는 기존의 중국동포상인연합회, 서울 금천구 귀국동포연합회, 동향친목회 등 3개 재한중국동포단체를 통합하여 새 이름으로 출범하는 조선족 단체로서, 2008년 11월 12일 서울에서 설립되었다. 2010년 11월 3일에는 정부의 인정을 받아 외교통상부로부터 비영리민간단체등록증을 발급받았으며, 총회 산하에는 금천지회, 구로지회, 영등포지회, 안산지회, 강동지회, 그리고 산악회가 있으며, 지방에는 대전지회, 해외에는 연변분회가 있다. 또 축구단과 예술단, 배구단 등이 포함되어 있으며 젊은 층으로 이루어진 청년부가 있다.

1) 현지조사

2010년 10월부터 연구자는 재한 조선족 자영업자들에 관심을 가지기 시작했다. 관심을 가지고 그들에 대한 인터뷰를 진행하는 과정에서 연구자는 조선족의 모든 상황에 대한 이해는 심층면접으로는 절대적으로 부족하다는 결론을 내리게 되었다. 인터뷰 과정에서 녹음기만 꺼내들면 멈칫하는 그들의 행동으로부터 연구자는 녹음이라는 요소가 그들과의 소통을 저해하는 것이라고 생각하게 되었다. 또 녹음기를 끄기만 하면 대화가 자연스럽게 통하는 경험에 의해 연구자는 그들과 어울려 살면서 그들의 삶을 이해할 필요성을 느끼게 되었다.

그뿐만 아니라 이러한 생각은 비록 같은 조선족이라고 하더라도 조선족들과의 만남이 그렇게 쉬운 일은 아니라는 경험에서 나왔다고 할 수 있다. 자영업자들에 대한 인터뷰를 진행하는 과정에서 대상자 섭외는 결코 쉬운 일이 아니었다. 대개 친분이 있는 사람을 통해서 면담대상자를 섭외해야만 자연스럽게 만날 수가 있었고, 그들이 인터뷰에 응해주기는 하지만 한가한 시간이 얼마 없기 때문에 인터뷰를 제대로 진행하기가 어려웠다. 그러므로 여러 가지 상황들을 종합해볼 때, 본 연구의 문제의식과 관련하여 참여관찰, 심층면접 등 조사방법은 불가피하게 동원되어야 하는 것이라는 판단을 내리게 되었다.

그리하여 연구자는 서울시에서 '조선족 타운'13)이라고 불리는 구

---

13) 여기서 말하는 '조선족 타운'은 기존의 가리봉동 시장을 중심으로 형성되었던 '연변거리', '연변촌'으로 불리는 공간을 가리킬 뿐만 아니라, 2000년도부터 자영업들이 들어서기 시작하면서 형성된 대림동, 구로동을 포괄적으로 가리키고자 한다. 왜냐하면 이주 초기에 형성된 가리봉동이 점점 포화상태가 되면서 조선족 상가들은 그 주변으로 확대되었으며, 가리봉동, 대림동, 구로

로구, 영등포구 일대의 가리봉동·대림동·구로동을 연구대상지로 선정하여 2011년 3월부터 8월까지 대림 3동에 살면서 참여관찰 및 심층면접을 진행하였다.

현지조사는 주로 가리봉동 1, 2동, 구로동 3, 4동, 대림동 1, 2, 3동을 중심으로 진행되었다. 조사는 정해진 시간이 따로 없었다. 낮 시간을 이용하여 진행되는 경우도 있었지만 주로 저녁 시간이나 주말에 조사하는 경우가 더욱 많았다. '조선족 타운'은 저녁 혹은 주말에 조선족들이 음식문화, 여가문화를 소비하는 공간으로서 주말에 더욱 많은 풍경들이 펼쳐지기 때문이다.

현지조사를 거쳐 연구자는 식당, 다방, 노래방, 호프집, 여행사, 직업소개소 등 조선족 자영업체의 자금조달, 운영과정과 전략, 운영자들의 여가, 참여단체, 사회생활 등에 대해 조사함으로써 조선족 사회의 전반적인 그림을 그릴 수 있는 기반을 마련하였다. 그리고 '조선족 타운'의 저녁 풍경들과 주말 풍경들에 대한 조사를 통해 조선족들의 음식문화, 여가문화 등을 이해할 수 있었다. 특히 다방[14] 같은 곳에 대한 현지조사와 참여관찰은 조선족 여성들의 성(Sex), 직업, 가족에 대한 인식들을 파악하는 데 일조하였다.

동 지역에 조선족들이 운영하는 상가들이 많이 들어섬에 따라 그 지역만이 가지는 특수성이 있다고 생각하기 때문이다.

14) '조선족 타운'에서 간판에 '커피·호프'라고 적혀 있는 곳은 보통 다방아가씨가 있는 곳으로, 그곳에서 다방아가씨들은 손님을 친구하여 함께 술을 마시며 다방은 술값이 많으면 많을수록 수입이 높다. 다방아가씨는 조선족과 한족 모두 있지만, 현재는 한족 여성들이 더 많은 비중을 차지한다. 한족 여성들은 '조선족 타운'에서 언어가 통하기 때문에 불편함이 없고, 조선족 여성들은 그곳이 조선족들이 많이 모여드는 곳이므로 자신의 다방아가씨라는 직업이 지인한테 알려졌을 경우 자신의 위상이 떨어질 것을 고려해 보통 다른 지역이나 지방의 다방에서 근무하는 경우가 많기 때문이다.

2) 참여관찰

본 연구의 중요한 연구방법 중의 하나가 참여관찰이다. 연구자가 참여관찰을 진행한 이유는 지인의 섭외로 1~2시간 동안 진행하는 인터뷰를 통해서 아무리 많은 양의 질적 자료가 수집되더라도 재한 조선족 사회에서 어떤 일들이 발생하고 있는지에 대한 총제적인 그림을 그릴 수가 없기 때문이라는 판단에서였다. 조사할 당시 이미 '조선족 타운'이라는 공간이 형성되었기에 참여관찰이 가능했을뿐더러 그렇기에 또한 불가피한 것이었다.

그러한 이유로 본 연구에서의 참여관찰은 전체 재한 조선족을 대상으로 한 것이 아니라 참여관찰이 가능한 '조선족 타운' 내의 조선족 및 조선족 단체와 홍제동에 자리 잡고 있는 연합회에 한정되었다. '조선족 타운'이 이미 조선족들의 문화적 소비의 공간, 사업의 공간, 주거의 공간이 되었기에 조선족들의 행위를 관찰하는 데 유리하였고, 연합회를 제외한 조선족 단체가 '조선족 타운'에 위치해 있기 때문에 '조선족 타운' 내에서 진행되는 재한 조선족들의 사회적 활동과 사회적 관계 및 일상에서의 행위를 관찰하는 데 용이하였다.

2010년 10월, 연구대상을 재한 조선족으로 선정한 이후로 연구자는 지인의 소개로 한마음 협회 봉사단에 참가하게 되었고 봉사단에서 봉사활동을 진행하면서 단체 회원들의 직장, 일상, 사회적 삶에 대해 이해하고자 하였다. 그리고 2011년 3월 11일, 현지조사를 나간 첫날 대림3동 거리를 둘러보고 있던 도중 연구자가 가입해 있던 조선족 단체의 운영위원들을 만나게 되었으며, 연구자는 그들에게 연구자의 연구주제와 의도를 밝히고 도움을 청하였다. 그들은 흔쾌히 인터뷰에 응해주었고 동포사회의 여러 가지 단면들을 설명해주었다. 그뿐만 아니라 한국에서의 동포사회를 정확히 가늠하려면 기타 여러 조선족 단체에 대해서도 이해할 필요성이 있음을 제기하였다.

그리하여 연구자는 한마음 협회, 연합회 등 조선족 단체에서 참여관찰을 진행하면서 주류사회와의 접촉에서 발생하는 일, 그에 대한 느낌, 인식, 즉 그들은 자신이 한국 사회에서 어떤 위치에 놓이게 된다고 생각하는지, 어떻게 문제를 인식하고 해결하고자 하는지, 조선족들의 집단적 연대감은 어떠한 과정 속에서 형성되는지 등에 대해 조사하였다. 현지조사를 진행하는 동안 연구자는 조선족 단체뿐만 아니라, '조선족 타운'의 식당, 여행사, 다방, 마작청, 직업소개소, 협회, 교회에서 만난 조선족들의 행위에 대한 관찰을 통해 사회적 경험에 대한 그들의 인식 및 인식에 따른 실천 사이의 상호 관계와 맥락을 파악하고자 하였다. 그리고 현지에서 만난 한국인들에 대해서도 참여관찰 및 대화를 나눔으로써 조선족에 대한 그들의 인식, 해석들에 유의하면서 필요한 정보들을 수집하였다.

참여관찰은 처음부터 초점을 좁히지 않음으로써 그들의 삶을 총체적으로 이해하기 위해 노력하였다. 조선족들의 입주 원인, 이주 연도, 의식(衣食), 가족 상황, 직장 상황, 참여하는 사회단체, 여가 등을 이해한 기초 위에서 포착하고자 하는 몇 가지 큰 주제를 중심으로 대화를 나누었다. 또한 현지의 전체적인 맥락을 이해한 기초 위에서 조선족들이 스스로 무엇을 강조하여 이야기하는지, 그들의 경험에서 어떠한 것들이 중요한 위치를 차지하는지, 그러한 경험과 일상적 실천들의 상호작용은 어떠한지를 파악함으로써 실천 전략의 특성을 포착하고자 했다.

연구자는 자민족을 연구함에 있어서 내부인과 외부인의 입장 모두를 포기하지 않으려 노력하고자 하였다. 그러나 그것은 결코 쉽지만은 않았다. 처음부터 너무나 익숙한 풍경들이라는 느낌은 내부인이라는 연구자의 위치를 인식게 하였으며 현지조사와 참여관찰 속에서 너무 현지에 빠져드는 느낌을 받은 뒤로 연구자는 2011년 3월부터 2012년 3월까지 1년 동안 진행하기로 한 현지조사와 참여관찰을 6개월로 한 단계 마무리하고 현지에서 나왔다. 그리고 단체 활동이 있을 때마다 참여하는 방식으로 그들에 대한 조사를 지속적으로 진행하였다. 현지조사와 참여관찰을 진행하는 동안 연구자는 내부적이면서도 객관적으로 바라보는 외부자의 시각에 충실함과 동시에 외부인들이 볼 수 없는 것들을 더욱 많이 보기 위해 노력하였다.

3) 심층면접

본 연구에서 심층면접은 가장 중요한 연구방법이다. 재한 조선족들의 사회적 삶의 경험에 대한 주관적인 인식들은 그들이 자신들의 사회적 위치들을 어떻게 인식하고 자신의 실천 속에 반영하고 있는가를 살펴볼 수 있는 1차적 자료라고 할 수 있다. 삶에 대한 그들의 이야기를 듣는 것은 그들의 사회적 위치를 읽어내는 것이며 궁극적으로 그들의 삶을 제약하고 사회적으로 무시, 편견, 차별을 당하는 구조와 질서를 문제화하는 것이라고 할 수 있다.

심층면접에서 처음 몇 사례는 구술생애사 방법을 적용하였다. 첫 만남에서 '민족 정체성', '정체성' 등 추상적인 질문을 했을 경우 더욱 중요한 것들을 빠뜨릴 가능성이 있을 뿐만 아니라, 그들의 삶의 경험 속에서 '민족적 소속'에 대한 인식이 차지하는 위치를 가늠할 수 없다는 판단에서였다. 그리하여 인터뷰는 분명한 목적의식이 있다 하더라도 우선 그들의 중국에서의 삶, 부모, 가족, 자녀에 대한 이야기를 듣는 것으로부터 시작하였으며 다음으로 한국으로의 이주 동기, 경로, 거주지, 직장, 여가, 참여단체, 사회생활 등에 대해 일일이 질문하였다. 생애사를 들을 경우 한 구술자를 평균 2~3번 만났으며, 여러 번 만나는 가운데서 얼마간 친분이 쌓이고 또 구술자에 대한 기본적인 이해를 갖춘 상황에서 포착하고자 하는 몇 가지 큰 주제들을 중심으로 질문을 던졌다.

구술생애사적 방법으로 재한 조선족을 심층면접을 하는 과정에서는 성별, 계층, 연령 등 변수를 고려하였으며, 면접을 통해 그들의 중국에서의 삶, 부모, 가족, 자녀 및 한국으로의 이주동기, 경로, 거주지, 직장, 여가, 참여단체, 사회생활 등에 대한 기본적인 정보를 얻을 수 있었다. 따라서 그들의 삶에 대한 총체적인 그림을 그릴 수 있었다. 재한 조선족의 삶에 대해 총체적으로 파악한 후부터는 비구조화된 개방적인 면접방법으로 '민족적 소속'에 대한 자기인식을 중심으로 인터뷰를 진행했다.

면담대상자에 따라 인터뷰는 다양한 방식으로 진행되었다. 첫 만남부터 미리 작성한 질문에 따라 진행되는 경우도 있었고, 면담대상자가 노트와 질문지에 시선이 집중되면서 구술이 자주 끊기는 경우는 노트와 질문지를 사용하지 않고 진행하였다. 친분이 있는 면담대상자일 경우는 자주 만날 기회가 있었는데 그들을 여러 번 만나는 가운데서 연구자는 그들의 인식과 행위가 어떻게 맞물리는지에 대해 주목하였으며, 이러한 경우에는 일상적인 대화를 통해 자료를 수집하였다.

인터뷰를 할 때 녹음기는 기본적으로 사용하였으며 녹음을 견결히 거절하는 경우에는 인터뷰를 진행함과 동시에 노트에 받아 적는 방법을 취하기도 하고 인터뷰가 끝나고 헤어지고 난 뒤 기억한 인터뷰 내용을 바로 정리하는 방법을 취했다. 면담대상자 가운데는 녹음을 거부하는 경우도 있었고 본명을 밝히기를 꺼려하는 경우들도 있었기에 본 연구에서 사용하는 이름은 모두 가명으로 처리되었다.

인터뷰는 면담대상자에 따라 다양한 장소와 시간에 진행되었다. 서비스업과 건설업에 종사하는 면담대상자일 경우는 주말 낮 시간에 그 사람의 거주지 인근의 커피숍 혹은 점심시간에 식당에서 2～3시간 정도 진행되었다. 회사원일 경우에는 저녁식사 시간에 대림동에서 식사를 하면서 진행된 경우가 비교적 많았다. 왜냐하면, 단체회원들일 경우는 회사원들이 많으며 그들은 대림동 혹은 구로동에 거주하는 경우가 많았기 때문이다. 유학생일 경우는 서로 시간을 협상하여 커피숍 등에서 진행하였다. 그리고 단체장이거나 단체회원일 경우는 단체 사무실을 직접 방문하여 진행하였으며, 연합회 같은 경우는 매주 주말마다 '2011년 가을맞이 문화공연' 합창단 노래연습에 직접 참여하면서 매번 연습이 끝나면 연합회 '우리집' 쉼터 3층 '문화의 방'에서 회원 1～2명씩 인터뷰를 진행하기도 하였다.

심층면접에서는 그들이 자신의 경험을 전달하기 위해 어떤 사건들을 더욱 상세히 기술하고, 어떤 방식으로 그것을 해석하며, 그것에 어떤 의미를 부여하는지에 대해 주목함으로써 그들의 일상적 실천의 양상들을 포착하고자 했다. 현지에서 참여관찰과 심층면접의 병행이 가능했기 때문에 연구자는 그들의 주관적인 내재적 인식과

일상적 실천이 어떻게 맞물리는지를 그들과의 지속적이고 일상적인
접촉과정에서 도출해낼 수 있었다.

면접은 대체로 면접자들의 개인적 사항과 이주관련 사항, 자기인
식과 관련된 사회적 경험과 행위방식, 실천 전략과 관련된 실천내용
이라는 세 가지 영역을 중심으로 진행되었으며, <표 1>에서 제시한
내용들이 질문항목으로 활용되었다.

〈표 1〉 면접내용

구분			질문 내용
기본 사항	개인적 사항		-연령, 성별, 학력, 비자, 거주지, 직업(중국)
	이주 관련	이주 이전	-사회적 관계, 민족의식, 한국관
		이주과정	-이주동기와 경로
		이주 이후	-정착과정 -노동경험 -가족생활 -사회관계 -여가생활
민족 정체성	- '조선족' 신분에 대한 평가방식 -자신의 '민족적 소속'을 인식, 규정하는 방식 - '조선족'으로서 차별을 인식하는 방식 -차별을 인식, 해석, 대응하는 방식		
실천	-구조적 제약·사회적 차별에 대한 인식과 해석 - '조선족'으로서 인정받기 위한 노력 -조선족 단체 참여의 사회적 환경과 경로 -실천의 논리와 자원의 동원방식		

본 연구의 면담대상자는 총 33명이다. 면담대상자의 선정은 현지의
상황과 맥락에 따라 진행되었으며 무엇보다도 학력, 직업의 비
례를 크게 고려하였다. 왜냐하면, 기존의 조선족에 관한 연구들이
3D(Difficult, Dirty, Dangerous) 업종에 종사하는 노동자, 국제결혼 이
주 여성에만 관심을 보인 탓에 전반적인 조선족 사회의 양상을 그려내

지 못했기 때문이다. 또한 한정된 면담대상자로 조선족 정체성을 어떠한 것으로 상정하려는 연구의 한계를 극복하기 위해서이다. <표 2>는 연구 자료로 활용된 면담대상자들의 인적사항을 정리한 것이다.

<표 2> 면담대상자 인적사항

번호	성명	성별	나이	학력	입국연도	직업	거주지
1	황영국	남	74	대졸	1993	악기제조	천호동
2	천 산	남	32	대졸	2011	금융업	대림동
3	신화영	여	32	고졸	2002	중국어강사	수진동
4	최연자	여	31	박사과정	2010	학생	화양동
5	박용문	남	41	대졸	1995	여행사(자)	가리봉동
6	김은희	여	38	대졸	2001	회사원	대림동
7	김 화	여	42	대졸	2008	회사원	구로동
8	최 연	남	45	박사과정	2010	학생	신정동
9	유광수	남	53	고졸	2010	건설업	홍제동
10	주경국	남	50	고졸	1999	동포신문 기자	세류동
11	김국철	남	43	대졸	1997	단체장(자)	대림동
12	김 범	남	32	박사	2007	강사	회기동
13	정금화	여	29	석졸	2006	회사원	상수동
14	김자영	여	28	석졸	2011	서비스업	경안동
15	여순애	여	55	고졸	2010	식당(자)	경안동
16	서대희	남	59	고졸	2000	건설업	도림동
17	한희애	여	73	대졸	2000	단체장	홍제동
18	차금희	여	60	초졸	2007	가정부	홍제동
19	최성식	남	54	대졸	1990	건설업	가리봉동
20	남석희	여	68	초졸	1997	가정부	홍제동
21	조권영	남	75	대졸	2004	중의 무료봉사	가산동
22	최성희	여	58	대졸	1998	단체장(자)	가리봉동
23	최동식	남	50	고졸	2008	건설업	목동
24	함영수	남	42	대졸	1999	회사원	의정부동
25	임영란	여	39	박사	2004	회사원	수진동
26	한오영	여	33	고졸	2002	중국어강사	수진동
27	전수철	남	30	박사과정	2010	학생	화양동
28	김춘희	여	54	초졸	2002	서비스업	독산동
29	오혜화	여	32	초졸	2003	서비스업	화곡동
30	박선국	남	60	초졸	2008	건설업	경안동

31	강미옥	여	50	초졸	1998	서비스업	중대동
32	남칠성	남	76	대졸	1996	자유직업	홍제동
33	김화자	여	64	초졸	1994	단체장	홍제동

* (자)는 자영업 운영자를 가리킴.
** 홍제동은 연합회 우리집에 거주함을 가리킴.

면담대상자들은 악기제조, 금융업, 중국어강사, 통역, 신문기자, 회사원, 가정부, 서비스업, 건설업 등 다양한 직업을 가지고 있으며 자영업 운영자가 4명이고, 직업이 따로 없이 단체만 운영하는 단체장이 2명이다. 면담대상자 중 단체장과 단체회원은 모두 15명이고, 비회원은 18명이다. 단체장 가운데서 2명은 자영업을 운영함과 동시에 단체를 설립하여 운영하고 있으며, 연합회 단체장 같은 경우는 위에서 언급했듯이 직업이 따로 없이 단체만 운영하며 단체 내에서 월급을 지불한다. 면담대상자 중 '조선족 타운'에 거주하는 자는 총 9명이고 기타 지역에 거주하는 자는 24명이다. 현지조사에서 한국인들에 대한 인터뷰도 진행했으며 필요한 자료를 논문에 활용하였다. <표 3>은 면담대상자의 일반적 특성을 도표화한 것이다.

〈표 3〉 면담대상자 일반적 특성

	특성	빈도	비율
성별	남	16	48.5
	여	17	51.5
	계	33	100
연령	20대	2	6
	30대	9	27.3
	40대	5	15.2
	50대	9	27.3
	60대	4	12.1
	70대	4	12.1
	계	33	100

학력	초졸	7	21.2
	고졸	7	21.2
	대졸	11	33.3
	석졸	3	9.1
	박사과정	3	9.1
	박사	2	6.1
학력	계	33	100
체류기간	1~5년	8	24.2
	6~10년	8	24.2
	11~15년	12	36.4
	16~20년	5	15.2
	계	33	100

전체 면담대상자 중 여자는 17명, 남자는 16명이다. 연령별로는 20대 2명, 30대 9명, 40대 5명, 50대 9명, 60대 4명, 70대 4명으로서 30대와 50대가 가장 많다. 학력별로는 초졸 7명, 고졸 7명, 대졸 11명, 석졸 3명, 박사과정 3명, 박사 2명으로서 고졸과 대졸이 가장 많다. 이주기간별로는 1~5년이 8명, 6~10년이 8명, 11~15년이 12명, 16~20년이 5명으로서 1~5년 사이와 11~15년 사이가 가장 많다.

4) 문헌연구

우선, 1차 문헌연구는 2010년 7월부터 시작되었다. 연구자는 2010년 7월부터 8월까지 연변지역의 『연변일보』, 『흑룡강신문』, 『료녕조선문보』, 『길림신문』(1990.1.~2010.7.) 등 신문자료에서 조선족 관련 사회문제들을 중심으로 살펴보았다. 2011년 3월부터 4월까지 『조선일보』, 『국민일보』, 『동아일보』, 『한겨레』, 『문화일보』, 『중앙일보』, 『한국일보』, 『서울신문』, 『경향신문』, 『재외동포신문』, 『동북아신문』,

『동포타운신문』(1990.1.~2011.3.) 등 신문자료에서 조선족 관련 시사, 사설 등을 수집하였다. 그리고 『연변문학』, 『도라지』, 『송화강』, 『장백산』(1995.1.~2011.8.) 등 잡지에 실린 조선족 공동체, 정체성, 자녀교육, 일상생활 등을 소재로 한 소설, 산문들을 구독함으로써 조선족들의 한국 이주가 증가하면서 변화되는 조선족 사회와 조선족의 삶의 과정을 이해하는 데 활용하였다.

다음으로, 중국 조선족 역사에 관한 1차 자료와 연구서, 논문을 인용하여 중국 조선족의 역사적 형성과 민족 정체성을 시기별로 구분하였다. 그리고 선행연구들을 비판적 관점에서 검토하고, 문제점을 파악한 뒤 한국과 중국에 관련된 1차 문헌, 정책자료, 선행연구를 참고하여 분석에 필요한 내용들을 재구성하였다.

마지막으로 『출입국통계연보』, 『서울시통계연보』, 『구로구통계연보』, 『영등포구통계연보』, 중국 『통계연감』 등 한국과 중국의 통계자료를 참고하였다.

4. 글의 구성

기존에 형성되었던 민족 정체성은 당연하게 사회적 맥락과 상호작용하며 새롭게 재구성되는 과정에 영향을 미친다. 현재 재한 조선족의 정체성 또한 국제적인 이동의 시대에 새롭게 형성된 것이 아니라, 중국에서 형성 지속되어 온 소수민족으로서의 조선족 정체성이 현재와 같은 시대의 변화와 함께 지속 혹은 새롭게 변화 재구성되고 있다.

위와 같은 관점에서 1부에서는 정체성을 객관적 차원-주어진 것

(지역, 혈통, 언어, 문화, 역사, 공동체 의식), 상호작용의 차원-외부로부터 규정된 것(통치성, 국적, 여권, 학문, 신분), 주관적인 차원-자기 의식적인 것(소속감의 통일성, 통합성, 동일시, 분화) 등 세 가지 차원으로 구분하여 보고자 한다.

첫째, 객관적인 차원에서는 기존에 형성된 중국 조선족의 정체성을 고찰하고자 한다. 구체적으로 중국 동북지역에 정착한 조선인들이 어떠한 민족 정체성을 가지고 살아갔으며, 또한 어떻게 조선족이라는 '소수민족' 정체성을 형성하게 되었는지를 살펴보고자 한다.

둘째, 상호작용의 차원에서는 재한 조선족에 대한 외부의 규정화, 즉 한국의 법적·제도적 현실 나아가 한국인 집단과 조선족 집단 간 차이 및 그에 대한 해석, 대응방식에 대해 고찰하고자 한다.

셋째, 주관적인 차원에서는 외부의 규정화에 직면한 재한 조선족들이 어떻게 스스로를 규정짓고 살아가는지에 대해 고찰하고자 한다. 구체적으로 스스로의 삶의 공간을 확보해나가는 재한 조선족들의 실천 전략 및 귀속의식을 살펴보고자 한다.

1부는 이러한 연구의 흐름과 연구내용에 따라 모두 5개의 장으로 구성하고자 한다.

제1장에서는 연구목적을 제시하고, 이론적 논의를 비판적으로 검토하였으며 기존연구의 한계를 지적하였다. 그리고 연구방법에 대해 구체적으로 설명하고 글의 구성에 대해 서술하였다.

제2장에서는 중국 조선족의 기존의 정체성이 어떠한 과정 속에서 형성되었고, 조선족은 어떠한 정체성을 가진 집단인지에 대해 살펴보았다. 구체적으로 동북지역으로 이주하여 간 조선인들의 민족적 소속감을 시대별로 고찰해보았다.

제3장에서는 중국 조선족의 한국 이주배경과 이주경과에 대해 살펴보았고, 한국인 집단과 조선족 집단 간 경계의 형성 및 경계 재생산의 내적 구조에 대해 살펴보았다.

제4장에서는 재한 조선족들이 자신들을 둘러싼 사회적 현실과 조건 속에서 어떻게 스스로를 규정짓고 살아가는지에 대해 고찰하였다. 먼저 재한 조선족들의 실천 전략을 고찰하였고, 나아가 각 실천 전략들의 차이와 의미에 대해 살펴보았다. 다음으로, 실천 전략별 귀속의식 및 그 특징에 대해 고찰함으로써 재한 조선족의 정체성의 변화를 살펴보았다.

제5장에서는 1부의 내용을 전체적으로 요약, 정리하고 연구의 한계를 지적하였으며 향후 연구과제 정리로 마무리하였다.

제2장
조선인의 동북이주와
'소수민족' 정체성의 형성

1. 조선인의 동북이주와 민족 정체성

1) 조선인의 동북이주

조선인의 동북이주를 1620~1670년대 망명과 노략의 이주, 1670년부터 1860년까지 봉금정책 시기의 이주, 1860년부터 1910년까지 봉금정책 폐지 이후의 이주, 1910년부터 1931년까지 자유이주, 1931년부터 1945년까지 강제이주 등으로 구분하는 것이 학계의 보편적인 구분방식이다. 이 글에서는 이러한 구분방식을 따르고자 한다. 따라서 이 절에서는 각 시기별 조선인의 동북이주의 양상을 간략히 서술하도록 하겠다.

먼저, 명말·청초인 1620년부터 1670년까지의 조선인들의 이주 양상을 살펴보면, 주로 생계유지를 위해 이주한 조선인, 조선 내부의 당쟁과 형사사건을 피해 망명한 자, 후금(後金)의 누르하치 군대가 조선 변경(邊境)에서 노략한 백성들, 1619년 원정 명나라 13,000여 명의 조선 군대 중 후금에 투항한 장병들, 1627년 정묘호란과 1636년 병자호란에서 포로가 된 수만 명의 조선인들이 이주민의 대다수였다. 그들이 동북지역에 이주한 뒤 포로가 된 조선 군인 중 일부는 보상금을 내고 조선으로 반환되었고 일부는 만주족 귀족의 장원(莊園)에 하인 혹은 가노(家奴)로 정배되었으며, 일부는 만주팔기군(滿洲八旗軍)으로 편성되었다. 살해된 조선 군인들도 많았는데, 주로 1619년 원정 명나라 조선 군인들이었고, 정자호란과 병자호란 시에 살해된 기록은 많지 않다.

다음으로, 1671년부터 1860년까지의 봉금정책 시기에는 인삼채집, 수렵, 벌목, 경작,[15] 무역 등 방법으로 생계를 유지하기 위해 이주한 조선인들이 대부분을 차지했다. 그들의 이주지역은 주로 두만강, 압록강의 북부의 변경지대였다. 이 시기 조선 북부 특히 함경도의 산이 많고, 경작지가 적으며, 기후가 경작에 적합하지 않은 등 이유로 생계를 유지하기 힘든 함경도 조선인들이 동북으로 많이 이주했다. 그뿐만 아니라 그들이 처한 사회 환경도 이주의 주원인이었다. 그 당시 조선에는 조선 북부의 조선인들을 무시하는 현상이 사회적으로 만연했기에, 조선 북부 조선인들에게는 이러한 무시에 대한 강한 반항의식이 생성되었다. 그로 인해 분쟁이 자주 발생했고 분쟁에서 패한 자는 동북으로 이주하게 되었다. 또한 조선 정부의 지역격리정책은 함경도 지역을 사회적으로 고립시켰고, 북부 조선인, 남부 이민자 혹은 유배자들의 조선 내부에서의 자유로운 이동도 제한되었기에 그들은 엄격한 청조의 봉금정책 상황에서도 부득불 살길을 찾아 동북지역으로 이주할 수밖에 없었다(손춘일, 2009: 66-88).

---

15) 경작은 초기에는 새벽에 월경하여 화전이나 포지를 하여 곡식을 심거나 김을 매고는 밤에 도로 돌아가는, 즉 조경막귀(朝耕幕歸)의 방법을 취하였고, 시간이 지나면서 이른 봄에 쟁기를 메고 건너와서 깊숙한 산골에 막을 쳐놓고 화전을 부치고 가을에 수확물을 거두어 가지고 돌아가는 '春耕幕歸의 방법을 취하였으며, 그러는 과정에서 점차 정착하게 되었다(박창욱, 1991: 182).

셋째, 1861년부터 1910년 한일합방 이전까지, 조선인들은 대량으로 동북지역에 이주하기 시작하였다. 1866년 병인양요와 1871년 신미양요 이후 조선 정부는 국내외 혼란에 빠졌다. 이에 흥선대원군(1820~1898)이 뒤흔들리는 정권을 만류하기 위한 목적으로 경복궁 재건에 필요한 돈을 각종 명분으로 징수하였고, 사람들을 동원하여 경복궁을 재건하였는데, 이는 조선 농촌사회에 큰 타격을 주었다. 또한 1860년부터 1870년까지 조선 북부 지방에는 전례 없는 자연재해가 발생함에 따라 토지를 상실한 많은 함경도 조선인들이 할 수 없이 가족을 거느리고 동북지역으로 이주하게 되었다(손춘일, 2009: 121-123).

넷째, 1910년 한일합방 이후부터 1930년까지 식민지 조선에 대한 1912년의 '토지조사사업', 1920년의 '산미증식계획'의 실시하에, 토지와 경작권을 잃은 조선인들이 중국으로 대거 이주하였다. 그뿐만 아니라, 식민지 조선에 대한 헌병통치하의 독립운동가, 천도교·기독교의 종교인, 민족교육인 등 다양한 계층의 조선인들이 많이 이주하였다.

다섯째, 1931년 '만주국'이 성립된 후부터 1945년까지는 일제가 조선인 이민을 적극적으로 관장하여 통제한 시기이다. 이 시기는 통제와 안정 시기(1932~1936), 통제와 무육 시기(1937~1945) 두 시기로 나눌 수 있는데, 통제와 안정 시기에는 주요하게 집단부락16) 건설을 시도하였으며, 통제와 무육 시기에는 집단·분산·집합 이민 정책을 실시하였다.17) 그러나 이 시기 조선인들이 무조건 이민정책에

---

16) 일본에서 '部落(부라쿠)'은 에도(江戶)시대 이래로 천민들의 마을을 일컫던 말로, 부락민은 士農工商에도 들지 못하고 '천한 일'을 하던 백정을 지칭했다(『每日新聞 用語集』, 1999).
17) 통제와 안정 시기에 일제는 주로 조선인 농민에 대한 안정을 도모하는 데 중심을 두고 조선

따라 동북으로 이주한 것은 아니다. 1931년 9.18사변 이후, 조선 독립과 민족 해방에 대한 신념이 사라지기 시작한 조선 청년들에게는 일종 자포자기의 비관적인 정서가 돌기 시작했고 반일의식이 점차 약화되었으며, 조선 농민들에게는 일종 향락주의사조가 만연하기 시작하였다. "반일의식의 약화, 조선총독부의 기만성으로 인하여 '만주국'은 조선인들에게 횡재의 꿈을 실현할 수 있는 곳으로 상상되었으며"(손춘일, 2009: 441), 많은 조선인들이 동북지역으로 이주하였다.

2) 재만 조선인의 민족 정체성

먼저 1860년대 내우외환의 위기에 직면하게 된 조선에서 '민족'에 대한 개념들이 어떻게 싹트기 시작했는지를 보도록 하자. 이는 조선과 만주[18] 두 사회에서 살았던 조선인들의 민족 정체성의 연속과 단절을 살펴보기 위한 중요한 역사적 맥락이다.

1860년대 조선의 상황을 살펴보자면, 조선은 1876년 병자수호조약 체결을 계기로 "근대 민족국가로서의 정체성을 수면 위로 떠올리게 되며, 이 조약이 조선과 일본 사이의 봉건적 통문관계를 파괴하고 근대 국제법상의 토대 위에서 체결한 통상조약이라는 측면에서 국제

내 조선인들의 이주에 대해서는 적극적으로 추진하지 않았다. 그러나 1937년 중일전쟁이 폭발한 이후에는 일본인 개척민과 함께 조선인들도 계획적으로 동북지역에 이주시켰으며, 이주증명서를 발급하여 그들을 통제하였다. 이러한 통제는 최초에는 엄격히 적용되었으나, 조선인들의 반발과 주변상황의 변화에 따라 집단·분산·집합이민정책으로 수정이 가해졌다. 구체적으로 말하자면, 1937년 초기에는 조선인 이민의 종류가 만선척이 취급하는 '집단이민'뿐이었으나, 37년 말부터 순전히 개인적인 차원의 '분산이민'이 첨가되었고, 1938년에는 지역제한이 원칙적으로 폐지되면서, '집합이민'이라는 종류의 이민을 추가하였다(김도형, 2009: 78).

18) '만주'란 오늘날의 중국 동북지역-흑룡강, 길림, 요녕-을 가리키며 현재 중국인들은 이 지역을 '동북' 혹은 '동북3성'이라고 부르고 있지만 한국인들은 여전히 '만주'라는 용어를 사용하고 있다. 1945년 이전까지 중국인들과 한국인들이 모두 이 지역을 '만주'라고 불렀기 때문에 여기에서는 '만주'라는 용어를 그대로 사용하겠다.

질서 속에서의 조선의 위치를 문제 삼게 된다"(이혜정, 2006: 52).

그리하여 내우외환의 위기에 직면한 지식인들은 '민족'에 대한 지식을 생산하여 위기에 대처하려 하였다. 그리고 그러한 노력들은 대체로 민족과 국가의 다양한 '특성'들을 규정짓는 일들이었고, 세계 자본주의 체계에 편입되는 시점에서 스스로를 고유의 민족으로 만들어내는 문화적 전략들이었다. 억압받는 민족과 해방되어야 할 민족 사이에서 민족에 대한 이해는 두 갈래로 갈라진다. 즉 억압 때문에 민족은 자연적으로 부정되고 비하되며, 해방을 위해 민족은 역사적으로 만들어져야 했고, 국혼이 창조되어야 했으며, 심성을 가져야 했다. 국망(國亡)이 눈앞에 다가오자 "민족주의자들은 이제 국가 중심의 민족 개념에서 벗어나 그 대안으로 정신적 차원의 국혼(國魂), 국수(國粹)라는 새로운 개념을 모색하기 시작하였고, 그 핵심적인 역할이 역사에 부여되었다. 신채호는 『독사신론(讀史新論)』을 통해 국가 중심적 정의에서 벗어나 종족적인 정의를 내세우는 새로운 민족 개념을 제시하였는데, 이때 부계적 혈통에 기반을 둔 민족의 계보로 단군이 주목되었고, 기자신화에 철저한 비판이 가해졌다"(은정태, 2008: 436).

구체적으로 말하자면, 식민지 조선에서 '민족'은 동일한 조상, 역사, 종교, 언어를 공유해야 하며, '국민'은 동일한 이해관계 속에서 함께 행동할 수 있는 정신을 가져야 했다. 같은 영토 안에서 수많은 개개인들을 하나의 국가로 불러들이는 작업의 하나가 민중들에게 국민정신을 주입하고 힝싱 동일한 이해관세로 얽혀 있다는 것을 알리는 것이었다. 이때 동원된 수단이 바로 단일민족으로서의 역사적 운명공동체라는 민족적 상상력이다. 즉 종족적으로 단군의 후예라는 정체감과 문화적으로 기자로 표상되는 정체감을 공유한 공동체임을 피력함으로써, 식민지 조선인들은 점차 단군의 신성한 민족으로 회귀하였다. 역사적 기억들을 창안하는 과정은 과거의 기억들이 선택적으로 구성되는 과정과 맞물린다. 그러한 과정을 거쳐 하나의 위대한 민족 서사가 구성되며 그것은 민족과 국민을 등치시키는 식민지 조선인의 단일민족이데올로기를 형성시켰다.

이와 같이 1860년대부터 '민족'이라는 개념이 지식인들에 의해 거론되면서 근대적 의미에서의 '민족'이 형성되기 시작하였다. 그러나 일부 지식인 계층에 의해 거론되던 민족 담론이 바로 그 시기부터 일반 민중들에게도 대폭 수용된 것은 아니다. 한 민족의 민족이데올로기가 일반 민중들에게 전파되기까지는 얼마간의 시간이 걸린다. 하기에 그 시기 조선인들에게 '민족'이라는 개념은 크게 전파되지 못했으며, '민족'이 중요해지는 시점에서 살길을 찾아 동북지역으로 이주하여 간 조선인들은 한반도에서 형성되고 있는 민족의식과는 다른 개념의 것을 형성하여 갔다.

그렇다면, 조선족들은 중국에서 어떠한 '민족적 소속감'을 가지고 있었는가. 중국 조선족 집단의 형성과 관련하여 조선족 역사의 上限線[19])에 대한 논의도 있지만, 그러한 논의는 여기에서 중요하지 않

19) 중국 조선족 역사의 상한선(上限線)에 관해서는 몇 가지 주장이 있다. 첫째는 토착민족설이다. 이 견해에 따르면, 조선족의 조상들은 중국 동북지역에서 고조선·고구려 등 고대국가를 건립하여 동북지역에서 살아왔으며, 668년 고구려 멸망 이후에도 고구려 유민들이 靺鞨의 여러 부족들과 함께 고구려의 故土에 발해국을 세웠으며, 그 이후 遼·金·元·明 시기에도 동북의 遼東과 遼南지역에서는 조선민족의 선조인 고려인들이 다른 민족과 함께 살아왔기에 일부 학자들은 중국 조선족은 이주민족이 아니라 토착민족이라는 것이다. 둘째, 원말·명초설(元末·明初說)이다. 이 견해에서는 이 설은 원말·명초 시기 한인들이 만주로 대량 이주하였다는 것, 명초에 이르러 양국 간의 국경이 압록강과 두만강을 자연 경계로 확정되었다는 두 가지 사실에 주목하여 국경 형성에 초점을 두고 있으면서도 한인들의 대량 이주를 바탕으로 그 상한선을 원말·명초로 보아야 한다는 것이다. 셋째, 명말·청초설(明末·淸初說)이다. 이 설은 17세기 20년대를 상한선으로 보아야 한다고 주장한다. 이에 따르면 중국과 조선의 국경이 상대적

다. 여기에서는 기존의 연구 성과를 기반으로 시기별로 동북지역 조선인의 '민족적 소속감' 및 '조선족' 민족 집단의 확립과 그들의 '민족적 소속감' 간의 상호 관계를 밝히는 데 중점을 두고자 한다.

중국 동북지역 조선인 및 그 후예들은 '민족적 소속감' 유형에 따라 중국 동북 월경 경험이 있는 조선인이지만 중국 본토에 동화되었거나 한반도로 되돌아간 집단, 중국 정부에 의해 '조선족'으로 명명된 1949년 이전에 태어난 집단, 1949년 이후 '조선족' 신분 생득을 한 집단으로 크게 나누어볼 수 있을 것이다.

이렇게 범주화한 이유는 다음과 같다. 우선, 명말·청초에 동북 월경 경험이 있는 조선인들이 수적으로 많이 증가하고 동북지역에서 살아갔다고 하더라도 그들이 1952년에 '조선족' 소수민족집단으로 명명될 시기에, 마침 '조선족' 신분을 부여받았는지, 아니면 이미 동화되어서 '조선인'이라는 정체성이 사라졌는지, 아니면 '조선인'이라는 신분을 숨기면서 살아갔는지는 알 수 없는 일이다. 그러므로 '조선족' 집단의 형성을 그들의 동북월경이 수적으로 증가되었거나 동북지역에서 집거하여 살아갔다는 자체와 직접적으로 연관 지어 볼 수는 없다. 다음으로, 1910년 한일합방 이후 상대적으로 더욱 많

으로 안정된 시기를 명말·청초(1627년 『江都會盟』의 체결을 기준)로 인정하면서, 조선족 역사 상한선 문제는 단순히 인구유동의 기점에 국한된 것이 아니라 이주민들의 정착과정과 나아가 이를 기반으로 거주구역 및 민족 공동체의 형성을 기준으로 보아야 한다는 것이다. 그뿐만 아니라, 명말·청초에 이주한 조선인들과 현재 중국 조선족과의 연관성이 있어야 한다고 주장하면서 이를 명말·청초에 이주한 요녕성 朴家村 및 하북성 朴杖子의 조선족에서 찾아볼 수 있다는 것이다. 넷째, 19세기 중엽설이다. 이 설이 가장 보편적 설이다. 이 견해에서는 조선인이 근대민족으로 형성된 것은 19세기 후반이므로 중국 조선족의 역사 기점은 19세기 후반으로 보아야 하며, 19세기 중엽 이전에 이주한 한인들은 대부분 정착 생활에 실패하여 한반도로 되돌아갔거나 기타 민족에 동화되었기 때문에 지금의 조선족과는 아무런 연관성이 없을뿐더러, 이주한 한인이 소수에 불과하기에 보편성이 결여되며, 따라서 중국 조선족 역사의 상한선은 한인의 이주기점을 기준으로 하는 것이 아니라 민족공동체의 형성 시기에서 찾아야 한다는 것이다(김태국, 1998: 194-195).

은 수의 조선인들이 동북지역으로 이주하게 되며, 그들은 동북지역에서 정착하여 살다가 1949년 중화인민공화국이 창건된 이후 1952년 중국 정부에 의해 모두 '조선족'으로 명명된다. 그러나 '조선족'으로 명명된 하나의 민족 집단이라고 해도 한반도와 중국 동북지역 두 곳에 대한 장소감이 모두 형성되어 있는 조선인 집단의 '민족 정체성'은 '조선족'이라는 신분 생득을 한 세대가 가지는 민족적 정서나 유대감과는 다른 것이라고 생각된다. 그리고 동북지역에서 태어나 한반도에 대한 장소감이 없는 2세부터는 단지 부모님의 고향에 대한 이야기를 전해 듣거나 하는 정도였으며 그들의 '민족의식'은 부모님 세대와도 다르고 또 '조선족'이라는 하나의 소수민족 집단이 확립된 이후에 조선족 공동체에서 태어나 자신을 당연히 '조선족'이라고 인식하는 세대의 '민족 정체성'과도 또 다른 것이다.

이와 같이 '조선족'이라는 집단을 행위 주체들의 '민족적 소속감'에 대한 인식을 중심으로 살펴보았을 때, 조선인들의 중국 동북지역 월경 양상과 '조선족' 집단의 형성 그리고 '민족적 소속감'은 구분되어 설명될 사항인 것이다. 이런 관점에서 시기별[20] 이주 양상과 '민족적 소속감'의 관계를 <표 4>와 같이 구분하였다.

---

[20] 이 연구에서는 학계의 구분에 따라, 1945년 이전까지를 명말·청초 1620~1670년대 망명과 노략의 이주, 1670~1860년 봉금정책 시기의 이주, 1860~1910년 봉금정책 폐지 이후의 이주, 1910~1931년 자유이주, 1931~1945년 강제이주 등으로 구분하고, 1945년 이후를 조선족 신분 확립 이전 시기(1946~1958), 신분 생득 이후 시기(1958~현재) 등으로 구분하였다. 각 시기의 이주 양상에 대한 구체적인 내용은 손춘일 논저(2009, 『中國朝鮮族移民史』, 中華書局)를 참조하기 바람.

<표 4> '민족적 소속감'의 시기별 특성

형성과정(집단)	시기	양상	상호작용	민족적 소속감	
동화 or 귀환 신분확립 이전 조선인	1620~1670	망명과 노략	중국정부 중국인	집단 공동체 의식, 중국인, 월경 집단의식, 망향의식	
	1671~1860	생계유지			
	1861~1910	생계유지		조선인 공동체 귀속의식, 월경 집단의식, 망향의식	
	1911~1945	자유이주 강제이주	한·중·일	한·중·일 틈새에 낀 존재로서의 다중적 소속감	
	1946~1958	만주정착	중국인	이중소속감 (국가적 소속의식이 모호함)	
신분 생득을 한 조선족	1958~현재	신분 생득	중국인	집거지역(약)	소수민족 중국인
				산거지역(강)	소수민족 중국인 고국의식

첫째, 명말·청초 1620~1670년 사이에 이주한 조선인들과 1671~ 1860년 봉금정책 시기에 이주한 조선인들은 '조선족'과 직접적 관련이 없는 '중국 동북지역 월경 경험이 있는 조선인' 집단으로 보고 그들의 '민족적 소속감'을 '집단 공동체 의식'으로 구분하였다. 둘째, 1861~1910년까지의 만주 조선인들의 '민족적 소속감'은 '조선인 공동체 귀속의식'이라고 할 수 있다. 그리고 이 세 시기에 동북으로 이주한 조선인들은 모두 '월경집단의식'과 '망향의식'은 기본적으로 가지고 있었다고 본다. 셋째, 1911~1945년까지의 조선인들의 '민족적 소속감'은 '한·중·일 3국의 틈새에 낀 존재로서의 다중적 소속감'으로 규정하였다. 넷째, 1946년 종전부터 1958년 '조선족' 신분이 확립되기 이전까지의 '민족적 소속감'은 국가적 소속의식이 모호한 '이중소속감'을 특징으로 한다. 마지막으로, 1958년 이후 '조선족' 신분 생득을 한 조선족들의 '민족적 소속감'은 한족과 구별되는 '소수민

족’의식으로 규정하였다. 시기별 ‘민족적 소속감’의 특성을 구체적으로 설명하자면 다음과 같다.

먼저, 명말·청초 1620~1670년 망명과 노략의 이주 시기와 1670~1860년 봉금정책 시기에 이주한 조선인들은 중국의 토착민들과의 상호작용 속에서 ‘조선인’ 집단이라는 공동체적 소속감을 형성하며 살아갔다. 명말·청초 1620~1670년까지의 이주 양상을 보면, 주로는 생계유지를 위해 이주한 조선인, 조선 내부의 당쟁과 형사사건을 피해 망명한 자, 후금(後金)의 누르하치 군대가 조선 변경(邊境)에서 노략한 백성들, 1619년 원정 명나라 13,000여 명의 조선 군대 중 후금에 투항한 장병들, 1627년 정묘호란과 1636년 병자호란에서 포로가 된 수만 명의 조선인들이 주를 이루었다. 그들은 동북지역에 이주하여 간 뒤, 포로가 된 조선 군인 중 일부는 보상금을 내고 조선으로 반환되었고, 일부는 만주족 귀족의 장원(莊園)으로 하인 혹은 가노(家奴)로 정배되었으며, 일부는 만주팔기군(滿洲八旗軍)으로 편성되었다.

이 시기 여러 가지 원인과 경로에 의해 가족과 헤어지고 동북지역에 이주하여 간 조선인들은 어떻게 해서든 조선으로 다시 돌아가려고 하였다. 그러나 청조는 포로가 된 조선인들을 인질로 보상금을 내걸었는데, 그 액수가 소·말 열 마리에 해당되기에 실제로 돌아올 수 있는 조건을 갖춘 가정은 많지 않았다. 이에 조선은 여러 차례 청 정부와 협상하여 무보상 혹은 낮은 보상금으로 조선인들을 반환받고자 하였지만 청조의 거부로 빈번히 실패하였다. 그리하여 보상금을 내걸고 반환될 수 없었던 조선인들은 기회를 타서 조선으로 도망갈 수밖에 없었다. 그리고 조선으로 돌아가고 싶었지만 결국 끝내

돌아가지 못하고 동북지역에 정착하게 된 조선인들은 일부분 귀화 입적하였으며 만주족, 한족 등 민족들과 어울려 사는 과정에서 "중국인으로서의 정체성이 강화되었다"(안명철, 2011: 252).

중요한 것은, 이 시기 그들에게 얼마만큼의 국가의식이 있었고, 민족의식이 있었는지에 대한 문제는 탐구를 통해서만이 알 수 있겠지만, 민족과 국가의 근대적 형성21)에 대한 입장만 분명하다고 하면, 그들의 '민족적 소속감'에 대한 규정은 가능한 것이다. 즉 이 시기 조선인들의 '민족적 소속감'은 자신들과 다르다고 느끼는 동북의 기타 민족 집단과의 상호작용 속에서 형성된 본 민족 집단 공동체 의식이며, 그것은 혈연공동체로서의 근대적 민족을 형성하는 근간이 되기도 한다.

둘째, 1860~1910년까지의 '민족적 소속감'은 '조선인 공동체 귀속의식'으로 규정할 수 있다. 앞서 언급했듯이, 한반도에서 '민족'이 중요해지는 시점에서 살길을 찾아 동북지역으로 이주하여 간 조선인들은 또한 한반도에서 점차 형성되고 있는 '민족'과 '민족주의'와는 다른 개념의 것이다. 하지만 그렇다 하더라도, 1905년 '을사조약'

---

21) 20세기 중반까지 '민족'의 형성에 관한 논의에서 두 개의 큰 산맥을 이루어오던 도구론적 입장과 원초론적 입장의 의견 대립은 20세기 말에 와서 근대주의 입장과 역사주의 입장의 차이로 나타나게 되는데, 양자의 근본적인 차이는 민족의 형성이 근대적인가 아니면 역사적 형성의 지속성에 기반을 두는가 하는 것이었다. 전자의 대표적 학자 Anderson(1983)은 "민족과 민족주의는 문화와 언어의 동질성에 의한 표준화 교육, 주권국가 등은 모두 자본주의 산업화와 시장의 확대에 의해 형성된 것이다"(Emest Gellner, 1983)라는 Gellner(1983)의 논의에 기초하여 '상상의 공동체'라는 명제를 제시하면서 '상상의 공동체'에 대한 소속감이 형성되는 조건들과 그러한 조건들이 어떻게 결합되어 '상상의 공동체' 근간을 형성하는지에 주목하였다. Hobsbawm(1994)도 '전통의 창조'라는 개념을 제시하면서 민족이 국가를 만든 것이 아니라, 민족주의가 민속을 만들었다는 Gellner의 논의에 동참하게 되는데, 이러한 주장들의 핵심은 언어, 관습, 관념, 영토는 민족 형성의 본질적 요소로서의 필연성이 아니라는 것이다. 근대주의 입장과는 달리, 역사주의 입장에서는 "문화와 역사를 공유하는 '민족 공동체'는 근대적 민족을 형성하는 역사적 토대로서, 오늘날 민족의 문화적 실천과 사회적 관계는 대대로 전해져온 전통, 신화, 기억, 상징과 가치에 뿌리내리고 있다고 주장한다"(Smith, 1996: 75-76). 본 연구에서는 민족의 근대주의 입장을 취한다.

체결 이후부터 만주22)는 식민지 조선의 연장선 위에 놓이게 되며 만주에서 민족주의자들의 민족운동이 활발히 진행되기에 그러한 운동들은 두말할 것 없이 만주 조선인들의 조선인 공동체 의식, 공동체 독립의식에 영향을 끼치게 된다. 그러한 의식은 언제든지 해방되면 돌아가야 할 아니면 돌아갈 수도 있는 영토의식을 동반하여, 고향에 대한 '망향의식'을 내포한다. '고향'은 그들에게 자신의 생계가 유지될 수 있는 한에 있어서는 언제든지 다시 돌아갈 수도 있는, 때로 마음 한구석을 채워주기도 하고 때로 기대어볼 수도 있는 그런 위로의 공간이자 마음의 안식처와도 같은 공간이었을 뿐, 그들의 '망향의식'에는 근대주의 입장에서 주장하는 '국가'와 '민족'의 의미를 가진 '고향'은 존재하지 않았다.

셋째, 1910~1945년까지 만주 조선인들의 '민족적 소속감'은 '한·중·일 3국의 틈새에 낀 존재로서의 다중적 소속감'이라고 할 수 있다. 이 시기는 1905년부터 만주는 식민지 독립운동가, 일본, 중국, 서구 열강들의 각축장으로서 부상하게 되며, 따라서 그 장의 주체를 이루는 만주 조선인들은 여러 세력들의 지배대상으로 된다. 우선, 독립 운동가들의 민족주의 역사교육을 통해 그들은 점차 '패망한 조선 민족', 언제쯤 되돌아갈 수 있었던 '고향'과 '영토'를 잃은 '민족'이라는 '망국의식'을 가지게 되었다.

역사교육은 민족의 자주와 주체성만을 강조한 것이 아니라 그것을 통하여 국난극복의 사실을 습득시키는 동시에 현재 직면한 항일독립

---

22) '만주'란 오늘날의 중국 동북지역-흑룡강, 길림, 요녕-을 가리키며 현재 중국인들은 이 지역을 '동북' 혹은 '동북3성'이라고 부르고 있지만 한국인들은 여전히 '만주'라는 용어를 사용하고 있다. 1945년 이전까지 중국인들과 한국인들이 모두 이 지역을 '만주'라고 불렀기 때문에 여기에서는 '만주'라는 용어를 그대로 사용하겠다.

운동 전개의 목적을 달성할 수 있는 민족역량을 배양시키는 데 주력하였다. 국가의식을 불어넣고 민족의 혼을 일깨우며 반일정신을 고취하기 위하여 간도 일대의 조선인 자치단체인 '간민교육회(墾民敎育會)'는 산하에 편찬위원회를 두고 1910년 초에 자체적으로 『조선역사』, 『동국사략』 등 사립학교 교과서를 편찬하였으며, 조선에서는 출판 및 사용이 금지되었던 『동양역사』, 『월남망국사』, 『최신동국사』, 『이순신전』, 『안중근전』, 『오수불망』, 『유년필독』 등의 교과서를 광범위하게 사용하였다. 이러한 "교과서들은 강렬한 애국애족사상, 역사상 위인들의 전기, 망국의 설움과 민족적 저항, 자주독립에 대한 갈망 등 민족독립과 애국사상으로 충만되었다"(박금해, 2009: 90).

그들의 '망국의식'은 민족교육이라는 텍스트를 통해서도 알 수 있지만, "간도 각 지방에는 사립학교를 설립하려는 교육의 열기가 고양되어 조반석죽도 제대로 못하며 근근이 생계를 유지해가는 농민들마저도 서슴없이 의연금과 의연곡식 등을 학교설립을 위해 기부한"(이정문, 1985: 119-120) 사회적 현상, 민족교육이 주축을 이루던 당시 1908년 '간도보통학교'에 통학하는 학생과 학부모들이 일본의 앞잡이로 경멸의 대상이 되는 현상 등에서도 그들이 '조선인'이 주체가 되는 일종의 '민족의식'을 형성해나가고 있음을 알 수 있다.

그러나 그것만이 그들이 인식하는 '민족적 소속감' 인식의 전부는 아니다. 왜냐하면, 조선인의 근대적 민족교육이 1906년 서전서숙(瑞甸書塾)의 설립 이후 본격화되기 시작하고, 일제가 1908년에 간도 보통학교를 설립하는 등 조선인에 대한 교육을 시작하자 조선인들을 중국 정부에 귀속시키려는 의도가 조선인에 대한 중국 정부의 교육정책으로 나타났기 때문이다.[23] 교육정책을 통한 각 세력 간의 견제에 의해 만주 조선인들의 복잡한 형태의 다중적인 '민족적 소속감'을 형성하였다. 물론 조선, 중국, 일본 등 여러 나라 각축장인 만주에서 그들의 상호 세력 견제가 조선인 교육정책을 통해 드러났다고 하더라도, 당시 교육정책의 실시가 실제로 일반 민중들의 '민족적 소속감' 형성에 완전한 영향을 미쳤다고 보기는 어렵다. 왜냐하면, 중국 정부의 통제는 일본의 세력을 견제하는 데 주된 목적을 두었기에, 조선인에 대한 고압적인 파시스트 교육을 실시하지 않았으므로 1920년 전까지 간도 조선인들의 민족교육은 기존의 맥을 그대로 유지할 수 있었다.

그뿐만 아니라, 일제가 식민지 통치 전반에 걸쳐 동화와 우민화의 식민주의교육을 실시하였다 하더라도, 만주 조선인에 대한 일제의 식민주의교육은 초등학교까지밖에 진행되지 않기 때문에, 자신의 '민족정체성'에 대한 성찰은 만주 조선인 사회 속에서의 성장과정에서 타자와의 상호작용을 통해 형성되는 것이라고 보아야 할 것이다.

그러나 여기에서 짚고 넘어가야 할 것은, 1945년 이전까지 일제의 황민화 교육을 받은 그 시기 초등학교 학생들은 확실히 '일본신민의 조선인'으로서의 '민족적 소속감'을 가지고 있었다는 점이다. 이는 1927년생 조선족 할아버지 김진 씨가 자신을 '조선 사람이지만 일본 국민', '일본 국민인 조선 사람'으로 인식했으며 '만주국' 국민으로 생각했던 적은 없었다는 구술로부터도 알 수 있다.[24]

조선 사람이지만 일본 국민이라고 생각했지. 조선 사람도 만주국 국민이 아니다. 조선 사람은 일본 국민에 속한 조선인이다 그저 이

23) 중국과 일제의 대조선인 교육정책에 관해서는 박금해(2009, 2010) 논문을 참조하기 바람.
24) 1927년생 할아버지에 대한 인터뷰는 연구자가 2011년 2월 14일 중국 길림성 연변조선족자치주 연길에서 진행되었다.

것만 그때 기억하고 있었어. 소학교 때. 만주국이 성립되기 전에두 일본 국민이라고 생각했지. 식민지 때이니까. 여기 있는 조선 학교에서는 내 3학년까지는 조선어가 있었는데 그 후부터는 일률로 조선 어문이 없구 다 일본 글이었단 말이다. 일본 산수, 역사, 지리 다 일본말로 되었지. 선생이 들어와서 다 일어로 강의했지. 그런 생각 두 많구, 그럴 때면 주먹을 내걸고 야단쳤지. 일본을 위해서. 조선이 일본에 의해 망한 거 모르지 뭐. 우리 애들이니까 어떻게 아니. 그리구 아침 제조도 학교에서 하고 저 동쪽이면 일본 동경 쪽이 아이야. 거기다 대고 일본 천황한테 사이께이라는 절을 매일 한다고. 일본 황민사상을 주입했지(김진, 1927년생, 사망).

위에서 지적했듯이, 민족교육에서의 이데올로기적 요소들은 학교에서의 민족교육을 통해서만이 전파된 것이 아니라 당시 창가,25) 연합운동회 등 실천들을 통해서도 전파된다. 만주의 일반 민중들은 바로 이러한 실천들을 통해 스스로의 '민족적 소속감'을 형성하는 데 일조하였다고 볼 수 있을 것이다.

그 당시, "학생들은 교가, 학도가, 면학가, 운동가, 찬송가, 모험맹진가 등을 불렀고, 학교에서 배운 독립군가를 이웃들에게 가르쳤으며, 북간도 무장독립군들이 부르던 독립군가를 학생들과 아낙네, 농

---

25) 명동학교(1908)에서 편찬한『신찬창가집』이 치안과 출판법 위반으로 1913년 금서 처분이 되자, 1914년 광성학교[광성학교는 1911년 吉林省 延吉縣 局子街(延吉) 小營子에 설립한 민족교육학교로서 처음에는 吉東基督 學堂으로 불리다가 신민회의 국권회복 운동사건으로 유배당하던 李東輝가 1912년 만주로 망명하여 이 학교를 개편하여 소학과와 중학과를 두고 光成學校로 개칭하였다]의『최신창가집』이 발행되었다. 이 책은 당시 부르던 창가를 모아서 학교 음악교재용으로 출판하였다. 도합 152편의 창가를 수록한 이 창가집의 내용은 주로 애국, 독립, 근학, 국민, 농민, 단군, 운동, 절개, 자유, 부모은덕, 망향, 졸업, 혈성, 희망 등 모든 분야에 걸친 것이었다(국가보훈처, 1996: 41-44).

부들의 민간인들까지 따라 불렀다"(서굉일·김재홍, 1997: 281). 그 뿐만 아니라, "간민회(墾民會)에서는 1913년 단오절을 기하여 2일간 간도지역의 학생연합운동회를 국자가 연길교천변(延吉橋川邊) 백사장에서 개최하였는데, 명동중학교를 비롯한 40~50리 원근 각처에서 중소 학교 학생들과 교원 및 주민들이 모인 수가 무려 15,000명이나 되었다"(박금해, 2009: 93).

이는 창가, 조선인 단합 연합운동회 등 실천들이 '민족적 소속감'을 일체화시키는 데 일조하였음을 설명해줄 뿐만 아니라, 반대로 그들의 '민족적 소속감'을 그러한 실천에서 보아낼 수 있다. 구체적으로 말하자면, 그 당시 창가, 조선인 단합 연합운동회 주체로서의 만주 조선인들은 스스로 '나라와 고향을 잃은', '언제인가는 꼭 독립되어야 할 나라의 국민'이라는 '민족적 소속감'을 서로 다른 층위에서 표출하면서 살아갔음을 말해준다고 할 수 있겠다.

재만 조선인들의 민족 정체성은 각 세력들의 각축으로 인해 불연속성, 다중성을 띠게 되었다고 할 수 있다. 그들은 "일본에 있어서는 제국신민인 동시에 불령선인이었고 중국에 있어서는 일본의 앞잡이임과 동시에 자국에도 편입되고 싶어 하는 사람들"(槻木瑞生, 1975: 103)이며, 3개국 사이에 끼인 복합적인 정체성을 소유한 존재들이다.

요컨대, 만주에서의 교육을 둘러싼 한·중·일 세력의 각축은 그러한 공간이 "중국과 일본에서 근대 민족주의가 정당성을 획득하면서 만들어진 공간임을 말해주며, 이산, 정착, 유리(遊離)와 탈출, 방황으로 점철된 무수한 다중적 정체성이 형성되고 경험되어 왔던 역사적·현재적 장소"임을 말해준다(김경일, 2004: 17). 이러한 역사적 공간에서 만주 조선인들은 '조선'의 '민족'이라는 '민족적 소속감'을 형성해나감과 동시에, 이른바 "'일본국의 신민'이면서도 중화민국의 '간민'·'귀화민'26)이라는 이중적 신분을 가졌기 때문에 중·일 사이의 복잡한 외교적 관계에 끼여 수시로 갈마드는 중일 양국의 통제와 간섭을 피할 수 없는 존재"(박금해, 2009: 113)로 되어갔다.

하기에 그들은 시세에 능하고 자신의 이익관계와 당시 사회적 조건에 따라 국가적 귀속을 선택할 수도 있었던 존재들이면서도, 한편으로는 이미 흔들린 터전의 뿌리를 조선, 중국, 일본의 어딘가에 박고자 하지만, 그 어디에 귀속되어도 혼란스러운 존재임을 인지하면서 스스로를 터전을 잃은 '망향'의 주체이자 '독립'의 사명감을 지닌 그 어떤 의미 있는 존재로 상상하며, 서글픈 현실을 위로하고자 하는 존재들이었다 할 수 있다.

물론 당시 만주 조선인들은 그러한 존재들이었을 것이라고 말할 수 있으면서도, 그들에게 있어 급선무는 만주 땅에서 삶의 터전을 개척하고 한 가족이 아무런 사고도 없이 안전하게 살아가는 것이었다. 중·일 어느 측의 정책이든지를 막론하고 환경에 적응하는 길이야말로 삶의 유일한 통로로서, 저항보다는 체념하고 순응하면서 살아가는 것이 중요하다고 생각하는 것이 대부분 만주 조선인들의 현실이었기에, 그들 자신이 가지고 있는 '실향의식', '망향의식', 자신들의 수난에 대한 '저항의식', 만주에서의 '정착의식', 일상적 삶에의 '순응의식' 등이 어우러져 그들이 느끼는 '민족적 소속감' 인식은 결코 하나의 단일한 어떤 것으로 상정할 수는 없는 것이다.

이처럼 재만 조선인의 민족 정체성은 식민지 조선에서 민족의 독

---

26) 1920년대에 접어들어 중국 국적으로 귀화한 조선인들이 점점 늘어났다. 1928년 2월 조사에 따르면, 간도 연길·화룡·왕청·훈춘현의 조선인 귀화자는 총 53,739명으로서 전체 조선인 간민 수의 14%를 차지하였는데, 이는 1910년대 10%보다 4% 늘어난 수치이다(손춘일, 2009: 349).

립을 중심으로 형성된 민족 정체성과는 완전히 다른 것이었고, 서로 다른 사회적 배경에 놓이게 된 두 집단-조선족과 한국인 집단-의 민족의식은 서로 다른 두 갈래로 갈라지게 되었다.

2. 조선족의 민족 정체성 형성

1) 법적 지위와 과도기의 민족 정체성

1945년 해방 이후, 만주 조선인들 중 일부는 조선반도로 귀환하고 일부는 만주에 남아 중국의 '소수민족'의 하나인 '조선족'으로 편입된다. 그들이 조선족으로 편입되었다 하더라도 1958년 이전까지 그들의 국가적 소속은 뚜렷하지 않았다.

1948년 8월, 중국 정부는 "연변 조선민족 인민의 소수민족 지위를 확정하고 당의 민족평등 정책을 견결히 관철하는 외에도 반드시 이 민족은 조국이 있는 소수민족이라는 특점의 존재를 반드시 승인해야 한다고 규정하였다"(延邊朝鮮族自治州檔案館, 1985: 387). 따라서 그들의 '이중국적'을 허용하였고, "중국의 조선인민은 원래 자기의 조국=조선민주주의 인민공화국을 지녔음을 승인해야 한다고 하였다"(延邊朝鮮族自治州檔案館, 1985: 392).

하지만 조선인에 대한 '이중국적' 정책은 실시되지 않았을 뿐만 아니라, 재만 조선인들이 '조선족'으로 편입되는 과정에서 일반 민중들의 자발적인 선택의 과정은 크게 중요시되지 않았다. 당시 재만 조선인들이 중국 공민으로 편입되는 과정에 대해 만주에서 태어난 1927년생 조선족 할아버지 김진 씨는 다음과 같이 회고하였다.

그거 말하자면 일제 시기와 일본놈이 패망한 이후를 갈라서 말해야 된다. 일제가 패망하기 전에 조선족은 일본 국민이었단 말이다. 일본 국민에 속하는 조선인이었지. 중국에 와서도 일본 국민이었지. 그다음에 일본놈이 망하고 중화인민공화국이 성립되면서 그때부터 옛날부터 산 사람은 중국 공민이다 했지. 중국 공민이 된 거는 모두 백성들이 몰랐단 말이다. 그래서 정치학습을 하면서 이 문제가 나왔지. 우리는 어떻게 돼서 중국 공민이 되었냐. 그때는 중국 공민이 됐다는 거 말하면서 이전부터 산 조선 사람은 왜 공민이 되었는가. 공민은 누가 결정했는가. 그랜게 말하는 게 그 민족의 추장이 결정했다 했지 뭐. 그때 민족의 추장은 주덕해란 말이다. 그때 주덕해가 조선족을 결정한 게란 말이다. 그리구 중국 공민하고 대우가 똑같지 뭐(김진).

위의 구술에서 알 수 있듯이, 당시 만주의 일반 민중들은 '조선인'으로부터 '조선족'으로 편입된 사실에 대해 잘 몰랐다. 1955년부터 1960년까지 소련 유학을 다녀온 정판룡(1994) 교수는 그의 저서에서 "1955년 자신이 연변대학을 떠날 때까지만 해도 중국에 사는 조선 사람들은 조국이 도대체 중국인지 아니면 조선인지를 잘 분간하지 못했다"(정판룡, 1994: 191)고 서술하였다.

이러한 역사적 사실은 당시 만주의 일반 조선인 민중들은 예전과 다름없는 생활을 살아갔으며 뚜렷한 국가 정체성을 형성하지 못했음을 말해준다. 따라서 자신의 국가가 중국인지를 잘 모르는 당시 '조선족'들의 정체성을 '이중 정체성'27)이라고 규정해도 무난할 것

---

27) 황유복 교수는 「조선족 정체성에 대한 담론」(2009)에서 조선족은 결코 '이중정체성'의 존재가 아님을 강조하였다. 그의 주장에 따르면, "'이중성'이란 '하나의 사물에 겹쳐 있는 서로 다른 두 가지의 성질'(『국어사전』), '사물이 가지고 있는 상호 모순되는 두 가지 속성, 즉 하나의 사물에 구비된 상호 대립되는 두 가지 성질'(指事物本身所固有的互相矛盾的兩種屬性, 卽一种事物同时具有两种互相对立的性质, 『現代汉语词典』)"을 말하는데, "'중국공민'은 국적과 관련된 개념이고 '조선민족'이란 민족과 관련된 개념으로서, 서로 다른 개념을 함께 싸잡아서 이중성을 이야기할 수 없다." 구체적으로 말하자면 "만약 한 사람이 두 개 나라의 국적을 소유했다면 그는

이다. 왜냐하면, 국가적 소속이 모호했다는 자체가 바로 중국과 한국/북한 가운데서 어느 것도 아닌, 또 두 가지가 모두일 수도 있는 '이중'의 국가적 소속을 소유했다고 할 수 있기 때문이다.

그리고 만주 조선인들의 국가적 귀속은 한반도가 남북한으로 분단되면서 자신의 고향의 귀속지에 따라 북한 혹은 남한으로 나뉘게 된다. 국가 정체성이 어떻든 간에 한반도에서 이주해온 1세대들은 한반도로부터 이주해온 이주민이라는 '월경의식'만은 확실히 가지고 있었다.

요컨대, 국가란 조선족들이 자유롭게 선택할 수 있는 사항이 아니었으며, 1958년 이전까지 조선족들은 모호한 국가 정체성을 가지고 있었다. 정착지를 쉽게 떠날 수 있는 요건이 마련되지 않는 상황에서 역사적 운명이 부여한 '조선족'이라는 소수민족 정체성은 중화민족을 구성하는 중국의 거대한 프로젝트의 시작이었다.

2) '소수민족' 정체성 형성

1958년 '반우파투쟁'[28]과 '지방민족주의'를 반대하는 정풍운동[29]

이중국적자이고, 조선족의 절대다수가 중국과 한국(조선)의 국적을 동시에 취득했다면 조선족은 이중국적 민족으로 이중성을 갖는다 할 수 있다. 만약 조선족 민족구성원의 절대다수가 조선족과 다른 민족 사이에 태어난 혼혈아라면 민족의 혈연적(ethnic-- "族裔") 이중성을 이야기 할 수도 있는 것이다." 그러나 국적과 민족이라는 완전히 다른 개념을 하나로 묶어 "서로 다른 두 가지 성질"이라 할 수는 없다고 황유복 교수는 주장하고 있다. 그리고 그는 "조선족은 세계조선(한)민족공동체(族群)에 속하면서 중국의 소수민족 일원이기 때문에 이중성 민족이 아니냐"라는 질문에 세계조선(한)민족공동체가 존재하느냐라는 문제는 접어두더라도, 만약 그런 공동체가 존재한다면 "세계조선(한)민족공동체"와 "중국 조선족"은 "서로 다른 두 가지 성질"의 개념이 아닌 하나의 "조선민족(族群)" 속의 전체와 일부분 사이의 관계일 뿐이라고 답함으로써 조선족의 이중성을 부인하였다(황유복, 2009, 「조선족 정체성에 대한 담론」, http://www.zoglo.net/blog/read/huangyoufu/62956, 2012.5.26. 접속).

28) '반우파'투쟁은 1957년 6월 정풍운동에서 사회주의 혁명과 건설에 불만을 가진, 중국공산당과 사회주의를 거부하는 세력을 지칭하는 소위 '자산계급 우파'를 반대하는 운동을 말한다. 중국공산당은 당과 사회주의 사회건설에 대한 건의를 접수한다는 차원에서 '쟁명, 만발과 일면 정

을 거치면서 조선족들의 국가 정체성은 뚜렷해지기 시작했다.

1958년 4월 17일 개최된 연변조선족자치주 직속 기관 당원, 간부 대회에서 중국공산당 연변조선족자치주위원회 부서기 김명한은 「지방 민족주의를 반대하고 민족 단결을 강화하자」는 발언을 하였는데, 이 보고서[30]를 계기로 중국공산당은 조선족에 '두 개의 조국'이 있다던 관점으로부터 '선조와 혈통'에 의한 '민족 조국', '제1조국'이

돈하고 일면 개선하는' 운동을 전개하였는데, 이에 고무된 각 계층에서는 당과 사회주의 건설에 대한 건의를 '대자보(大字報)'로 써서 발표하였다. 이 '대자보'는 중국공산당의 사회주의 건설 노선과 정책에 대한 건설적인 의견이 다수 포함되어 긍정적으로 평가할 수 있는 부분이 있음에도 불구하고, 1952년부터 추진된 사회주의개조운동에서 생산수단을 박탈당한 계층의 불만이 표출되었다는 사실에 기초하여, 사회주의를 반대하는 자산계급의 우파의 주장으로 취급되어 비판의 대상이 되었으며, '반우파'투쟁의 주요한 증빙 자료로 이용되었다.

29) 여기서 말하는 '정풍운동'은 중국공산당이 소속 당원들의 사상풍기를 바로잡기 위한 목적으로 추진된 사상운동에서 그 유래를 찾을 수 있다. 이런 정풍운동의 원조는 1942년 연안정풍운동으로 거슬러 올라갈 수 있다. 정풍운동은 당 이론 공부와 병행하여 타자에 대한 비평과 자신에 대한 비평을 전개하고, 당원들의 사상인식을 통일하고, 한 단계 끌어올리기 위한 목적으로 추진되었다. 1957년 6월에 시작된 정풍운동은 두 가지 측면에서 진행되었는데, 하나는 적아모순으로 규정된 자산계급 우파와의 투쟁이고, 다른 하나는 인민 내부 모순을 해결하는 투쟁으로서 내부의 정풍운동이었다.

30) 1958년 4월 17일 개최된 연변조선족자치주 직속 기관 당원, 간부대회에서 중국공산당 연변조선족자치주위원회 부서기 김명한은 '지방민족주의가 조선족 지식분자와 국가사업일군 가운데 상당히 보편적으로 존재한다'고 진단함으로써, 이런 민족주의는 다음과 같은 몇 가지 측면에서 나타난다고 하였다. 우선 지방민족주의는 연변지역에서 한족과의 '민족동화'를 반대하고, 연변지역의 '특수화'와 '순수화'를 주장하는 것으로 나타났다고 하였다. 이런 '특수화'는 본 민족의 이익을 부당한 지위에 놓고 일체는 본 민족의 이익으로부터 출발하면서 본 민족에 유리하기만 하면 다른 민족에 해가 있든지를 불문하고 해내는 것으로 나타난다고 하였다. 또 민족 언어의 '순수화'는 한어, 한문을 배우는 것을 반대하고 조선족 인민을 기타 민족, 특히 한족 인민과 분립시키고 고립시키는 것으로 나타난다고 하였다. 결국 지방민족주의가 주장하는 '민족동화', '특수화', '순수화' 등 문제에서 '반동적 언론'을 유포하는 것은 그 목적은 중국공산당의 민족구역자치 정책의 실행을 반대하고 민족을 분리시키고 조국의 통일과 각 민족의 단결을 파괴시키기 위한 데 있다고 하였다. 다음으로 우파분자들이 조국 문제에서 '다조국론'을 제기하여 민족분리주의를 고취한다고 하였다. 그 일례로 "어떤 우파 분자는 한 개 민족의 조국은 자기가 거주한 국가, 공민의 권리를 향수 여부, 공민의 의무의 이행 등 조건에 의하여 확정할 것이 아니라 '선조와 혈통'에 의하여 확정해야 한다고 한다. 그들은 중국을 자기의 조국으로 하는 것은 '조선 민족의 감정을 손상하는 것으로 '치욕'이라고 하면서 중국이 자기 조국이라는 것을 부인한다. 어떤 자는 한 사람이 동시에 2~3개의 조국을 가질 수 있게 하며 그것을 '민족 조국', '제1조국', '법률조국', '무산계급조국' 등등으로 구분하자고 주장한다. 그들은 만약 중국만을 '자기의 조국'으로 승인한다면 한족에게 '동화'될 것이라 떠들고 있다"고 진단하였다. 이런 주장과 논조에 대응하여 그는 "공산당이 영도하는 근로 인민의 천하에서는 한 개의 조국이 있을 수 있을 뿐이고 두 개거나 세 개의 조국이 있을 수 없다. 이른바 '다조국론'은 실제를 탈리한 망상에 지나지 않는다"고 주장하였다(김명한, 1958, 「지방 민족주의를 반대하고 민족 단결을 강화하자」, 『연변일보』 1958.4.26.<3>).

아닌 '공산당이 영도하는' 중화인민공화국이라는 '한 개 조국'만이 있다는 것으로 수정하였다. 그리하여 연변지역의 민족정풍운동을 거쳐 중국공산당에 의해 '조선족'이라는 신분을 부여받은 '조선족'들은 점차 '중국'이라는 뚜렷한 국가 정체성을 가지게 되었다. 정판룡 교수의 다음과 같은 서술에서 민족정풍운동을 겪고 난 뒤의 상황에 대해 이해할 수 있을 것이다.

> ……그러나 민족정풍운동을 겪고 난 뒤 모두가 오직 중국만이 우리 조국이지, 중국 외에 또 다른 조국이 결코 있을 수 없다고 한다는 것이다. 그리고 중국이 우리의 조국인 이상 우리도 중국 사람이라는 것이다. 그러니 이전에는 중국 사람이라 하면 한족을 가리켰으나 이제부터는 중국인이라는 호칭이 우리에게도 해당되어 한족을 중국 사람이라고 부르지 말아야 한다면서 말끝마다 한족 한어 조선족이라고 했다고 한다(정판룡, 1994: 191).

따라서 당시 정부와 사업단체에서의 한족과 조선족과의 민족관계는 적어도 표면상으로는 원활한 편이었고, 조선족들은 자신이 중국 공민임을 자각하고 있었던 반면에 '한민족'이라는 민족의식은 상대적으로 박약한 편이었다 할 수 있다. 1927년생인 연변 출신 김진 할아버지의 구술에서 조선족들은 자신의 조국이 중국이라는 국가 정체성이 뚜렷했고 한족들과의 민족관계도 원활했음을 말해준다. 1938년생인 최영국 씨도 한족과 조선족의 행동양식의 비교를 통해, 한족들의 장점을 높이 평가하면서 당시 한족과 큰 모순이 없이 사이좋게 지냈음을 말해주었다.

그러나 한족들과 큰 모순은 없었지. 우리는 중국 공민이라는 개념은 그냥 가지고 있었으니까. 우리 민족은 한반도에 있다는 그런 생각은 없었어(김진).

제일 처음에 한족대대 조선족대대에 있었는데 내 1년 간부질 했는데 한족 애들이 말하면 말한 대루 해. 도와주면 잊지 않고. 그래서 다 같이 잘 지내지. 한족들과 감정이 상하게 놀 일이 없어. 한족은 자기이익에 손해 안 주면 남한테도 손상 안 줘. 한족들이 만약에 공장에서 망치를 하나 도적질하면 다른 한족이 보면 그냥 본 사람이 더 부끄럽게 아이 본 것처럼 해줘. 자기하구 상관없는 일이잖아(조권영 구술).

조선족들이 뚜렷한 국가적 소속의식을 가지게 되는 과정에 대한 설명은 조선족 민족교육에 해석이 없이는 또한 불가능하다. 왜냐하면, 한 민족 집단의 사회적 구성은 다민족국가를 구축하는 나라에서의 민족교육 프로젝트와 직접적인 연관이 있기 때문이다.

새 중국이 창건된 직후, "조선족 중소학교에 모두 조선역사와 조선지리를 설치"하였는데, 예컨대 "1951년 요동성 조선족 초급중학교 과정 안에서 역사 과목은 1학년에 고려사, 2학년 1학기에 이조사, 2학기에 중국통사, 3학년에 중국근대사 및 1910년 후의 조선역사로 배정"되었다. 그러던 것이, 1953년에 이르러서는 중앙교육부의 지시에 좇아 "조선역사과를 단독으로 설치하지 않고 중국역사 가운데 조선족의 역사를 취급"하도록 하였다(박규찬, 1991: 337-338).

그 이후의 중국의 세계역사교과서에 취급된 한국사의 내용과 범위는 아주 제한되어 있었고 중국역사교과서에는 다른 나라 역사에 대한 서술이 적었다. "세계사에서 한국사가 차지하는 비율은 2%밖에 안 되고, 중국사에서도 중국사서술을 위한 목적에서 취급된 것이기에 그 나라 역사의 체계성을 고려하지 않고 그중의 일부만을 단편적으로 다루었다"(박금해, 1993: 169-170).

또한 '단군신화', '주몽전설' 등 한민족의 뿌리에 대한 내용들이 고등학교 국어교과서에 나온다고 해도, 그러한 내용이 조선족들의 '민족적 소속감' 인식에 영향을 미쳤다고 보기는 힘들다. 그러한 민족적인 요소에 관한 내용들은 그것들을 어떠한 방식으로 습득하든지 간에 '민족의식(한민족의식)'의 형성을 목표로 하여야만, 다시 말해서 자신의 민족적 기원에 대한 앎의 욕구가 강렬할수록 그러한 내용들에 대한 파악이 더욱 요구될 것이며, 그것이 나아가 '민족의식(한민족의식)'의 형성에 영향을 미칠 수 있기 때문이다. 따라서 중국에서 조선족들은 대부분 자신들은 중국의 소수민족인 '조선족'이라는 '소수민족' 정체성을 가지고 살았을 뿐, '모국이 한국 혹은 북한'이라는 인식은 강하지 않았다. 한마디로 국가 정체성과 소수민족 정체성은 아주 명확하였다 할 수 있다. 이는 김국철 씨와 김은희 씨의 구술에서도 확인할 수 있다.

> 중국에 있을 때는 조선족이라는 걸 느끼기야 느꼈죠. 너무 크게는 못 느꼈어요. 민족이 한족과 다르다 그것만 느꼈지. 크게 뭐 우리 모국은 대한민국이다 북한이다 그렇게까지는 많이 못 느꼈어요. 중국의 현지에 있을 때는 그냥 민족이 다르다 뿐이지. 저놈들이 조선족을 욕하면 우리 민족을 욕한다 그냥 생각하고 여겨졌지만 한국에 와서 그런 걸 많이 느꼈어. 한국에 와서도 어디서 교육을 받은 게 아니라 인터넷을 접촉하면서 그런 걸 많이 느낀 거야(김국철).

> 어릴 때는 잘 몰랐지. 민족 정체성도 잘 몰랐고. 어느 정도 고등학교 대학교 가면서 한국이라는 나라가 서서히 중국에 알려지면서부터 그전에는 몰랐잖아. 한국이 그냥 외국이라고 생각하고 우리하고 같은 말만 하는 걸로만 알았지 우리 고국이다, 역사가 같다 이런 데서는 생각해보려고 하지도 않았고. 한국에 와서 한국 사람

들하고 많이 접촉하게 되니까 우리 조선족 민족의 민족성에 대해
서 점차 알아가게 된 거지(김은희).

하지만 소수민족 정체성을 보유하고 있으면서도 한민족 정체성을
형성하여온 조선족들도 많다. 그들은 대부분 이주 1세대인 부모 혹
은 조부모의 영향을 많이 받았다. 어릴 때부터 줄곧 할아버지한테서
'우리는 조선 사람이다'라는 생각을 강요 받아왔던 박용문 씨는 '조
선족은 단군의 후예'라는 '민족적 기원'에 대한 의식이 강했다.

> 어차피 우리는 나는 단군의 후예라고 생각을 하거든. 나는 우리
> 할아버지 영향을 좀 많이 받은 편이야. 할아버지는 중국에서 그때
> 당시 그 시골에서 농사짓고 살면서도 항상 나한테 가르치는 게 잊
> 어서는 안 된다. 우리는 조선 사람이다. 역사책 이야기도 많이 봤
> 어요. 어릴 때. 홍길동도 재미있고 임꺽정도 재미있고 그때는 정
> 체성이 없이 재미로 본 거지. 하지만 그런 내용들이 맘속에 배기
> 니까 아, 나는 이런 사람이구나 하는 정체성을 가지게 되지. 할아
> 버지가 내가 죽더라도 너는 꼭 한국을 가봐야 한다. 니가 못 가더
> 라고 너 밑의 자식들이 사곡동에 가봐야 된다고. 할아버지가 돌아
> 가시기 전에 술을 좋아하시는데 중국에서 저하고 한방을 쓰셨어
> 요. 할아버지가 이 고향에 대한 고국에 대한 외국, 즉 중국에서 몇
> 십 년 살면서도 그 그리움이 어마어마한 거야. 내가 죽기 전에 통
> 일이 돼야 내가 한국을 가볼 텐데, 내가 만약에 못 가면 너네라도
> 가봐라, 계속 얘기하는 거야(박용문 구술).

끝으로, <표 4>에서의 마지막 범주, 1958년 이후 조선족 신분 생
득을 한 집단은 한족과는 다른 중국의 '소수민족'이라는 의식을 가
지게 되었다. 그것은 바로 상기의 과정을 거쳐 만주 조선인들의 국
가 정체성이 뚜렷해지기 시작했기 때문이다. 이 시기 '소수민족'의
식은 조선족 집거지역과 산거지역으로 나누어 설명할 수 있다. 조선

족 집거지인 연변조선족자치주에서는 조선족이 주장직(주덕해)[31]을 맡았으며, 정부, 사업단체의 주요 책임자와 간부들은 대부분 조선족들이었다. 오히려 한족들이 연변지역의 정부나 사업단체에서 발전하기 힘듦을 인지하고 그곳을 떠날 정도였다. 1927년생인 김진 할아버지의 구술에서 그러한 사실을 더욱 확인할 수 있었다.

> 그때는 한족들과 별로 접촉이 없지 뭐. 그냥 학교에 한족 선생하고나 말이나 하고 한족 동미란 게 없지 뭐. 그때는 조선족들이 더 많았으니까. 연변에서는 더군다나 주덕해 원래 민족사상이 있지. 그래서 주덕해 시기는 원래 한족 간부들을 전혀 제발(등용) 안 시켰다. 조선 간부를 다 제발시켰지. 그래서 그때 한족들이 원망하구 그랬단 말이다. 우리는 하바지를 넘어가야 출세를 한다 이랬지. 하바지라는 게 지금 길림지구 아이야. 그래야 우리 한족은 출세를 한다 했단 말이다. 그때 70%가 조선 사람들이 간부댔다(김진).

또한 연변조선족자치주가 창립된 초기 연변지역의 정부와 사업단체에는 70% 좌우가 조선족이기에 조선족들은 한족들과 빈번한 접촉이 없었으므로 비교적 적은 상호작용 속에서 차별, 소외감, 배척감을 크게 느끼지 않았다.

그러나 연변지역을 제외한 기타 산거지역의 조선족들인 경우는 한족들과의 빈번한 상호작용 속에서 또 다른 '민족적 소속감'의 경험들

---

31) 주덕해의 원명은 오기섭이다. 1911.3.5일 러시아 연해주 우수리스크에서 50km 떨어진 산골에서 가난한 농민의 아들로 태어났다. 1918년 부친이 세상을 뜨자 어머니와 함께 고향 회령으로 돌아왔고, 1920년 2월, 그의 가족들은 다시 두만강을 건너 중국 화룡현 용신사 수동골(현 용정시 신화향 승지촌)에 정착하였다. 1926년 화룡현 달라자 지역에는 조선공산당 동만도위원회 제3세포가 조직되었고, 그는 조선공산당에서 설립한 야학교를 다니면서 반일구국 사상을 접하게 된다. 그 무렵 그는 조선공산당 당원 김광진의 소개로 고려 공산주의청년동맹에 가입하게 되며, 통신으로 활약한다. 1930년 2월, 조선공산당의 지시에 따라 북만주지역으로 활동무대를 옮기며, 같은 해 8월 녕안현에서 중국공산주의청년단에 가입하였다. 북만주 녕안·밀산·벌리 등 지역에서 항일혁명활동을 전개하면서 이름을 강도일·김도순·오동원·오영일·주덕해로 바꾸어 불렀다(「주덕해일생 집필소조」, 1988).

을 했다. 대련에서 10년 동안 군대생활을 해왔던 최동식 씨는 한족들과의 관계와 '민족적 소속감'에 대해 다음과 같이 인식하고 있었다.

> 나는 대련에 있는 부대에 10년 넘어 있었어. 거기는 조선족이 몇이 없어. 그래서 조선족이라면 완전 똘똘 뭉치지. 형제처럼 지내고. 그리구 중요한 거는 한족들두 자기네 사업이 있구 가족이 있고 하니까 우리 조선족 친구들에 대해서는 별로 관심을 크게 못주게 돼 있지. 그러면 조선족들은 그게 우리한테 대한 차별이라고 생각한단 말이야. 우리를 무시한다고 생각한단 말이야. 근데 그거는 차별이 아닌데, 우리가 그렇게 느낀다는 거지. 그래서 우리 조선족들이 뭉치면 한족들은 또 조선족들이 민족심이 강하다고 생각하는 거야(최동식 구술).

조선족 산거지에 있었던 조선족들은 한족들의 '무관심'-아니라는 것을 알고 있지만-을 자신들에 대한 차별이라고 인식한다. 그러한 조선족들의 인식이 조선족 집단의 응집을 도모하게 되고, 조선족 집단의 응집은 반대로 한족들에게 강한 '민족심'으로 인식되면서, 산거지역 조선족들의 '민족적 소속감'을 재생산시킨다고 할 수 있다.

정부나 사업단체에서뿐만 아니라, 산거지역의 조선족들은 평소에도 사소한 일을 둘러싸고 한족들과 싸움이 벌어지는데, 그러한 싸움을 통해 조선족들은 일상생활에서 강한 '민족적 소속감'을 표출하게 된다. 흑룡강성 벌리현 중강촌에서 태어나 15살에 연변으로 이사를 오게 된 한오영 씨는 조선족들과 한족들이 함께 살던 자신의 고향에서 어렸을 적에 조선족들이 항상 한족들과 무리 싸움을 했던 사실과 그 싸움이 때로는 어른들의 싸움으로까지 커지기도 했던 일들을 말해주었다.

한족들과 섞어서 있었어. 한족들과 계속 무리 싸움을 했지. 그냥 조선족 애들을 업신여기면 막 같이 싸우는 거지. 무리 싸움을 하는 거지. 조선족과 한족은 항상 그래. 어른들까지 말려들면 조선족 한들의 큰 싸움이 될 수도 있고. 유치한 일 때문에 싸우는 거지. 꼬리빵즈(高麗棒子), 궈테빵즈(锅贴棒子) 이러면서 싸우는 거지. 꼬리빵즈는 조선족을 욕하는 거고 궈테빵즈는 한족을 욕하는 거고……(한오영 구술).

이러한 사실에 비추어볼 때, 집거지구이냐 산거지구이냐에 따라 조선족들이 처한 역사적·정치적·사회적 맥락들은 서로 다르며, 따라서 그들이 겪은 '민족적 소속감' 인식들도 다르다는 것을 알 수 있다. 집거지역의 조선족들은 조선족들과의 상호작용이 더욱 많기에 '민족적 소속감'이 상대적으로 약하게 표출되는 반면에, 산거지역의 조선족들은 한족들과의 빈번한 접촉에서 강한 '민족적 소속감'을 표출한다.

이와 같이 1958년 이후부터 조선족들은 서서히 중화민족을 구성하는 중국의 국가 프로젝트에 포섭되면서 중화민족의 일부분인 '조선족'이라는 '소수민족' 의식을 형성하게 되며 중국에서 '조선족'으로서의 문화를 유지하면서 살아가게 된다. "조선족을 하나로 묶는 가장 대표적인 것"이 바로 '조선족'이라는 '소수민족' 의식(임채완·김경학, 2002: 256)이라고 해도 과언은 아닐 것이다.

또한 그들은 사회주의국가에서 사회주의 이데올로기를 신봉하게 되었고 자본주의는 "무조건 나쁘다"는 의식 속에서 돈보다는 정, 이기주의가 아니라 이타주의, 차별이 아니라 평등, 게으름보다 근면함으로 표상되는 사회주의체제 이데올로기를 내면화하게 되었다. 그뿐만 아니라, 조선족들은 '백의민족'이라는 민족적 표상하에 자신들을 깨끗하고 근면한 민족으로 인식하고 있으며, "남·북한, 중국 어느 편에도 속하지 않는 조선족 내지는 중국의 조선족으로서의 생활양식을 가지고 살아갔다"(임채완·김경학, 2002: 255).

지금까지의 논의를 요약하면, 중국 조선족 집단의 역사적 형성과 관련하여 그들은 하나의 단일한 '민족적 소속감'을 가진 집단으로 형성되어 온 것이 아니라, 다양한 역사적·사회적·정치적 맥락에 놓이게 되면서 시기별로 서로 다른 특징의 '민족적 소속감'을 형성해왔다고 할 수 있다. 특히 '다중적 소속감'을 가진 만주 조선인들이 점차 '조선족'이라는 '소수민족'의식을 가지게 되는 과정은 '중국의 일원'으로 구성되는 과정과 맥락을 같이 함과 동시에, 그 과정 속에서의 역사적·정치적·사회적인 경험들이 함께 어우러져 형성된 '소수민족'의식은 현재 '조선족' 집단의 형성을 말해주는 하나의 징표로 되었다. 따라서 한국으로 이주하기 이전의 중국 조선족들의 '민족적 소속감' 인식의 양상을 드러내는 작업은 현재 재한 조선족들의 '민족적 소속감'의 연속과 변화를 살펴볼 수 있는 근거가 되며, 민족 정체성에 대한 자기규정의 사회적 조건과 상황을 드러낼 수 있는 기반이 된다.

제3장

한국에서의 사회적 삶과
집단 간 경계

1. 중국 조선족의 한국 이주

1) 한국 이주의 배경과 경과

조선족의 이동은 농촌에서 도시의 이동으로부터 시작되며, 이는 중국의 산업화 및 도시와의 역사적 배경 아래에서 이해하여야 할 것이다. 개혁개방 이전, 중국은 중공업에 중점을 둔 계획경제를 실시하였으며 계획경제에서는 중국의 도-농 간 이동이 제한되었다. 국가는 생산요소의 도-농 간 이동을 막아 도시인구로 하여금 낮은 임금으로 공업노동에 종사하게 하고 농촌인구가 도시에 진입하여 도시와 국가에 재정 부담을 주는 것을 방지하고자 하였다. 그러한 도-농 간 분리를 유지하는 제도적 장치가 바로 '호구제도'32)이다. 거기에

---

32) 1958년 1월 9일 마오쩌둥은 『중화인민공화국주석령』을 통해 18일 전국대표자회의 상무위원회 제91차 회의에서 통과된 『중화인민공화국호구제도등기조례』를 공포하였다. 이 조례에는 "공민은 반드시 항상 거주하는 지역의 등기를 한 상주인구이며 한 공민은 한 곳에만 등기를 하여 상주인구가 될 수 있다. 공민은 사적으로 상주지를 떠나서 3개월 이상 다른 지역에서 체류할 경우 호적등기기관에서 반드시 시간 연장을 하거나 호구전이 수속을 해야 하며 이러한 조건이 갖추어지지 않는 자는 반드시 상주지로 돌아와야 한다. 이 이후에 중국대륙의 공민은 자유로이 이주할 수 없으며 공안 부문의 허가가 없이 어떤 사람도 공간상 자유이동을 할 수 없다"고 하였다.

'인민공사화제도',33) '계획공급제도'34) 들도 '호구제도'와 함께 도-농 간 분리를 유지하는 데 기여했다.

중국의 계획적 산업화와 이를 뒷받침하는 제도적 장치들은 여러 가지 폐단을 낳았으며 그것은 개혁개방 이후 인구이동을 촉진시키는 여건들을 마련하였다. 개혁개방 이전의 제도적 장치들은 도-농 간 이동의 통제로 인한 농촌의 잉여 노동력을 증대시켰고 도시에 대한 재력과 물력의 집중 투자로 인한 도-농 주민 간 소득의 격차를 낳았으며 중공업 부문에 대한 집중적 건설로 인해 도시에서의 비산업적 및 서비스 산업시설의 부족을 초래하였다.

이와 같은 결과들은 개혁개방 이후 농촌의 과잉노동력들이 도시로 이동할 수 있는 잠재된 상태를 형성시켰고, 도시민과 농촌민의 소득격차는 부를 창조하고자 하는 농촌사람들의 도시 이주를 촉진하는 힘으로 작용하였다. 또한 도시에서의 불균형한 산업구조는 비산업 및 서비스 부문의 건설에 필요한 노동력들이 농촌으로부터 이동하는 계기를 마련하였다.

조선족은 이러한 역사적 상황에서 농촌에서 도시로 이동하기 시

---

33) 인민공사는 사회주의국가의 하나의 조직형태로서 '농촌인민공사'와 '도시인민공사'로 나뉜다. '농촌인민공사'는 생산조직일 뿐만 아니라 기층정권이며 1958~1984년까지 보편적으로 존재했고, 시장경제의 건립과 함께 해체되었다. 인민공사의 기본단위는 생산대(生産隊)이다. 각 지역의 상황에 따라 인민공사조직은 인민공사, 생산대 혹은 인민공사, 생산대대, 생산대로 나뉜다. 인민공사 내에서 농민의 의식주는 모두 공사의 통제하에 있으며, 공사는 농민들의 정치, 경제, 사회생활의 실체이다. 매 농민은 하나의 그룹에 편입되고 일정한 정도의 그룹은 하나의 생산대를 이루고, 생산대 위에는 생산대대가 있다. 생산대대 위에 인민공사가 있는데 생산대대는 대체로 지금의 하나의 촌과 흡사하고 인민공사는 현재의 진(鎭) 혹은 향(鄕)의 규모이다. 국가는 매년 매 공사에 생산임무지표를 하달하고, 인민공사는 또 생산대대에 임무를 하달하며, 농민의 모든 생산은 국가가 계획하고 통일적으로 수급(收給)한다.

34) '통일구매판매제도'는 1953년 10월 중공중앙에서 『중공중앙의 식량통일구매와 판매』에 관한 결의에 의해 11월부터 정식으로 시행된 제도이다. 이 제도는 간단하게 말하자면, 농민이 생산한 양식을 국가에 팔고 사회가 필요한 양식을 국가에서 통일적으로 공급하고, 농부산품에 대한 사적 매매를 금지하는 제도이다.

작하였다. 개혁개방 이후 농촌에서 도거리책임제35)를 실시하여 노동력이 남아도는데다가 생산비가 엄청나게 올라가는 반면, 양식 값은 올라가지 않아 농촌에서 경제적 어려움을 겪었던 조선족들은 '부'를 창출하기 위해 농촌에서 도시로 이동하였다.

개혁개방 이후, 조선족의 이동과 상업의 주체는 조선족 부녀들이었다. 그들은 제일 먼저 농촌의 울타리에서 벗어나 상업의 길에 들어섰으며 대담하게 치부의 길에 나섰다. '큰일'만을 바라며 남성중심주의, 대장부주의의 유교사상이 뿌리 깊이 박혀 있어 상업에 종사하는 일을 비천한 일로 간주하는 남성에 비해 여성들은 경제적 타산이 빨랐고 도시와 해외로 이동하여 돈을 벌기 시작했다.

조선족 여성들은 처음에는 생활비를 마련하고자 쌀을 머리에 이고 시장에 가서 팔기 시작했다. 그 뒤로 점점 조선족 전통음식, 야채, 과일, 의류 등을 파는 데로 확대되었고 나아가 음식점 등 자영업 경영에까지 이르게 되었다(정신철, 2000: 77). 그뿐만 아니라 중·조 변경(中朝邊境)에서의 보따리장사로부터 한국 나들이, 러시아 나들이 등 국제무역에 종사하기 시작하였으며, 80년대 말부터는 북경, 청도, 상해 등 큰 도시로 진출하였다(전신자, 2007: 72). 그러나 상업의 길은 평탄하지만은 않았다. 자영업을 운영하는 경우 자본이 부족했기 때문에 소규모의 장사가 대부분이었고(림금숙, 1994), 자금 조달에 있어서도 넓은 관계망을 가지고 있는 한족에 비해 원활하지 않은 편이었다. 또한 농사를 짓는 조선족일 경우, 위에서 언급하였

---

35) '도거리책임제'는 중국의 기업체제 개혁 중 생산경영책임제 형식의 하나이다. '도거리책임제'는 사회주의제도 공유제(公有制)하에서, 소유권과 경영권이 분리되는 원칙을 실시하며 계약을 통해 국가와 기업 간의 책임, 권리, 이익관계를 확정하고 기업으로 하여금 자주적으로 경영관리 하도록 하는 제도이다.

듯이 농업생산비용이 높아지는 반면 쌀값이 크게 오르지 않아 경제수입은 보잘것없었다(림금숙, 1994).

이처럼 개혁개방과 함께 '부의 창출'이 모든 가정의 중대사로 떠오르던 시대에 대부분 농경생활에 종사해오던 조선족들은 창업과 생존의 어려움을 겪었다. 따라서 그러한 어려움 속에서 조선족들은 자신이 살던 공동체를 떠나 도시로 이동하거나 해외로 이동하게 된다. 55살의 여순애 씨는 개혁개방의 시대에 물질적 욕구에 떠밀려 도시로 이사를 하게 되며, 부의 창출에 관심이 없는 남편과 결국 이혼까지 하게 된다.

> 그때는 막 개혁개방을 해가지고 이웃들이 너도나도 돈을 벌어서 잘살기 시작했어. 우리 윗집에 살던 집에서는 남편이 간부가 돼가지고 막 잘살지, 내가 아는 사람들은 다 기회를 봐서 돈을 막 벌어들이지. 근데 우리 남편은 아니야. 가정을 위해 돈을 벌어야겠다는 생각이 꼬물만치도 없는 사람이야. 그래서 내가 혼자서 자식 둘을 먹여 살리는 게 너무 힘들었어. 그래서 나도 어떻게 되다 보니까 남편과 이혼을 하고 장사를 하다가 외국수속이 돼서 일본으로 나갔다가 지금은 한국으로 나오게 되었지. 가정이 그렇게 가난하지 않았으면 이혼을 하지 않았을 거야(여순애).

위의 사례에서 알 수 있듯이, 조선족들에 있어 치부 문제는 모든 가정의 중대사였으며, 그 과정에서 부를 창출하지 못하는 남편은 가정을 책임질 수 없는 무능력한 자로 전락된다. 자본, 성(Sex), 가족이 유기적으로 결합되면서 조선족들의 삶에 총체적 변화가 생기게 된 것이다.

이와 같은 경제, 사회적 배경 속에서 조선족들은 외화벌이를 목적으로 한국, 미국, 일본, 사이판, 아르헨티나, 호주, 프랑스 등 나라로 이주하기 시작하며,[36] 1992년 한·중 수교 이후부터 한국으로 가장 많이 이동하였다. 그 이전인 1986년에도 조선족 이산가족 찾기 프로젝트를 통해 한국에 입국하는 조선족들이 있었다. 친족 확인이 되면 간단한 여행증명서를 발급받아 한국에 갈 수 있었던 것이다(박광성, 2003).

1988년 올림픽 이후에 그러한 친족 확인을 통해 한국을 방문한 조선족들이 점점 늘어났으며, 한국에 입국한 그들이 서울역에서 약 장사를 하여 거액의 돈을 손에 쥐고 고향으로 돌아오게 되자 조선족 사회에서는 '한국바람'이 몰아치기 시작했다. 조선족들은 너나없이 친척방문, 산업연수, 한국 유학, 국제결혼 등 갖은 방법을 동원하여 한국으로 이주하고자 하였으며 촌락형의 공동체를 형성하였던 조선족 사회는 폐쇄에서 개방으로 나아가기 시작하였다.

한국의 상황을 놓고 보자면, 1980년대 후반 이전까지 한국은 국제 이주 송출국이었다. 1960년대부터 서독에 광부 및 간호사 등을 파견하면서 본격적인 해외 이동이 시작되었으며 1966년부터는 한국군의 베트남 파병이 이뤄지면서 소수 기술자들이 베트남에 진출하기도 했다(강수돌, 1997). 1970년대 초에는 건설업의 중동 진출이 이뤄지면서 중동에 건설기술 및 노동인력이 파송되기 시작했고 1980년대 초에는 절정에 달했다. 당시에는 한국 국내에도 저임금 노동력이 많았으므로 해외 직접투자도 국내의 노동인력을 동원하는 경향이 많았다. 그리하여 1960년대 이후부터 약 200만 명의 노동인력이 해외에 유출되었다(Pang Eng Fong, 1993: 2-3).

1970년대까지만 해도 국내 산업화와 그에 따른 이농현상에 의해 저임금 노동력을 충분히 공급받을 수 있었으나 경제적 조건의 상승

---

36) 일본에 약 5만 명 내지 6만 명(흑룡강신문, 2005.2.2일 자), 북미에 8만여 명(연합뉴스, 2009.8.3 일 자), 러시아에 2만 명 내지 3만 명(흑룡강신문, 2006.6.2일 자)이 이주하였다.

과 함께 노동자들의 권리의식이 고양되었었고, 1987년 폭발적인 노사분규를 계기로 한국의 노동자들은 전통적인 '3D' 업종의 저임금과 열악한 노동환경을 꺼리게 되었다.

이러한 상황은 건설업, 제조업 등 특정 분야에서 노동력 부족을 초래하게 되었다. 그리하여 한국의 기업체들은 새로운 전략으로서 저임금을 활용할 수 있는 개발도상국으로 해외 직접투자를 늘리기 시작했으며, 경쟁력이 없는 중소영세기업들은 업종을 전환하거나 외국인 노동력을 받아들여 경쟁력을 만들어내었다.

따라서 한국은 1980년대 후반부터 노동력 송출국에서 유입국으로 전환하게 된다. 당시 급속한 산업화로 인한 노동력 부족을 겪고 있던 일본을 비롯하여 대만, 홍콩, 싱가포르, 말레이시아, 한국이 노동력 유입국으로 부상하였고, 이러한 아시아 신흥 공업국에 노동력을 수출하는 국가들로는 인도, 인도네시아, 필리핀, 파키스탄, 방글라데시, 스리랑카와 같은 전통적인 송출국 이외에 사회주의국가인 베트남과 중국도 포함되었다.

이와 같은 중국과 한국의 경제적 환경의 변화와 함께 1980년대 들어 한국 정부는 북방정책을 통한 소련 및 동유럽 국가들과의 관계를 정상화하였고, 세계화의 추세에 따라 국내 자본시장과 노동시장을 개방하였을 뿐 아니라, 1992년 중국과 수교함으로써 국제관계를 원활하게 하였다.

이러한 국제적 환경은 조선족들의 한국 이주를 용이하게 만든 계기가 되었다. 앞에서 언급한 바와 같이, 친척방문으로 한국에 입국한 조선족들은 한국의 친척으로부터 호의적인 선물로 거액의 물건 등을 받았고(이광규, 1999; 126), 조선족들의 한국 방문은 점점 순수한 고국 방문이라는 의미를 떠나 하나둘 서울역에서의 약장사로 변신하기 시작했으며, 한 번의 수입으로 당시 한화 300만 원을 손에 쥐게 된 조선족들은 고향에 남아 있는 사람들에게 돈에 대한 욕망을 불어넣었다. 조선족 사회에서 이른바 '한국바람'은 이렇게 불기 시작한 것이다. 따라서 조선족들의 단순한 친척 방문은 한국의 외국인 노동자 유입정책과 함께 여러 가지 삶의 목적을 실현하기 위한 선택지로서의 노동이주로 변하게 된다.

노동력 송출국에서 수용국으로 전환된 이후 한국은 외국인 노동자를 받아들이긴 했지만 그들을 수용하는 제도는 산업연수제도였다. 산업연수제도는 연수생 허용 인원이 제한되어 있는데다가 연수기간도 2년에 최대한 1년만 연장이 가능하였다(<표 5>). 이러한 상황에서 조선족들의 한국 이주는 정책과 제도를 에둘러 갈 수밖에 없는 구도 속에 놓이게 되며, 그들은 한국에 입국하기 위해 동원 가능한 수단이면 방법을 가리지 않고 활용하게 된다.

가장 선명한 이동의 패턴은 친척방문, 국제결혼, 위장결혼, 밀항, 여권위조를 통한 것이었다. 이러한 상황은 2003년 고용허가제 실시 이후 일정 정도 완화되기는 하였지만 여전히 지속되었다.

〈표 5〉 연수생 허용 인원

생산직 상시근로자 수	허용 인원
5~10	3~5명 이내
11~50	10명 이내
51~100	15명 이내
101~150	20명 이내
151~200	25명 이내
201~300	30명 이내

출처: 중소기업청, 1999, 『산업시설연수제도안내』.

가장 많이 동원된 보편적 경로는 가짜 친척방문이다. 브로커를 통해 평균 6~7만 위안을 들여 한국에 입국한 조선족들에게 첫 2~3년간 빚을 갚기 위한 밑천은 오직 자신의 신체뿐이었다. 그러나 한국으로 나올 수 있는 경로가 없는 조선족들은 어떠한 방법을 써서라도 돈을 꿔서 한국으로 입국하려 하였고, 그 와중에 브로커에게 사기를 당해 전 재산을 탕진한 사람들도 허다하였다.

반면, 밀항은 아무런 입국경로가 없을 뿐만 아니라 돈마저 마련할 방도가 없는 사람들이 선택하는 마지막 길이었다. 밀항은 1989년 이후부터 있었으나 한국이 제도적으로 친인척 방문을 제한한 1994년 이후 급증하였다(<표 6>). 여권이나 사증을 위조해 밀입국하는 사례도 갈수록 늘었으며, 법무부 통계에 따르면 97년 372건이던 위조여권 사례가 2001년에는 1,231명으로 3배 규모로 급증했다(국민일보, 2001.12.10.).

〈표 6〉 1994~2001년 조선족 밀입국 상황

연도(년)	인수(명)
1994	140
1995	1,020
1996	1,630
1997	1,020(상반기)
1998	256
1999	407
2000	1,544
2001	884

출처: 1994~1997년 상반기: 조선일보(1997.7.17.)
1998~2001년: 국민일보(2001.12.10.).

위장결혼도 조선족들에게 동원되는 하나의 입국수단이었다. 한국에서의 국제결혼이주의 '여성화' 현상은 1980년대 경제의 고도성장과 그에 따른 산업 부문의 인력부족과 맞물리며 외국인력 수급정책에 있어서의 산업연수제도의 고수와 맞물린다. 구체적으로 말하자면 한국 경제의 고도성장에 따른 산업 부문의 인력난, 임금수준의 꾸준한 증가 및 한국 사회에서의 성차별문화, 가족중심주의 인식은 한국 내에서 '3D' 직종의 일을 기피하는 분위기를 확산함으로써, 그러한 부문에서 선호하는 여성노동자의 인력난을 초래하게 하였으며 따라서 아시아지역 개발도상국 출신의 외국인 노동자들의 유입을 증가시켰다. 이러한 상황에서 초기 외국인력 수급정책인 산업연수제도가 외국인 노동자의 서비스업 취업을 허용하지 않았기에 국가 간의 자유로운 노동이주가 아닌 '결혼이주' 현상이 나타나게 되었던 것이다.

1992년 한중 수교 이후 조선족과 한국 간의 교류가 급증하면서 정부의 지원하에 조선족 여성과 한국 남성의 국제결혼이 급속히 증가하게 된다. 한국 여성들과 결혼할 수 없는 한국 남성들에게 조선족 여성과의 결혼은 하나의 대안으로 여겨졌다. 한국 정부는 노동력 이주는 엄격하게 제한하면서, 가장 손쉽고 유리한 입국통로로써 결혼을 통한 이주를 허용하고 지원하는 이주정책을 시행하였다(손은록, 2004: 37).

그러나 이러한 이주정책은 오히려 이주의 '불법성'만 증가시켰고, 위장결혼으로 인한 조선족 여성들의 한국 이주를 증가시켰다. 앞에서도 언급하였듯이 1978년 개혁개방 이후, 농촌에서 생활의 어려움을 겪게 된 조선족 여성들이 생활난을 극복하고자 농촌의 울타리에서 벗어나 도시, 해외로 이동하게 되는데, 이때 그들이 손쉽게 동원할 수 있는 경로가 바로 '결혼이주'였던 것이다.

하지만 한국 남성과 결혼할 수 없는 기혼여성들은 브로커들이 알선한 '위장결혼', '사기결혼'의 방식을 통해 한국으로 유입되기 시작했다. 이렇게 조선족 여성과 한국 남성의 국제결혼은 송출국과 이주국의 상이한 사회구조가 상호작용하는 과정하에 생겨나게 되었고 배출·흡인 요인이 복합적으로 얽히는 지점에서 나타나게 되었다.

요컨대, 고향에서 '부'를 창조할 수 없는 조선족들은 한국에 가면 돈을 벌 수 있으리라는 기대와 구조적 제약 사이에서 탈출구를 찾기 위한 행위자로 변모한다. 그들에게 자본이자 밑천이 되는 것은 빚과 자신의 몸이었다. 폐쇄에서 개방의 공간으로 나아가는 길은 기대와 국가제도가 상충하는 가운데서 '불법'의 일상과 동반하며 그들의 삶은 신체와 자본의 이야기들로 가득 차게 된다.

1992년부터 2006년까지 다양한 형태로 진행되어 오던 조선족들의 한국 이주는 2007년 방문취업제도[37] 실시를 계기로 변화하게 된다. 가장 큰 변화는 2007년 방문취업제도 이후에는 그러한 '불법성'이 완화되었다는 것이다. 무연고 동포들에게 4년 10개월 체류할 수 있는 자격을 주어 조선족들은 비용을 들이지 않고 한국으로 입국할 수 있게 되었다. 조선족이 방문취업자격으로 한국으로 이동하기 시

---

37) 2007년 3월 4일 시행된 방문 취업제는 중국 및 구소련 지역에 거주하는 만 25세 이상의 외국 국적 동포에 대해 유효기간 5년의 복수 사증을 발급하여 취업을 원할 경우 단순 노무 분야의 취업을 허용한 제도이다. 출생 당시 대한민국 국민이었던 자로서 대한민국 호적(제적)에 등재되어 있는 자 및 그 비속, 국내에 주소를 둔 대한민국 국민인 8촌 이내의 혈족 또는 4촌 이내의 인척으로부터 초청을 받은 자,『국가유공자 등 예우 및 지원에 관한 법률』제4조의 규정에 의한「국가유공자와 그 유족 등」에 해당하거나「독립유공자예우에 관한 법률」제4조의 규정에 의한 '독립유공자와 그 유족 또는 가족'에 해당하는 자,「대한민국에 특별한 공로가 있거나 대한민국의 국익증진에 기여한 자」,「유학(D-2)」자격으로 1학기 이상 재학 중인 자의 부모 및 배우자, 국내 외국인의 체류질서를 위해 법무부 장관이 특히 정하는 기준 및 절차에 따라 자진하여 출국한 자, 이상의 조건에 해당되지 아니한 외국국적 동포로서 법무부 장관이 정하여 고시하는 한국말시험, 추첨 등의 절차에 의해 선정된 자들이 그 대상자에 속한다.

작하면서 그 수는 대폭 증가하였다. 『출입국통계연보』의 통계수치에 따르면, 2013년 5월까지 전체 조선족 총 인구수는 484,480명이었다. 이 수치는 중국의 200만 조선족의 약 1/4을 차지하는 수치이지만, 2013년까지만 하여도 상당수의 조선족들이 한국으로 입국하기를 희망하였다. 한국어자격시험을 보고 추첨에서 당첨이 되면 한국에 들어갈 수 있는 방문취업제도에 대한 기대와 희망은 당첨을 기다려야 하는 조선족들에게는 고역이 아닐 수 없다.

2010년 7월부터는 한국 정부는 기술연수제도[38]를 실시하였다. 실시에 따라 중국에서 한국행을 희망하는 조선족은 450위안을 내고 C-3 비자로 한국에 입국할 수 있게 되었다. 하지만 그러한 방식으로 한국에 입국한 조선족들은 9개월 동안 한 달에 25~30만 원씩 200만 원이 넘는 학비를 학원에 내고 주말마다 학원에 가서 기술을 배워 자격증을 따야만 4년 10개월의 비자를 받을 수 있다. 그리하여 H-2 자격으로 변경하는 과정은 그들에게 많은 경제적 부담과 육체적·정신적 부담을 가중시켰다. 학원에 등록하면 '체류자격 외 활동허가'를 받을 수 있지만, 주당 20시간 이내인 시간제 취업이므로 일을 한다고 해도 벌 수 있는 금액이 많지 않으며, 시간제 취업이 아닌 정상적인 일자리를 구하려고 해도 주말에 이틀은 학원에 다녀야 하는 이유로 취직이 쉽지 않다.

---

38) 법무부는 2010년 7월부터 중국과 CIS(독립국가연합) 지역 등 외국국적 동포들을 대상으로 '재외동포 기술연수제도'를 도입 시행하였다. CIS 동포를 비롯한 재외동포를 포괄하지만 실제 이 제도의 대상은 중국동포가 대부분이다. 이 제도는 구체적으로 말하자면, 방문취업 추첨에 탈락한 중국동포가 단기비자(C-3)로 학원에 등록할 경우 1년간 계속 체류할 수 있는 일반연수(D-4)비자로 변경해주고 3개월 이상부터 국가기술 자격취득자나 9개월 기술교육을 마치면 방문취업(H-2) 비자로 변경해주는 제도이다. 다시 말하면, 6개월 이내에 자격증을 따지 않더라도 3개월 더 학원 수강을 하여, 총 9개월 동안 학원에 다녔다는 확인서만 있으면 H-2로 체류신분으로 변경할 수 있다. 학비는 매월 20~30만 원이고 학원 수업은 주말 시간을 이용해 매월 40시간을 채워야 하고, 주중에는 일을 할 수도 있다.

기술연수의 기한은 초기 9개월로부터 6개월, 6개월에서 6주로 단축되었다. 즉, 3개월 동안 학비 75만 원을 내고 일주일에 한 번씩 공부하여 국가 자격증을 따게 되면 F-4를 발급해주는 형식으로 변형되었다. 이러한 제도가 실시되자 조선족들은 출입국이 편한 F-4 비자를 취득하기 위해 또 학원에 등록하여 국가자격증을 따고자 한다.

한편 조선족의 출·입국은 2012년 1월 1일부터 실시한 출입국의 지문인식 도입을 계기로 다른 형태의 통제를 받고 있다. 법무부가 위조여권 사용자를 색출할 수 있는 지문 검사와 얼굴인식 제도를 갖추어 시행하자 비자 기간이 완료되어 귀국했거나, 임시 귀국했다가 재입국하려던 많은 조선족이 입국불허[39] 상태가 되어 다시 중국으로 돌아가게 되었다. 그것은 강제출국 될 당시 한국에 남겼던 지문을 통해 여권의 위조가 들통나게 되었기 때문이다. 그들의 지문이 공항출입국사무소에서 수년 전 수집해둔 지문과 일치했으나 여권의 이름, 생년월일, 민족 등이 같지 않은 탓으로 입국 허가가 나지 않은 것이다. 2012년 3월 8일 흑룡강 신문보도에 따르면, 500여 명의 조선족들이 입국 불허 상태가 되었으며 체류기간을 연장하러 간 조선족들 중 지문 등록을 통해 1,000여 명이 위조여권 사용자로 색출되었다.

---

39) 위조여권 문제는 대략 세 가지 유형으로 나타나고 있다. 과거 위조여권으로 입국했다가 출국한 자가 현재 본명을 사용하는 자, 과거 본명이었는데 현재 위명을 사용하는 있는 자, 과거와 현재 모두 위명을 사용하고 있는 자이다. 이 가운데서 현재 위명을 사용하고 있는 자는 일단 발각되면 한국 측에서 문제가 생길뿐더러 중국 측에서도 문제가 생겨 중국에서 출국금지 조치를 받게 된다. 즉 현재 중국도 신분이 전산망에 올라 있기 때문에 위조여권소지자는 전산망에 신분조회가 되지 않아 출국금지를 당하게 되는 것이다(흑룡강신문, 2012.3.2일 자).

2) '조선족 타운': 개방 공간에서의 또 다른 울타리

1990년대 중국과 한국의 경제적 환경, 국제적 관계가 변화됨에 따라 한국으로 입국한 조선족들은 90년대 중·후반부터 가리봉동으로 유입되기 시작하였다. 폐쇄에서 개방의 공간으로 이동하여 뿌리내린 이 장소는 옌벤거리, 옌벤촌, 중국거리 이상의 이미지를 지니면서 지역 정체성을 형성해나갔다.

가리봉동 지역은 90년대 중·후반부터 조선족들이 유입되기 시작하여 형성된, 현재 '옌벤촌', '연변거리'로 불리는 지역이다. 가리봉동 연변거리의 형성을 '저렴한 방값'과 '편리한 교통'이라는 유입동기의 결과로 보는 것이 가장 보편적인 견해이지만 가리봉동이라는 지역의 역사지리적 위치에 대한 고려가 없이는 보다 큰 맥락에서 이동의 패턴과 지역 정체성 형성을 고찰할 수 없게 된다.

가리봉동이 위치한 구로구는 개항기 서울과 제물포를 잇는 중간 지점에 위치한 탓으로 서울과 인천 사이를 오가는 사람과 상품이 늘어나게 되었다. 따라서 이 지역은 인구가 급증하고 촌락이 증가하는 지역이 되었으며, 해방 이후에도 일본인의 철수와 태평양 전쟁 피난의 유입, 북한에서 월남한 인구, 해외동포의 귀국 등으로 이 지역에는 많은 인구가 집중되었다. 그뿐만 아니라 1953년 휴전 이후에 전쟁의 피해를 복구하면서 서울과 인천을 오가는 경인 국도와 철도 사이에 위치한 이 일대의 인구 집중은 다른 지역에 비해 두드러졌다(이미애, 2008: 41).

1960년대에 들어서 이 지역은 구로공단이 조성됨에 따라 '한국 수출의 심장'(중앙일보, 2002.1.29.)이라 불릴 정도로 서울 내에서 가장 큰 산업지대40)로 변모하게 되었으며, 터전을 잃어버린 농민이 공장 저임금 노동자로 흡수되었다. 따라서 공단 형성 초기부터 필요한 노동력은 농촌에서 올라온 농민들에 의해 충당되었으며, 70년대 중반 이후 10년 동안 그들이 차지하는 비율은 70~80%였다.41)

하지만 80년대 말 이후 한국 사회의 산업구조가 고도화되고 구로 공단 역시 중화학공업 중심으로 재편되자, 가리봉동 및 일대에 주거하던 여공들은 서비스업 등 고임금 업종을 좇아 그 자리를 뜨게 되었다(중앙일보, 2002.1.29일 자). 또한 90년대에 제조업 관련 공장이 대거 외국으로 이전하게 되자 공단 주변의 주거지에는 공동화 현상이 나타나게 되었다. 이때 이 자리를 채워준 것이 10대 가출 청소년들이었는데, 그들을 유인한 동기는 저렴한 방값, 손쉽게 돈을 벌 수 있는 유흥업소들이었다(중앙일보, 2002.1.29일 자).

이렇게 1960년대부터 공단 주변 빈민과 농촌에서 올라온 여공들이 채웠던 자리를 그들이 떠난 90년대에 10대 가출 소년들이 채우는 과정 속에서 구로지역은 노동자의 문화와 의식을 대변하는 지역으로 자리매김하게 된다(이미애, 2008: 42). 한편 1995년 금천구의

---

40) 구로지역의 공단조성은 1963년 제3공화국 치하의 한국경제인연합회 내에 수출산업추진위원회가 발족하여 구로동 일대 근 100만 평방미터 규모의 산업단지 조성을 위한 토지매수에 착수함으로써 시작되었다. 이후의 경과를 짧게 요약하면 1964년 9월 「수출산업공업단지조성 법안」이 국회에 통과되고, 1965년 3월 한국수출산업공단 기공식이 거행되었다. 그리하여 1967년 4월 1일 한국수출산업공단 제1단지가 준공되었고, 1967년 10월에는 한국수출산업공단 제2단지를 공업단지로 지정하였고, 1970년 1월 5일에는 한국수출산업공단 제3단지를 공업단지로 지정하였다. 이러한 일련의 공단 조성을 통해 구로구의 인구는 급격히 증가하게 되었다(구로구청 구로구 역사에서 발췌). 구로공단의 업종 변화는 크게 3단계로 나누어볼 수 있다. 첫 번째는 60년대 중반에서 70년대 중반까지로 경공업(섬유 봉제) 수출주도 시기, 두 번째는 70년대 중반에서 80년대 중반까지의 정부 중화학공업 육성정책 추진 시기, 세 번째는 80년대 중반부터 90년대 중반까지의 공단 쇠퇴 시기이다(구양미, 2002).

41) 이금주(1969)의 이화여대 졸업논문 「서울 구로동 수출산업공업단지의 현황」에 따르면 1965~1966년에 서울에 올라온 지방 사람들은 열에 여섯이 오늘의 구로동과 대림동에 보따리를 풀었다고 한다.

신설로 가리봉2동 면적이 1/10 이하로 줄어들고 남부순환로 남쪽 공단지역이 모두 금천구로 편입되는 바람에 가리봉동은 구로구에서 가장 변변치 못한 동으로 전락되어 버렸다.

이와 같은 구로구의 역사·지리적 특징을 보면 '지정학적 위치'로 인해 구로구는 시기별로 인구이동이 두드러진 지역이었으며, '사회변동기 인구 유입지'(이미애, 2008: 42)로 기능해왔다. 중요한 것은 가리봉동이 역사적으로 노동자계급을 대변하는 지역으로 자리매김하게 된 곳이라는 점이다. 이곳은 서울시에서도 가장 슬럼화되고 주변화된 지역이었다.

그러한 지역을 1990년 중반부터 동남아시아권 외국인 노동자[42]와 조선족들이 채우게 된다. 동남아시아권 노동자들은 언어적 소통의 장애로 말미암아 자연스럽게 안산, 수원, 성남 등 제조업 공단지역으로 집중하게 되며, 조선족들은 저렴한 집값과 이동의 편리 때문에 가리봉동에 계속하여 거주하게 된다.

그리하여 조선족들은 구조적으로는 '사회변동기 인구 유입지'로 유입되며 사회적으로는 도시의 노동자 계급을 대변하는 주변화된 장소에 정착하게 됨으로써 도시의 계급구조에 편입하게 된다.

동시에 구로지역의 물리적 환경으로부터 볼 때, 1960년대부터 구로 일대는 공단의 빈민, 노동자를 수용하는 지역으로서 작은 면적에 많은 사람들을 수용할 수 있는 구조의 벌집 방들이 들어섰기 때문에 적은 보증금에 '저렴한 임대료'로 거주할 수 있는 조건을 갖추게 되었다. 조선족들은 이주 초기 대부분 빚을 내어 친척방문, 공무비자,

---

42) 안재섭(1995)에 따르면, 당시 가리봉동에는 동남아시아권 외국인 노동자도 상당수 있었던 것으로 짐작된다(안재섭, 1995, 「九老工團의 産業構造와 工團周邊地域의 人口 및 住宅 變化에 關한 研究」, 서울大學校 大學院: 社會敎育科 地理專攻, 석사학위논문).

여행비자, '위장결혼' 등의 수단으로 한국에 이주했기 때문에 적은 보증금과 저렴한 임대료는 자연스럽게 그들을 유인하는 동기가 되었다. 가리봉동 지역의 월 임대료는 평균 15~25만 원 정도이고, 보증금도 50~200만 원 정도로(박세훈·이영아, 2009: 87), 서울의 다른 지역에 비하여 보증금과 월세 금액이 낮은 편이었다.

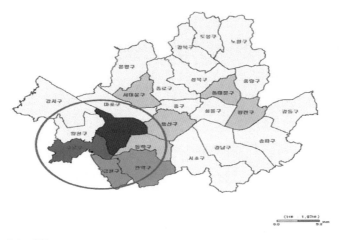

출처: 김현선, 2009: 240.

〈그림 1〉 서울시 조선족 밀집거주 지역

그리하여 1992년 한중 수교 이후부터 증가하기 시작한 조선족들이 가리봉 지역의 빈자리를 메우게 되며, 한국의 노동자계급을 대표하는 기존의 지역 정체성의 연장선 위에서 이 지역은 '옌벤촌'이라는 지역적 경계를 형성하게 되었다.

한마디로, '조선족 타운'은 그 자체로서 자신들의 지역 정체성을 형성하고 있을 뿐만 아니라 첫 시작부터 이미 형성된 자본주의국가 도시의 중심부/주변부 구도 속에 놓이게 되면서 형성된 것이며 도시의 지역 정체성이 현재 조선족과 한국인 집단 간의 지역적 경계를 재구축하였다고 할 수 있다.

아래에는 조선족을 둘러싼 법적·제도적 지위에 대해 살펴보도록 하자. 1988년 올림픽 당시 한국은 북방정책을 염두에 두면서 소련과 중국과 우호적인 관계를 형성하고자 했다. 이 시기 조선족들은 간단한 여행증명서 발급만으로 한국을 방문할 수 있었다. 또한 외무부에서 조선족들 중 독립유공자후손 등에 대한 귀국대책의 일환으로 그들의 영주귀국과 친인척방문을 추진하게 됨에 따라 대한민국 임시 여행 증명서만으로 한국 입국을 가능케 하였기에 조선족들은 당시 출입국관리법 적용대상이 아니었다.

그러나 초기 '동포'로 인정되었던 조선족 친척방문자들이 한약재 판매를 통해 부를 축적하였고 그것이 조선족사회에서 '한국바람'을 불러일으키게 됨에 따라 많은 조선족들이 돈벌이를 목적으로 한국으로 입국하게 된다. 따라서 증가하는 한약재 판매가 한국의 사회적 문제를 일으키게 되자 한국 정부는 '동포'를 '외국인'으로 보기 시작했다.

이에 따라 '동포'로서의 초기 혜택은 사라지고 조선족들은 1990년부터 중국 국적으로 사증을 발급받아 한국으로 입국해야 했다. 또한 새로운 사증발급 지침에 따라 조선족의 친척방문은 55세 이상인 사람으로 제한되었다. 이는 다른 나라의 경우와는 달리 단기비자에도 적용되었다. 법무부에서는 조선족에 대한 출입국체류관리와 불법 체류자 단속을 강화하였으며, 출입국관리법 위반 조선족들을 외국인과 동일하게 처벌하였다. 이러한 제한은 한국이 조선족들을 '동포'가 아닌, '불법체류 가능성이 높은 외국인 노동자'로 간주하면서 출입국상 많은 제한을 가하고자 했음을 의미한다(신의기, 1999: 124).

조선족들은 출입국관리법 적용대상에 포함되면서 외국인들과 똑같이 1991년 11월 1일부터 시행한 산업연수제도에 의해 입국하게 되며 2년 동안 한국에 체류할 수 있게 되었다. 앞에서도 언급했듯이 이 시기 산업연수제도로 입국한 조선족들은 대부분 불법체류자의 신분으로 전락했다.

조선족들의 출입국과 체류를 통제하기 위해 법무부는 또 1998년 6월 14일 국적법을 개정하여, 그동안 조선족 여성이 한국인과 결혼하게 되면 즉시 한국 국적을 취득하게 되어 위장결혼과 불법체류의 빌미를 제공하였던 국적 취득조건을 수정했다. 혼인 후 2년간 동거 기간을 거친 후 한국 국적을 취득할 수 있도록 함으로써 위장결혼을 줄이기 위한 법적・제도적 장치를 마련한 것이다.

1999년 12월 3일, 한국 정부는 「재외동포의 출입국과 법적지위에 관한 법률」(이하 재외동포법)을 제정했지만, 대한민국 정부 이전에 해외로 이주한 동포는 「재외동포법」 적용대상에서 제외되었다.[43] 조선족과 고려인이 적용대상에서 제외된 것이다. 2000년부터 시작된 재외동포법 개정 운동을 거쳐 헌법재판소 전원재판부는 2001년 11월 9일 「재외동포법」 제2조 제2호와 「재외동포법 시행령」 제3조에 대해 위헌판정을 내렸다. "해외로 진출한 동포를 정부수립 이전과 이후로 나누어 차별하는 것은 평등원칙에 위배된다"는 판결을 내

---

43) 재외동포법 제2조 2항에서는 재외동포를 "대한민국의 국적을 보유하였던 자 또는 그 직계비속으로서 외국국적을 취득한 자 중 대통령령이 정하는 자"로 규정하였다. 시행령 제3조에서는 재외동포를 "1. 대한민국 국적을 보유하였던 자 또는 그 직계비속으로서 외국국적을 취득한 자 중 대한민국 국적을 상실한 자와 그 직계비속. 2. 대한민국 정부 수립 이전에 국외로 이주한 자 중 외국국적 취득 이전에 대한민국의 국적을 명시적으로 확인받은 자와 그 직계비속"으로 규정하였다.

린 것이다. 그 후 2004년 3월 5일 「재외동포법」에 대한 개정이 이루
어졌으나 출입국관리 시행령으로 조선족들의 이동을 제한하였으며,
2008년까지 재외동포 비자를 받고 한국으로 이주한 사람은 한 명도
없었다(윤영도, 2012: 206).

현재에도 재한 조선족은 기타 '동포' 집단과 구별되는 집단이다.
예를 들면, '북한이탈주민'은 정치적 난민으로서 그 정치적 소속이
남한이며, 사할린 동포들은 일본적십자사와 한국 정부가 공동으로
투자하여 건설한 안산 '고향마을'에서 살아가고 있다. 그러나 한국
정부가 조선족에 부여한 법적 지위는 기타 나라에서 온 이주노동자
들과 똑같은 '외국인'이며, 미국과 일본 등 선진국 출신의 '동포'와
는 구별되는, 출입국과 체류자격이 엄격히 제한된 '동포'였다. 결국
조선족들은 한국 사회에서 '같은 민족'이라는 명분하에, 외국인 노
동자를 포섭하는 다문화에도 속하지 않고, 또 '동포'로서도 한국 사
회에서 배제되는 소수집단으로 자리매김되고 있다.

요컨대, 조선족들의 이주 경로와 한국에서의 사회적 삶은 한국 측
의 정책과 제도의 영향을 받는다. 조선족을 둘러싼 구조적 제약 속
에서 조선족들은 어디까지나 구조에 의해 영향 받는 행위자들로서
그들의 행위는 구조를 반영하며 제한된 구조 속에서 그들은 한국인
집단과 수많은 경계를 형성하며 살아간다.

2. 이주 영역에서의 집단 간 경계 형성

이 절에서는 수집된 경험적 자료를 토대로 집단 간 차이의 양상을
드러내고, 그러한 차이의 형성요인을 도출해내고자 했으며, 차이를

인지한 개별적인 재한 조선족 행위 주체들이 어떠한 방식으로 차이를 인식, 해석, 대응하는지를 구분하여 설명하고자 하였다. 집단 간 차이를 도출해내는 과정에서 그러한 차이들은 문화적·사회적·국가적·개인적 등 네 가지 차원으로 범주화되었다. 범주화된 네 가지 차원에서의 차이가 상호작용하는 행위 주체들에 의해 지속적으로 유지되는 상태를 이 연구에서는 '경계'라는 개념으로 표현하고자 한다. 경계의 존재 여부와 경계의 여하를 규명하는 것은 경계에 직면한 조선족들이 '민족 정체성'에 대한 자기규정을 하게 되는 사회적 조건을 이해할 수 있는 지남침이다. 다음의 <표 7>은 각 차원의 차이를 세부적으로 도출하고 그러한 차이의 형성요인과 대응방식을 정리한 것이다. 아래에서는 각 범주별 차이의 내용과 형성요인 및 그들의 인식, 해석, 대응방식들에 대해 구체적으로 설명하고자 한다.

〈표 7〉 집단 간 차이 및 대응방식

차원	차이	요인	대응방식
문화	언어적 차이	우월/열등의 구분	한국어 습득하기 신분 감추기 중국어로 대화하기 한국인으로 위장하기 조선족 집단으로 귀속하기
	음식, 대중음악	문명/야만의 구분	'못사는 나라'에서 온 탓으로 돌리기
	전통음악, 의학	보편주의/특수주의	개량주의 설득하기 폐쇄성으로 인식하기
사회	신분 차이 (합법/불법)	내국인/외국인 구분	인정받기 위해 더 열심히 하기 증오하기, 고소하기 한국인과의 접촉 거부하기
	사회적 위치	상하 위계질서 구분	'못사는 나라'에서 온 탓으로 돌리기 한국인 태도에 민감하기, 싸움하기 한국인들의 삶 부정하기 민족적 소속감 상기하기

사회	민족적 관념	민족적 상징의 불일치	조선족 역사 발굴하기 구조적 제약에 대한 부당성 찾기
국가	체제인식	체제 이데올로기 구분	체제의 우열 매기기 자신들의 이타주의 칭찬하기
	불평등 인지	'동포'의 차별적 구분	중국의 '소수민족정책' 치하하기 삶의 권리를 찾아 개정운동 참가 자민족중심주의 비판하기
	역사적 기억	국가적 소속의 구분	개척자의 후손으로 자긍심 가지기 역사적 주인공으로 상상하기 분단을 민족의 비애로 인식하기 落葉歸根(낙엽귀근)하기
개인	인간관계 맺는 방식	무시, 편견, 차별	한국 사람과 친하지 않기 절대 방심하지 않기 인간관계 설정에서의 규범 정하기 한민족의 열근성으로 인식하기
	민족적 정서	무시, 편견, 차별	조선족 집단으로 귀속시키기 조선족타운으로 이사 가기

1) 문화적 차원

(1) 언어적 차이

언어적 차이는 조선족들이 한국인들과 다른 하나의 집단으로 분류되는 가장 원시적인 기준으로서, 한국 사회에서 한국어와 조선어(연변말) 양자 간의 우열의 구분은 집단 간 경계를 형성하는 가장 직접적인 원천의 하나이다. 언어적 차이로 인한 경계는 언어적 우열의 구조 속에서 애써 자신의 신분을 감추는 위축된 형태로 존재한다.

연변지역으로 이주하여 간 조선인들이 대부분 함경도 조선인들이었고, 언어적 억양도 북한의 것과 비슷한 이유로 연변조선족들은 가장 빠르고 쉽게 조선족으로 구분되며, 때로는 탈북자로 오해받기도 한다. 언어적 차이로 인해 조선족 집단으로 분류되며 또 조선족이라는 신분으로 인해 한국인들의 무시, 편견의 시선을 느끼게 된 조선족들은 나름대로 '한국어를 습득'하기도 하고, '신분을 감추기'도 하며, '한국인으로 살아가기'도 하고, '중국어로 대화하기'도 하며, 연변말을 자유롭게 할 수 있는 조선족 '집단으로 귀속하기'도 한다. 아래에서는 차이를 인식하고 해석하고 대응하는 그들의 구체적인 방식들에 대해 살펴보기로 한다.

우선, 일부 조선족들은 '한국어를 습득'하는 방식으로 자신들에 대한 한국인들의 무시의 시선과 차별적 태도를 감소시키고자 한다. 언어적 억양 때문에 시선이 집중되는 것은 연변지역에서 온 조선족들의 암묵적 경험이다. 그들은 지하철, 버스, 시장 등에서 자신의 언어적 억양 때문에 한국인들의 시선을 받는 경우가 많다. 그 때문에 한국 이주 초기 조선족으로서 가장 힘들었던 것이 바로 언어적 억양 때문에 한국인들의 시선을 받는 일이었다. 유학생 최연자 씨는 자신의 언어적 억양 때문에 한국인들의 시선을 종종 받아왔다. 그는 한국의 "지방사투리는 허용하면서 연변사투리는 이상하게 생각하는 한국인들의 태도" 때문에 한국인한테서 한국어를 배우면서 자신한테 오는 그러한 시선을 감소시키려 한다.

> 어느 하루 남대문시장에 가방 사러 갔는데 거기 있던 한 아저씨가 내가 말투가 연변말인 걸 알구 남친이 있냐구 물어봅데다. 그래서 조선족이라고 업신여기고 그러는가 하고 생각했습다. 같은 민족이지만 다른 지방에서 온 사람들의 사투리는 차별하지 않으면서 조선족만은 이상한 눈길로 보는 게 너무 싫습다. 그래서 나 지금 억양을 고치기 위해서 한국 사람한테서 한국말을 배우고 있습다. 그리고 한번은 또 택시에 앉았는데 교포인가는 물어보는 말에 맞다고 하니까 나하고 아무 말도 하지 않습데다. 한국인들의 그런 시선들이 너무 싫습다(최연자).

유학생 김범 씨의 경우는, 차별적 시선에 의해 언어상의 차이를 느낀 것이 아니라, 자신이 한국어가 아닌 연변사투리를 사용하는 데 대해 애초부터 주눅이 들어 있었다. 자신이 조선족이라는 민족적 신분이 결코 "창피할 일은 아니다"라고 의식적으로 생각한 김범 씨는 그러한 차이에 대한 극복으로서 '조선족'으로서의 당당함을 내세우며, 무조건 연변말을 사용하지만 어느 때부터인가는 연변말을 사용할 때 자신한테 몰려오는 주위의 시선에 의해 결국은 자신의 언어적 억양을 고치게 된다.

> 일단 억양에서 여기 와서 나름 다 서울말 쓰는데 내가 사투리를 쓴다는 데 대해 주눅이 들었던 점이 있었던 것 같아요. 특히 경상도 같은 지방말씨하고는 틀리니까요. 그리고 특히 하나는 나는 맨처음 한국에 왔을 때 의식적으로 내 조선족인 게 왜 창피하냐, 나는 조선족들이 여기 와서 되지도 않는 한국어를 하면서 특히 지하철에서거나…… 나는 무조건 조선말을 했어. 그런데 요즘 와서 그게 왜 변하게 되더라고. 그게 되게 이상해져 사람이. 처음에는 그냥 막 밀고 나갔거든. 우리말로 하는 게 나는 당당하다, 어디 꿀리는 게 없다, 그랬는데 오래 살며 보니까 맨날 그런 시선을 받는 것도 솔직히 귀찮을 것 같아(김범).

둘째, 연변조선족들은 '조선족'이라는 자신의 신분이 확인되면 한국인들의 태도가 전환되는 것을 느끼기 때문에 대체로 자신의 '신분을 감춘다.' 그들은 스스로 자신의 신분을 밝히지 않으며, 언어적 억양 때문에 자신의 신분이 드러나는 것을 꺼려할 뿐만 아니라, 한국인들과 접촉하기를 두려워할 정도이다. 김국철 씨는 한국 이주 초기 한국인들과 어떠한 갈등이 있었는가라는 질문에 다음과 같이 대답하였다.

저도 심한 갈등을 겪었던 적이 있었어요. 안 좋은 일이죠. 그것도.
그런 걸 일상생활에서도 많이 느껴요. 밖에 나가 다니면 얼굴색이
랑 똑같아요. 밖에 나가 다니면 한국 사람인 줄 알고 단속도 안
해요. 내 같은 경우에는. 그런데 말을 딱 하면 말에 티가 나지 않
습니까. 그러면 바뀌잖습니까. 사람이 대하는 게. 그걸 느끼지. 많
이 느끼지. 그리고 너무 그렇게 차별하고 멸시를 하고 그러니까
어떤 때는 말을 걸기가 무섭지. 무서울 때도 있지(김국철).

　　서비스업에 종사하는 강미옥 씨도 한국에서의 생활에 큰 불편함
이 없지만, 유독 자신의 언어적 억양 때문에 '조선족'이라는 민족적
신분이 드러나는 것이 가장 큰 불편한 현실이라고 인식한다.

불편함이 있다면 글쎄 아직도 고집이 있어가지고 여기 말투가 안
바뀌니까, 한국 사람들이 첫인사에 교포라는 걸 알아보니까, 물론
아무 상관도 없지만은 어떤 때는 또 그게 싫을 때가 있거든……
그런 데서 좀 불편하고 다른 거는 없어(강미옥).

　　셋째, 연변조선족이 아닌 흑룡강성이나 요녕성의 조선족들은 조
선족이라는 신분을 감추는 데 용이하기에 한국에서 '한국인으로 살
아가기'도 한다. 1945년 이전 흑룡강성이나 요녕성으로 이주하여 간
조선인들은 대부분 경상도, 평안도, 전라도 사람들이었으므로 그들
의 언어적 억양은 경상도, 평안도, 전라도의 억양과 비슷하다. 그러
한 이유로 그들은 한국인들에게 지방에서 온 '한국인'으로 취급되며,
따라서 그들이 '조선족'이라는 신분을 감추는 일도 상대적으로 용이
하였다. 흑룡강성에서 온 경상도 억양의 함영수 씨의 경우가 바로
그러하다. 중형 마트의 팀장직을 맡은 함영수 씨는 '조선족'이라는
신분을 줄곧 감추어왔을 뿐만 아니라 아예 '한국인'으로 살아갔다.

내가 한국에 온 지 10년이 넘는데 사람들은 내가 한국인인 줄로 알아. 점장만 내가 조선족인 줄 알고 다 몰라. 처음부터 나는 조선족이라고 하지 않고 경상도에서 왔다고 했지. 조선족이라고 말하면 모든 일이 힘들어져. 직원들도 말을 잘 안 들을 것이고. 그래서 그냥 한국인이라고 하려고(함영수).

넷째, 어떤 조선족들은 한국인들의 시선을 받는 것이 언짢아서 공공장소에서 차라리 '중국어로 대화하기'도 한다. 한국에서 조선어(연변말)는 일종의 '조선족' 집단을 구분해내는 한국인들의 기준이 되었을 뿐만 아니라, 언어적 억양은 조선족 집단의 '자격지심'의 원천으로 작용하게 되었다. 그리하여 조선족들은 차라리 중국어로 대화하며 자신들한테 쏠리는 시선을 감소시키고자 한다. 한국에서 중국어는 허용되지만 연변말은 주위의 시선을 모으는 소리이므로, 중국어로 대화를 하면 오히려 아무런 위압감도 느끼지 않는다는 것이다.

이주 초기 '중국에서 온 못사는 놈'으로 취급되던 조선족들은 사회적으로 중국어가 허용되는 분위기가 조성됨에 따라, 한국인들에 의해 중국인(한족)들과도 다른 존재로 분리된다. 그러한 분위기 속에서 조선족들은 연변말로 대화할 때와 중국어로 대화할 때의 완전히 상반되는 경험 속에서 자신의 민족적 소속을 새삼스럽게 깨닫는다. 그러나 그들의 그러한 전략도 "방금 휴대전화를 들고 스쳐간 여자는 중국말로 통화했다, 그 앞으로 걸어오는 남녀도 중국말로 떠들었다"(국민일보, 2011.9.7일 자)는 대목에서도 알 수 있듯이, 대림동 같이 조선족이 밀집해 있는 곳에서는 여전히 '중국말로 떠드는 남녀'로 평가받기는 마찬가지이다.

마지막으로, 조선족들은 연변말을 자유롭게 하는, 할 수 있는 조선족 집단, '조선족 타운'을 찾아 나선다. 즉 그들은 조선족 '집단으로 귀속'한다. 김국철 씨는 조선족 타운에서 조선족들끼리 만나 연변말로 자유롭게 대화를 하는 것을 편안하게 느끼면서, 한국인과의 접촉을 두려워한다. 그것은 한국인들과의 접촉에서 실수라도 할까봐 두려워서 신경을 곤두세우는 일이 피곤하기 때문이다.

> 이렇게 조선족끼리 모이면 편안해. 말도 조선말을 편안하게 할 수 있고. 내국인을 만나면 신경이 곤두서. 실수라도 하지 않는가 하고. 많이 신경을 쓰게 돼서 피곤해(김국철).

이러한 '집단으로의 귀속'은 언어적 차이에 대한 우열의 구분에서 비롯된 것이며, 한국인들의 차별적 시선과 태도로 인해 조선족들은 결국에는 언어구사가 편안하고 편리한 집단 구성원들과의 접촉을 더욱 선호하게 된다.

요컨대, 역사적으로 형성된 서로 다른 언어적 표현은 가장 미시적인 차원에서의 차이의 구조를 형성하면서 이동하는 행위 주체와 주류집단 간의 경계를 구축하고 있다.

(2) 음식, 대중음악 간의 차이

조선족들의 음식, 대중음악은 한국인 집단에 의한 문명의 배치 속에서, 즉 문명과 야만이라는 2분법적 구분 속에서 '미개한 문화'로 자리 잡게 된다. 조선족들은 자신들이 '미개인'으로 편입되는 경험을 '문화적 충돌'이라고 인식하면서도, 더욱 근본적인 원인은 자신들이 '못사는 나라'에서 왔기 때문이라고 인식한다. 음식, 대중음악 간의 차이로 인한 집단 간 경계는 무엇보다도 조선족들의 자신의 신분에 대한 자각에 의해 더욱 유지된다고 할 수 있다.

중국 동북지역으로 이주하여 간 조선인들은 기나긴 세월 속에서 자신들의 문화를 고수했을 뿐만 아니라, 그러한 문화는 중국 본토의 문화와 융합되어 점차 현재 '조선족' 집단의 고유한 문화를 형성하였다. 그러나 '조선족' 집단 문화의 초국적 이동은 이주 영역에서의 행위자들의 상호작용을 거쳐 '미개한 문화'로 자리 잡게 된다. 박용문 씨는 자신들의 일상적 음식문화가 어떻게 한국인들에 의해 '미개한 문화'로 자리 잡게 되는지에 대해 설명해주었다. 아래의 구술에서 계란을 소금에 찍어 먹느냐 간장에 찍어 먹느냐, 파를 썰어서 먹느냐 고추장에 찍어 먹느냐에 따라서, 문명/야만의 구분이 지어진다는 사실을 알 수 있다.

> 음식을 먹는다 하면은, 예를 들어서 중국에서 우리는 삶은 계란을 간장에 찍어 먹잖아. 근데 얘네는 소금에 찍어 먹는 거야. 이런 것들은 동포라 하면은 백프로 공감할 수 있는 일들이거든. 근게 개네는 웃는 거야. 왜 웃어. 얄잡아 보니까 웃는 거지. 얘네는 소금에다가 찍어 먹어야만 정상이라고 생각하는 거야. 자기네들 것만 기준이라고 생각하는 거야. 우리가 간장에 찍어 먹으니까 이상한 거지. 우리는 파를 고추장에 그냥 찍어 먹을 때도 있잖아. 이 사람들은 썰어서 먹는데. 그니까 이해를 못 하더라니까. 이상하게 먹는다고 그러는 거야(박용문).

한국인 집단에 의한 문명의 배치는 음식문화에서뿐만 아니라 대중음악 차원에서도 진행된다. 1995년도에 한국에 입국한 박용문 씨는 중국에 있을 때부터도 음악에 흥취를 가진 탓에 당시 자신의 고향에서 유통되는 한국 노래 테이프를 많이 사서 들었다. 그러나 자신이 들어왔고 불러왔던 노래들이 한국인들에 의해 우스운 행위로 취급되었던 상황을 다음과 같이 회고하였다.

> 문화가 우선은 틀리잖아요. 알게 모르게. 문화가 틀리니까, 예를 들어서 노래방에서 노래를 한다고 하면 나이에 맞지 않는 노래를 한다고 말을 들었거든. 그때 나는 안해라든가 뭐 감성적인 노래를 불렀는데 걔네는 뭐 룰라라든가 뭐 1/2 이런 노래를 불러라고 그랬거든, 힙합 같은 거나 해야 하고, 나는 그런 문화를 모르고 들어왔거든. 대신 나는 팝송을 잘했어요, 음악을 했으니까. 니 나이에 맞게 투투 노래랑 불러라고 그랬거든 그 사람들이. 뭐 김건모 핑계라든가 이런 노래들. 근데 우리는 모르는 거야. 우리는 집에서 테이프를 듣고 한국에서 들어온 CD라든가 이런 걸 겨우 해가지고 나훈아 뭐 이런 가수들만 알았잖아. 이 자체 문화가 틀리니까 그 사람들 눈에 보기엔 우스운 거야. 기본적으로 김건모나 투투 노래를 해야 하는데 나훈아 노래를 막 하고 있고. 나훈아 노래는 우리가 해야 하고 넌 이런 노래를 해란 말이야. 이러는 거야. 문화적 충돌인 거지(박용문 구술).

이처럼 한국인들의 자기 기준적인 평가에 의해 다른 집단의 문화적 현상들은 일종의 '미개한 문화'로 자리매김되며, 평가에 의한 문명의 배치 속에서 그들은 '미개인'으로 편입된다. 그러한 경험은 '못사는 나라'에서 왔다는 조선족들의 자신들의 신분적 자각을 불러일으키면서 집단 간 경계를 유지시킨다.

(3) 전통음악, 의학 간의 차이

전통음악과 의학 간의 차이는 전통을 유지하고자 하는 한국의 보편주의와 특수주의의 갈등으로 인해 수렴될 수 없는 경계를 형성하고 있다. 이러한 경계에 직면하여 그들은 '개량주의를 설득하기'에 노력하거나 한국의 '폐쇄성'을 비판적으로 인식하기도 한다.

우선, 전통음악 간의 차이는 황영국 씨에게 한국에서의 가장 불편하고 안타까운 현실로 인식되면서, 그러한 차이에 직면하여 그는 악기업계에서 개량악기의 보편성을 설파하기에 노력한다.

앞에서도 언급했지만, 중국 조선족들은 중국에서 오랜 세월 동안 살아오면서 자신들만의 문화를 고수하였다. 조선족의 전통문화도 많은 변용을 겪어오면서 한국의 문화와도 북한의 문화와도 다른 문화의 양식을 갖추게 되었다.

황영국 씨의 구술에 따르면, 1962년 연변지역에서는 이미 민족악기의 모든 개량이 끝났다. 왜냐하면, 연변지역은 서양 악기와 민족 악기가 한 악단에 같이 모여 연주를 하기에, 민족 악기를 연주하는 연주가가 악기 때문에 연주가 불가능하다고 하면 예술 생애가 끝나기 때문이다. 그리하여 연주가들은 제한된 국악기로 서양 악기에서 나오는 음을 연주하려면 악기를 개량하는 수밖에 없는 사회적 조건하에 놓이게 된다.

> 여기서는 악단하면 국악단이 따로 있잖아. 너두 못하는 계구 나두 못하는 계구. 한 악단이 요만이면 요만이지. 요기를 벗어난 거면 너나 내나 다 못하니까 군소리 없는데, 우리 연변가무단은 서양 악기와 같이 악단을 꾸리고 같이 앉아 하지. 그런데 편곡을 해 보내서 내려온 거 아, 전 이걸 못하겠습니다라고 하면 큰일이 나거든. 밥통이 끊기지. 그래 못하면 하지 마, 저기 저 서양 악기 누구 해 하면 나는 그저 앉아 놀아야지 되지 않아. 밥통이 없소. 그래 감히 어느 거 못하겠다는 소리를 못 하고. 혼자서 집에 가서 악기를 가지고 연습을 하거든. 그저 악기에 음이 없으면 여기에 어떻게 하면 음이 나오겠는가, 쇠꼬랑이에 불을 달구어 구멍을 뚫고 그래도 안 되면 서양 악기 크라네 같은 것에서 근을 뜯어서 어디 가서 붙여달라고 하고, 이렇게 시작했단데. 핍박해서 그렇게 된 거요. 내 살기 위해서는. 그래서 우리 상식도 늘어나고 선택도 늘

어나고. 그래서 개량을 하는 것도 제조하는 데 가서 만들다가 집에서 만들기 시작하고 안 되면 북경에 가지고 가서 개량제조하고 다 이렇게 우리 62년도에 모든 개량이 끝났소(황영국 구술).

이러한 개량된 연변지역의 국악기를 접해보고 동업을 제안한 한국인을 따라 한국으로 이주하게 된 황영국 씨는 처음에 한국에 왔을 때, 자신은 도저히 설 자리가 없었다고 말한다. 전통성을 고수하면서 개량에 관해서는 한 치의 여지도 주지 않는 한국의 국악의 상황에 대해 그는 다음과 같이 설명하였다.

그때 한국에 나온 목적은 돈벌이가 첫째가 아니었소. 내 중국에서도 남다른 손재간을 가지고 있었소. 우리 조선민족 악기가 지금 한국 것처럼 그렇게 낙후할 때거든. 그리구 더구나 나는 플롯이라는 서양 악기를 같이 했으니까 서양 악기의 우점을 다른 사람보다 좀 더 잘 알지. 그런데 우리 국악기의 낙후한 실태를 가지구 사업에 참가를 한다는 게 참 어려웠거든. 아~ 악기를 개량해야 한다고 해서 연변에서 57년 대약진의 풍을 타고 모든 게 약진을 하는데 예술도 그때 개량바람이 불어서 시작은 했댔소 그때. 시작을 했다가 잠잠해졌다가 다시 시작한 게 우리 친구들이 몇이 시작을 했는데 그래 시작을 해가지구 성과가 좋았소. 그래 가지구 이 한국의 한 사장이 연변에 들어가 우리 하는 걸 보고, 아~ 한국에서 두 이렇게 해야 된다. 좀 한국에 나와서 같이 하자구 해서 그래서 나왔거든. 나와 했는데 오랜 시기를 그걸 받아 안 받아들이거든. 정통성이고 뭐이고 하면서. 개량 쪽은 말두 못하게 하더구만. 국악은 그냥 옛날대로. 100년 전, 200년 전대로. 그러니까 개량 쪽을 받아 안 들이니까 나는 설 자리가 없지 않아(황영국 구술).

자신의 개량악기를 보급하려고 했던 황영국 씨는 전통성을 강조하는 한국의 보수적인 사회적 현실과 충돌하면서 좌절한다. 그리하여 아이러니하게도 한국에 체류하여 사업을 하는 과정에서 가장 어려웠던 점을 13년 동안 불법체류로서의 체류자격 때문이 아니라, 한국의 '보수성'과 '특수성'이라고 말한다. 음악에서의 특수성만 강조하고 보편성은 무시하는, 자기의 것만 고수하려는 한국 사회의 보수성 때문에 황영국 씨는 그러한 전통음악 간의 차이로 인해 어려움을 겪게 된 것이다.

> 어려웠다는 게 글쎄 이 사람들의 낡은 사상이거든. 한심할 정도야. 한심할 정도. 말이 원래 안 되지. 그런 복고사상들이. 뭐가 통일이 안 되고. 악기라는 게 원래 전국이면 전국에서 통일되는 음이 있어야 되고. 어디까지나 이게 음악이 아니오. 우리 국악도 음악이 아니오. 근데 여기 사람들이 그 의식이 잘못돼먹은 게 음악인가 하면 아, 아니 전 국악입니다. 다 이렇거든. 음악 자체에서 자기의 국악을 배제시킨단 말이오. 국악 본신도 음악이지. 그건 어길 수 없는 음악이지 뭐. 이렇게 되면서 음악에서의 특수성만 강조하더라. 그게 음악에 속해서 음악에서의 보편성은 아주 무시해버리고 특수성만 강조하다 나니까 너무 한심한 일들이 많거든. 우리 음악을 하는 사람들로부터 볼 때 말이 안 되는 일이 너무도 많지. 그래 이런 사람들과 같이 일한다는 일이 너무도 어렵거든. 싸움해야 될 일도 많고. 야! 이 바보야, 너도 음악가냐, 그 잘난 거 하면서 싸움하면서 일을 할 때가 많거든. 그래 이런 사람들이 놓고 뭘 개량한다 하는 건 너무 어려워(황영국).

개량된 국악기로 민족음악 사업에 종사해왔던 황영국 씨는 국악에서의 개량주의와 한국의 보수주의가 만나게 되는 지점에 매우 깊은 골이 형성되어 있음을 느끼게 되며, 서로 다른 길을 걸어왔던 악기문화가 상충하는 지점에서 그는 자신이 느낀 차이를 '음악은 영원한 음악임에도 불구하고 음악에서 국악을 분리시켜 특수성만 강조하는' 한국 보수주의의 폐단으로 해석한다. 또한 현재까지도 그는 보편주의의 길을 걸으면서 자신의 '개량주의를 설득하기'에 노력한다.

다음으로, 이와 비슷한 사례로 조권영 씨는 자신의 중의(中醫) 무료봉사가 경찰서에 의해 제지된 현실을 한국의 '폐쇄성'으로 인식하면서 '의사들은 나라의 제한이 없음'을 강조한다. 74세의 무료봉사자 조권영 씨는 자신의 월세방에서 경추, 허리, 관절이 아픈 사람에게 무료로 침을 놓아주는 일에 종사하고 있다. 그러던 어느 날 갑자기 경찰 4명이 와서 약과 의사증을 몰수하고 수갑을 채워 경찰서로 데려갔다. 허가 없이 의사증을 함부로 걸고 환자를 치료할 수 없다는 것이다.

> 내 한국에서 와서 아픈 사람들에게 무료 침을 놔줬다구. 돈을 아이 받구. 집에 중국의 의사증을 걸어놓았거든. 환자들이 의심하지 말라고. 그랜데 누기 신고를 했다고. 이 부근 병원 의사가 했겠지. 경찰이 4명이 들어와서 내 침을 놓는데 올라온 걸음에 그냥 수갑을 척 채우구 의사증 빼앗아가고 약을 다 몰수하구 그랬거든. 지금두 해결 안 됐어. 한국 사람들이 중국 사람을 만만디(느리다)라 해두 한국 사람들이 더 만만디라구. 첫날에 가서 돈을 받는 가구 그래 돈을 받는 게 없다구. 이런 침을 또 못 놓는다 게지. 법률적으로 허락된 침만 놓을 수 있다구. 그게 어떤 침인지. 그리구 철창에 가둬 넣구…… 책두 다 가져가구 부황 따는 것도 한국에서 산 것이오. 참 의사라는 것은 나라가 없다고. 중국에서는 다른 나라 의사들이 병을 치료해두 일없는데 한국이 이랜다구. 다른 것보다 의사증이 한국계 아이라는 게지. 그래서 또 법원에 가서 판결 받으라고, 그래서 12월 30일에 한국의료법을 위반하고 의사증이 없고 2년 판결 받고 200만 벌금 해야 된대(조권영).

이러한 의학에 대한 인식 간의 차이도 역시 조권영 씨에게 의학의 '보편성'을 무시한 한국의 '특수성'으로 간주되면서, 경찰서의 제지에도 불구하고 자신의 중의 무료봉사를 계속 진행하고 있다.

이와 같은 사례는 두 개의 상이한 사회적 구조 속에서 형성된 전통문화와 규범은 결국 수렴될 수 없는 경계를 형성하며, 보편주의와 특수주의의 갈등과 충돌의 형태로서 두 집단 간 경계를 지속해감을 알 수 있다.

2) 사회적 차원

(1) 신분적 차이

2007년 방문취업제도를 실시하기 이전까지 거의 대부분의 조선족들에게는 불법체류의 경험이 있다. 왜냐하면, 브로커를 통하여 각종 비자로 한국으로 입국한 조선족들은 체류기간이 지나도 중국으로 돌아가지 않고, 한국에서 불법체류자로 살아갔기 때문이다. 그러할 경우, 그들에게는 한 사회를 이루는 구성원으로서의 신분은 존재하지 않는다. 사회적 존재로서의 정당성과 불법성은 마침 그 사회에서 경계를 형성하는 가장 선명한 선이 되었다. 이러한 한국인들과는 비교되는 신분적 차이에 직면하여 조선족들은 '인정받기 위해' 더 열심히 일하기도 하고, '증오하고, 싸움하고, 고소하기도 하고', 또 많은 조선족들은 '한국인과의 접촉을 거부'한다.

우선, 일부 조선족들은 불법체류자로 있으면서도 자신들을 무시하는 한국인들의 태도를 변화시키기 위해 건설현장에서 더욱 열심히 일을 한다. 박용문 씨는 한국에 금방 입국했을 때, 가장 큰 어려움이 있었다면 어떠한 것인가에 대한 질문에 자신의 정체성을 찾지 못했던 일이 가장 기억에 남는다고 말해주었다.

······내 자신의 정체성을 못 찾겠더라구······ 옛날에 노가다를 할

때인데, 그때 나는 제일 기억에 남아. 그 멀리 가야 하는데, 그때는 연락처도 없고 삐삐 하나만 가지고 다닐 때야. 그래서 이제 목심이라는 게 천정을 할 때 박는 거요. 나무를. 박아놓고 콩크리트를 확 치고 또 한 개 치고 올라가면은 더 이상 뭐 어떻게 작업을 못 하니까 나무를 박아나야 나중에 천정이 작업을 할 때 그 나무에다 못을 박아가지고 천정을 박아야 될 거 아니야. 콩크리트 확 쳐버리면 더 이상 못 하는 작업이야. 아침에 새벽에 나갈 때는 날씨가 좋았는데 현장에 도착하고 나니까 비가 오는 거야. 내가 필요한 장비도 아무것도 없어서 비 맞으면서 눈물 코물 짜면서 박기 시작했지. 한 20, 30분 지나니까 막 눈물이 나오더라고. 내 정체성이 막 헷갈리기 시작한 거지. 왜 이 일을 하고 있어야 되는지. 내가 한국에 잠깐 왔다 가려고 했는데, 지금 이 시간 이 시점에 있어서는 내가 왜 이렇게 마음이 슬퍼야 되는지는 진짜 하염없이 울었어……(박용문).

그의 정체성 혼란은 결국은 '조선족'이라는 신분으로 이어지는 것이며, 맡은 일을 혼자서 완성하기로 결정한 이유는 한국인들의 편견과 무시를 없애고 '조선족'으로서 인정을 받기 위해서이다. 이러한 그들의 대응방식은 구조적 제약과 사회적 차별의 질서 속에서 조선족들이 '조선족'으로서의 가치를 인정받기 위한 일상적인 실천이라고 할 수 있다.

그렇죠. 동포들을 일을 시켜놓으면 일을 제대로 하냐, 이런 소리 많이 하거든. 또 그런 걸 더럽힐 수도 없고. 안 하고 말아도 되는데 해놓고 가면서 나 혼자 컨트롤을 못 한 거지. 조선족으로서 인정받기 위해서 한 거지. 아니면 내가 그 방황을 할 이유가 없었죠. 내가 싫으면 안 하면 되잖아요. 참 일을 하면은 똑같은 일을 해도 벽돌을 이렇게 세우는 것도 한국 사람이 넘쳐놓으면 왜 이걸 넘쳐놓았냐 그러잖아요. 중국 동포가 넘쳐놓으면 중국새끼들이 그랬다고 하거든. 사람들이 그때 엄청 무시당했어. 그것도 대놓고. 중국새끼들, 중국새끼들 그랬었거든. 지금은 교포, 교포. 지금 교포 소리를 들어도 기분이 나쁘잖아요. 그때 교포가 어디 있어. 중국새끼들, 중국새끼들 중국놈 이랬어. 중국 애 아니야 이러는 거야. 그런 것 때문에 더 잘해야겠다고 생각했지(박용문).

다음으로, 신분의 불법성 때문에 겪은 임금체불, 사기피해 등 경험들은 어쩔 수 없이 한국인에 대한 조선족들의 증오로 환원된다. 또한 일부 조선족들은 임금체불 같은 문제를 관련 부문에 고소하는 방식으로 해결하기도 한다. 건설현장과 사적 공간이 분리되지 않았던 '집 없음'의 경험에 더불어, 임금체불은 대부분 조선족들의 보편적 경험이다. 신분의 불법성 때문에 임금체불이라 해도 신고를 할 수가 없었고, 다른 방법으로도 도저히 해결을 할 수가 없었던 안타까움이 태길성 씨에게는 한국인과 한국 사회에 대한 증오로 환원되고 말았다.

> 한 인민폐 10만 원은 못 받았소. 그때 당시. 우리 달아난 것두 그때 회사 다닐 때 월급이 고작 80만 원인데 우리를 현금 40만 원 주구 나머지는 통장에 넣어준단 말이요. 그 통장 우리를 주지두 않지. 40만 원 갖구 내 혼자 한 달 생활비루 써두 빠듯한데 언제 중국에 있는 자식을 공부시키고 그러겠는가, 그랬지 뭐. 그랜것두 아이 줍데. 뭐 줘두 기실 쓸데없지. 비밀번호를 아이 알려주는데 우리를. 그래서 우리두 살길 찾아서 회사 나왔지. 그래까니 우리 여권두 신분증이구 통장구 머이구 다 그 회사에 있었단 말이. 그냥 석 달 치 60만 원밖에 못 받았지. 그 통장 안에 돈은 그냥 수자에 불과할 뿐이지. 우리는 아무런 권력두 없지 뭐. 비밀번호두 모르구 그거 찾을 길도 없고 어쩔 수가 없었지. 지금이사 다들 한국에 있는 신분이 합법적이어서 월급을 안 주면 신고할 수 있지만 그때는 달랐지. 불법이 대서 신고할 수가 없었지. 돈을 아이 준단 말이요. 사기 치구. 한번은 안양에서 일할 때는 700만 원 몽땅 못 받은 적두 있소. 우리가 당한 것들은 이루 다 말할 수 없지……. 그때는 정말 비인간적이였소. 불법이었으니까 인권이라는 자체가 존재 아이 했소. 한마디로 증오지, 뭐(태길성).

셋째, 불법체류자 신분은 종종 한국인들에 의해 신고를 당하기도 하는데, 구조적 제약 때문에 가지게 되는 신분의 불법성과 사회적 차별 질서 속에서 일부 조선족들은 아예 한국인들과의 접촉을 거부한다. 불법적 신분이기에 예고도 없이 신고를 당하는 일은 조선족들에게 가장 최악의 일이었다. 사우나에서 때밀이 일을 하던 이미자 씨에게도 가장 힘들었던 점은 갑자기 신고당하는 일이었다. 불법체류자로 있는 동안 종종 한국인들에 의해 신고당하며 떠돌이 삶을 하게 되자, 이미자 씨는 아예 한국인들과의 접촉을 거부하고, 인적이 드문 산에 올라가 시간을 보내기도 하였다.

> 우리 같이 일하는데 한국 여자 하나에 중국 여자 둘이 있었는데 글쎄 한국 여자가 잘리게 되니까 이것들이 신고를 해가지고. 밤에 퇴근한다고 청소 다 하고 나오자 하는데, 카운터에서 낸데 전화가 온 거야. 문 앞에 경찰들이 왔다고. 그래서 내가 그 중국 언니보고 저 찜질방 안에 들어가서 숨을까 했지. 그랜게 그 언니 그 방에 들어가서 데어 죽겠니. 그럼 어디로 뛸까 했는데, 목욕탕이니까 어디 뛸 데도 없더라고. 그래도 그냥 안 나갔단 말이. 그런데 목욕탕이 퇴근했으니까 딱 우리 둘만 남은 거야. 사람 하나도 없고. 나 가지는 못하고. 참, 한국 여자들이 우리들은 안 잘리니까 괘씸해서 떡 신고를 한 거야……. 처음에는 고생도 많이 하고 스트레스도 많이 받고. 왜 처음에는 그렇게 사람이 싫은지 몰라. 산에 가니까 산이 그렇게 좋더라구. 그저 막 나무두 좋구 거기 가서 내려오기 싫재(이미애).

이와 같이 사회적 신분의 차이로 인해 집단 간 경계는 절대적 비대칭을 이룬다. 그러한 경계는 분명한 만큼 또 그렇게 쉽게 넘나들 수 있는 것이 아니다. 두 집단 구성원 간의 특정한 상호작용은 언제까지나 구조적 제약과 사회적 차별 질서가 만들어낸 결과로서, 그것은 사회적 신분의 불법성을 띤 집단으로 하여금 주류집단과의 공존을 거부하고 자신들의 집단으로 귀속하게 하기도 한다.

(2) 사회적 위치의 차이

조선족들의 사회적 존재의 불법성 때문에 생긴 경계가 어떠한 비대칭의 형태를 띨 뿐만 아니라, 그러한 한국의 위계질서 속으로 편입해 들어가는 과정들은 상이한 사회구조가 만나는 지점에서 생기는 상황적 계층화의 또 다른 형태를 띤 경계라고 할 수 있다. 이러한 경계에서 조선족들은 자신이 '조선족이라는 신분을 자각하기'도 하고, 한국 사회의 위계질서를 한국인들의 '노예의식', '생존의식'으로 인식하며 그들의 삶을 부정하기도 하고, 자신들을 대하는 '한국인들의 태도에 예민하기'도 하고 싸움으로 해결하기도 하며, 자신의 '민족적 소속감'을 상기시키기도 한다. 중요한 것은 차이에 대한 그들의 인식 및 대응방식이 나아가 '민족 정체성'에 대한 자기규정과 맞물린다는 것이다.

우선, 조선족들은 자신들이 한국 사회에서 차별을 당하고, 한국인들보다 못한 인간으로 취급되는 원인은 '못사는 나라'에서 왔기 때문이라고 생각한다. 한국의 노가다 문화는 출신국의 규범, 관념, 사고, 관습들로 인해 조선족들에게 문화적 차이로 인식되기보다는 일종의 도덕에 어긋나는 일로 해석된다. 따라서 건설현장에서 겪는 경험들을 그들은 자신들이 '못사는 나라'에서 왔기 때문이라고 인식할 뿐, 그것을 노가다 문화 속에서 생기는 자연스러운 일로 간주하지 않는다. 이는 태길성 씨와 박용문 씨의 구술에서 잘 나타난다.

오야지들은 어떤 사람들은 우리가 고생한다고 하는데, 부분적인 노가다 오야지들은 그렇지 않지. 한국 사람들두 안다구. 오야지들은 기실 한국 사회에서 최하층 밑바닥 사람들인 거. 다 그 전라도 같은 농촌에서 배운 것이 없이 서울로 올라와서 돈을 좀 벌어보겠다는 사람들이지. 그러니까 다들 소질이 낮지. 건설 현장 가게 되무 우리는 나이 좀 있는데두 한국애들은 존중할 줄 모르지 무. 자기보다 나이 든 사람들이라 해두, 그저 어이, 태씨, 이거 가져와, 저거 가져와. 어이, 태씨, 이랜단 말이요. 자기네 한국 사람들이무 그래지 않는데 태씨 아저씨 이래겠는데 중국에서 오니까 아저씨란 것두 없구. 우리는 불법이니까 그저 찍소리를 못 하구 있는 거지(태길성).

노가다 일을 하는 것도 우리는 중국에서 그런 일을 배우고 온 사람이 단 한 사람도 없을 거야, 아마도. 와서 배우게 되는 거지. 먼저 배운 사람이 선배인 거잖아. 그러면 우리가 와서 일하는 게 아니꼬운 거야. 이렇게 들면 되는 것을 우리는 저렇게 들잖아. 그러면 그렇게 안 들어도 된다고 요롭게 들어라고 잘 설명하면 되는 건데 먼저 무시부터 하는 거야. 동방예의지국이라고 자칭하는 나라이면서도 노가다에서 배운 게 모모씨, 모모씨 하는 사람들을 나는 봤거든. 자신보다 나이가 많아도 그냥 모모씨라고 그래. 일종의 노가다 문화인데 한국에 있는 문화니까 머, 한국 문화지. 다 일본에서 배운 거지. 일하는 식에서도(박용문).

둘째, 조선족들은 사회적 위계질서를 경험하는 경우가 많은데, 그들은 대부분 그러한 상황에 민감하게 반응하며, 또 분을 참지 못하여 한국인들과 충돌을 빚는 경우가 아주 많다. 그러한 현상이 가장 보편적으로 나타나는 장소가 바로 택시 안이다. 택시에 앉은 손님이 '조선족'이라는 것이 확인되면 조선족들은 택시기사에 의해 그들 자신보다 못한 인간으로 취급된다. 따라서 조선족들은 택시기사들이 조선족들을 자신보다 '못한 인간'으로 취급하는 태도에 자신의 민족적 소속감을 강하게 느낀다. 이는 최연 씨 구술에서도 잘 알 수 있다.

택시를 탔을 때, 조선족이구나 하는 걸 제일 강하게 느껴요. 택시
에 탔는데 택시 운전수가 나하고 반말을 하는 거야. 내가 술 먹고
잠깐 눈을 붙였다가 떴는데 집 쪽으로 가는 길이 옳은가고 하니
까, 내가 말투가 교포인 걸 알고 내보고 지금 가고 있잖아, 하는
거야. 그래서 내가 아저씨, 왜 반말하세요. 하니까 아저씨가 내가
언제 반말했다고 그래. 하는 거야. 그래서 내가 아저씨 지금 반말
하고 있잖아요. 하니까, 또 내가 언제 반말했다고 하는 거야. 교포
라고 업신여기고 그러는 거지. 그럴 때 조선족이라는 걸 제일 강
하게 느꼈어(최연 구술).

사회적 위계질서 속으로 편입해 들어가는 상황을 받아들이기 힘든
일부 젊은 조선족들은 그러한 상황에 맞서서 직접적인 충돌을 빚어
내기도 한다. 태길성 씨의 구술에 따르면, 자신과 함께 일했던 젊은
친구 한 명은 "너희들 나이 몇인데, 태씨라고 하느냐"라고 하면서 현
장에서 오야지들과 싸움을 하게 된다. 그리고 불법체류자이면서도 자
신의 빚을 다 갚게 된 이후부터는, 현장에서 한국인 노가다들과 불찰
이 생기면 아예 싸움을 하고 일을 그만두는 것이 일수이다.

셋째, 회사에 출근했던 경험이 있는 조선족들은 한국 직장에서의
위계질서를 일종의 '노예의식', '생존의식'으로 인식하며, 한국인들
의 그러한 삶의 방식을 거부한다. 임영란 씨의 경우가 바로 그러하
다. 그는 한국 직장에서의 위계질서에 따른 한국인들의 삶의 방식을
조선족(우리)의 삶과 구분 지으면서 그들의 삶의 방식을 전면적으로
부정한다.

한국 사람들은 노비의식이 강한 같애. 나는 니 위에 있으니까 너
를 개처럼 소처럼 부려두 된다는 이런 노예의식 말이요. 그것도
일종 생존의식이겠지. 그리고 다른 사람한테 밀릴가 봐 아득바득
애를 쓰면서 자신을 나타내려고 하고, 뒤에서 수군수군하면서 한

사람을 궁지에 몰아넣고. 이 사람들이 즐겨 하는 일인 것 같애. 우
리는 그렇지 않잖아. 이런 사회에서 살라고 하면 미칠 것 같애(임
영란 구술).

넷째, 민족적 신분을 둘러싼 위계질서의 확립은 중국어 교육을 둘
러싼 사회적 분위기와 함께 중국어 구사능력에 따라 그 상황이 또한
달라진다. 앞에서도 언급했듯이, 많은 젊은 조선족들은 공공장소에
서 중국어로 대화를 하는데, 그들 자신도 한국인에 의해 중국인(한
족)과 조선족의 서열이 매겨지고 있음을 인지하고 있기 때문이다.
차순미 씨는 민족적 신분에 관계없이 통역을 잘하면 높이 평가하는
태도에 의해 자신이 완전한 중국인(한족)이 아닌 '조선족'임을 상기
하게 된다.

차별받거나 그런 경험은 없어요. 교수들이나 한국인들이 오히려
통역 같은 거는 우리가 더 잘하고 하니까 차별하거나 하지는 않고
더욱 높이 평가를 해요. 그러나 이것도 일종 차별이겠죠. 그냥 조
선족이라면 또 그렇게 안 대했겠죠. 제가 사는 그쪽 켠에는 중국
인들이 많은데 그런 차별받고 그러는 일은 없어요(차순미 구술).

한국 사회에서 조선족 노동자들만이 하층계급의 계급구조에 편입
됨을 경험하는 것이 아니라, 조선족 집단 전체가 한국인들의 신분적
위계의식에 따라 사회의 위계질서의 구조 속으로 편입해 들어감을
느끼게 된다. 계급의식과 위계의식이 거의 존재하지 않았던 조선족
들에게 한국에서 겪는 사회적 위계질서는 상호작용을 통한 상황적
계층화의 경계를 형성하고 있을 뿐, 그러한 경계가 내면으로부터 이
미 형성되어 있었던 것은 아니다.

그러한 사회적 위계적 질서는 일종의 상황적 계층화의 형태를 띠면서 그 속으로 편입해 들어가는 행위 주체들의 이동하는 규범, 관념, 사고, 관습들에 의해 일종의 단순한 경계가 아닌, 경계 양쪽의 대상에 대한 상호 부정적 경합의 경계 형태를 형성시킨다. 중요한 것은 그러한 경계 또한 본유의 상태를 유지하는 것이 아니라, 항상 거기에 편입해 들어가는 행위 주체들의 민족적 소속감을 상기시키는 촉매제로 작용하게 되는 구조로 존속해간다는 것이다.

(3) 민족적 관념의 차이

서로가 '같은 민족'일 것이라고 믿었던 상상은 깨지고, 민족적 관념의 차이가 수면 위에 드러남에 따라 조선족들은 자신들의 조상, 영웅, 과거의 고난 등 역사적 사실을 발굴하고자 하며, '조선족'으로서의 자긍심을 가지기도 하고, 자신들의 존재 가치를 찾고자 하며, 구조적 제약과 사회적 차별의 부당성을 보여주기 위한 근거를 한반도의 민족적 수난의 역사에서 찾고자 한다. 민족적 관념의 차이는, 즉 민족 관념의 단절과 괴리는 조선족 집단과 한국인 집단 간의 경계를 또 다른 형태의 것으로 존속해가게 하는 원천이다. 두 집단 간의 민족적 상상의 불일치는 집단 간 경계를 항상 모호하게 하기도 하고 모호한 것만큼 또 분명해지도록 하게 한다.

우선, 조선족들은 민족적 관념의 차이에 직면하여 자신들의 존재의 정당성을 확보하기 위한 수단으로 민족역사를 동원한다. 그들의 관념 속에 있는 민족의 조상, 영웅, 과거의 고난 등은 한국인 집단의 민족적 관념과 괴리를 이루면서 그 자체로서 차이를 재생산시킨다.

그렇다면, 조선족들의 민족 관념에 대해 살펴보도록 하자. 그들에게 '단군'의 후예라는 민족의 뿌리는 중요하지 않다. 오히려 '염황자손'의 후예라는 민족 관념이 형성되어 있었다. 김국철 씨의 다음과 같은 구술에서 그러한 사실을 확인할 수 있다.

> 인터넷을 접촉하면서 그 중국에 예전에 유학생 카페가 하나 있었어요. 카페에 보면은 한국 사람과 중국의 유학생들이 중국의 조선족들이 맨날 싸워요. 민족성이고 정체성이고 이런 데 대해서. 엄청 싸웠어요. 카페도 너무 그래가지고 폐쇄됐어요. 그 싸움 중에서 그런 걸 많이 느꼈지. 중국에 있을 때도 우리가 무슨 단군의 후손들이고 뭐 우리 부모들은 그런 걸 그렇게 교육을 안 시켜줬어요. 학교에서도 우리는 그냥 중국의 염황자손이다, 그렇게 그것만 배웠지. 그런데 한국에서 인터넷을 접촉하면서 싸우면서 아~ 단군의 후손이다, 백의민족이고 우리의 뿌리는 여기에 있다라는 걸 더욱 느낀 거야. 아~ 우리 민족이 한민족이다라는 걸 더 느낀 거죠(김국철).

또한 조선족들에게 조상은 동북에 이주하여 땅을 개간하고 삶의 터전을 만든 조선인이다. 그들에게 조선족은 3.1운동, 항일운동의 주체자로서 중국에서 벼농사와 항일운동을 성공시킨 훌륭한 민족이었다. 한희애 씨의 구술에서 조선족들은 중국에서 성공적으로 정착해온 자신들의 조상들에 대해 자부심을 느낄 뿐만 아니라, 한민족이 아닌 '조선족'으로서의 민족적 신분에 대해 아주 큰 자긍심을 가지고 있음을 알 수 있다.

> 저는 우리를 조선족이라고 부르는 게 참 좋아요. 저는 그거 굉장히 자부심을 느껴요. 어떤 사람들이 그렇지만, 조선족이 왜냐하면 자부심을 느끼는가면, 조상들이 중국에 가서 이래저래 이리저리 한 거 뭐 용정 3.1운동도 하고, 항일운동도 하고 뭐 다 하다가 그

리고 벼농사도 성공시키고 문화대혁명하기 전에는 중국에 조선족이 소수민족 중에서 제일 작은 민족이에요. 벼농사를 알길래 제일 잘 살았어요. 그리고 우리 조상들이 중국 땅에 가서 항일운동을 성공시켰어요. 길림성 항일 열사 중에 96%가 조선족입니다. 우리 조상들이(한희애 구술).

박용문 씨 역시 중국 동북에서 뿌리내린 사람들을 "우리의 조상"으로 여기고 있으며, 역사적으로 형성된 조선족들은 "중국에서도 억압받아 왔고 한국에서도 억압받는 민족"으로 인식하고 있다.

우리 조상들이 옛날에 먼 곳으로 중국 동북에 와서 투쟁하고 씨를 뿌리고 삶을 터전을 만들었고 그렇게 살면서 중국 땅에서 억압받아 왔고, 지금은 중국이라는 못사는 나라에서 왔다고 한국에서 억압을 받으면서 살아가고. 어디에서나 억압을 받아왔지. 우리는 60년대에 더욱 좋은 삶을 위해 미국이나 유럽에 갔던 사람들하고는 살아온 역사가 다르잖아. 그들이 지금 한국에 왔다면 놀러 잠깐 다녀갈 수 있게 비자도 내주고 그러잖아. 우리는 재외동포법에서도 제외됐고. 지금 대림 분위기도 사람들이 그래 표출하고 싶은 거야. 술 마시고 소리도 한번 쳐보고 싶고, 발로 어디를 한번 차보고 싶고. 다 역사가 그렇게 하도록 만든 거야(박용문).

그뿐만 아니라, 조선족들은 자신들이 동북지역에서의 독립운동가의 후예임에도 불구하고, 현재 한국에서 사람 취급 받지 못하고 있는 3등 민족으로 취급당하는 이유를 되묻는다. 이러한 구술에서 조선족들은 독립운동을 한 조선인들의 후예라는 그들의 조상에 대한 인식을 알 수 있다.

우리 다 그 피 흘린 독립군들의 후손들인데 여기 와가지고 사람 취급 못 받고 괄시 받고. 그때는 일본 사람이 1등 민족, 조선인이 2등 민족, 한족이 3등 민족, 근데 여기는 자기네 한국 애들이 1등,

유럽이나 미국에서 온 애들이 2등 민족, 중국이나 러시아에서 온
애들은 3등 민족 취급받잖아(황영국).

그리고 조선족들에게 민족 영웅은 이순신, 안중근 같은 인물이 아
니라 바로 주덕해였다. 주경국 씨는 연변조선족자치주를 창립한 주
덕해를 민족의 영웅으로 여기면서 해방전쟁과 나라건설을 위해 목
숨을 바친 조선족 무명영웅들이 수없이 많음을 자랑한다. 그리고
'우리나라'와 '민족'을 위해 '목숨을 바쳤다'라는 주경국 씨의 구술
에서 알 수 있듯이, 그의 민족적 소속감은 이미 중국에서 정착하고
국가건설을 위해 목숨을 바친 '조선족'인 것이다.

조선족 자치주를 누가 만들었는지 알아요. 주덕해라는 사람이 우
리 조선족들에게는 영웅이요. 그렇게 먹고살기 힘들고…… 그 혁
명한 사람들이 얼마나 많아. 해방전쟁, 나라건설 목숨 바친 사람들
이 얼마나 많아…… 무명영웅들이 수없이 많아. 다 우리나라를 위
해, 민족을 위해 싸운 사람들이. 요즘 시대에 남들보다 더 잘 살아
보려고, 한국에 왔지. 중국에서 굶어죽을 상황은 아니잖아(주경국).

현지조사에서 만난 대부분의 조선족들은 거의 모두 같은 생각들
이며, 특히 조선족 남성이고 연령대가 높을수록 이러한 민족 관념이
더욱 강하게 나타난다. 그렇다면, 아래에서는 이러한 그들의 민족적
상상이 어떻게 조선족들에 대한 한국인들의 집단적 규정과 불일치
를 이루면서 관념적 형태의 경계를 형성하는지를 살펴보도록 하자.
조선족들의 민족적 상상과 동원에 의한 경계의 구축만이 아니라,
한국인이 조선족이라는 집단에 대한 상정은 조선족의 민족적 상상
과 경합하면서 경계를 구축한다. 여기서 조선족 집단에 대한 한국인

들의 규정 또한 단일하지는 않다. 한국인들의 연령과 성에 따라 조선족을 바라보는 그들의 시선은 다양하다.

70대 할아버지 한 분은 조선족들이 중국이 잘살 때 중국으로 갔다가, 지금 한국이 잘살게 되니까 한국으로 와서 이곳을 엉망으로 만들어놓은 장본인으로 간주하고 있다. 구술에서 알 수 있듯이, 할아버지는 조선족을 완전한 외국인으로는 생각하지는 않지만, 현재 조선족들을 역사 속의 조선인 그 자체로 보고 있으며, 중국에서 태어나서 상당히 다른 배경을 가지고 성장해온 집단이라는 사실을 무시하고 있었다.

> 이곳이 조선족들 때문에 완전 개판이 됐어. 우리는 철새라고 하잖아. 못살 때 허리띠를 졸라매고 일하고 그렇게 살았는데 자기네들은 못살 때는 잘사는 중국으로 가고 지금 한국이 잘 사니까 이곳에 와서 개판을 치는 거야. 여기 와서 개판을 치고 말이야. 싸가지 없는 것들이. 이제 조선족들을 보면 좀 말해주세요. 좀 예의를 지키면서 살라고(70대, 남성 구술).

50대 중장년 남성은 '조선족'을 '같은 뿌리'의 외국인으로 보고 있다. 그에게 있어 조선족은 한국에 기대를 하지 말아야 할 존재이며, 한국이 자신들의 조국이기에 잘해줄 것이라는 기대를 하는 자체가 환상이라고 생각하고 있다. 그는 서로 다른 배경을 가지고 살아온 한국인과 조선족들을 다른 부류의 집단으로 생각하고 있으며, 조선족들은 한국으로의 이주를 모국으로의 역이주로 생각할 것이 아니라 한국인들이 미국과 같은 외국에 이주하여 새로운 삶을 개척하는 것과 마찬가지의 태도를 가지고 한국에서 일해야 한다는 것이다.

저는 조선족과 한국인은 같은 어떤 민족의 뿌리는 있지만, 제 생
각에는 국적이 다른 나라 사람이라고 생각해요. 조선족 같은 경우
는 한국말을 하는 중국 사람이라고 생각해요. 완전히 국적이 다른
사람들이라고 생각해요. 자라온 환경이 다 틀리잖아요. 같은 민족
이라도, 자란 환경이 틀리고 하니까 나름대로 그 나라의 생활습관
에 따라서 쭉 커왔고, 생김생김이 같고 말은 같이 쓰더라도 서로
간에 틀리니까 똑같이 생각해서는 안 된다, 저는 그렇게 생각해요.
그리고 조선족 사람들도 한국에 와서 아, 우리 이거 모국이다, 큰
기대를 와가지고 그리고 그 기대에 못 미치면 성난 감정이 많을
거란 말이죠. 오히려 그런 생각을 안 가지고 우리가 외국에 이민
가서 살듯이…… 외국에 나가지고 내가 어떤 그런 다른 삶을 가져
보고자 하는 그런 자세로 임해야지 내 조국이다, 그래 여기 가면
모든 것이 잘 될 것이다, 모든 게 나한테 다 잘해줄 것이다, 그러
면 환상이라는 거죠(50대, 중년 남성 구술).

이러한 사례는 조선족들을 역사 속의 조선인 그 자체로 보는 70
대 할아버지 사례와는 달리, 조선족 집단과 한국인 집단은 서로 다
른 사회적 배경하에서 살아온 집단임을 강조함과 동시에, 민족적인
것보다도 국가적 경계에 의해 조선족을 서로 다른 국가 정체성을 가
진 집단으로 규정하고 있음을 말해준다.

조선족들을 외국인으로 규정하는 위의 사례와는 달리, 40대 한국
인 여성은 조선족을 같은 핏줄의 국민으로 간주하며, 조선족들은 한
국을 자신의 나라라고 여기며 살아야 한다고 주장한다. 이는 조선족
을 동포로서 인정하는 입장으로서 그에게 조선족들은 한국이 품어
야 할 존재임과 동시에 한국인과 똑같은 한국의 국민이다.

조선족들은 한이 많은 같애. 자기 나라가 없이 이렇게 떠돌고 있
잖아. 그래서 한이 많은 같애. 어쩌겠어. 우리가 품어야지. 우리도
예전에 못살 때는 미국이랑 다른 나라에 나가서 살면서 그들이
안 하는 험한 일들을 하고 그러잖아. 그러면서 무시도 많이 당하

고 그랬지. 지금 조선족들도 똑같이 우리나라에 와서 우리나라 사람들이 안 하는 일들을 하고 그러잖아. 그런데 서로 다른 배경을 가지고 살았기 때문에 충돌이 있을 수밖에 없어. 그런데 적은 사람들 때문에 이미지가 나빠지는 거야. 그래도 우리가 품어야지 어쩌겠어. 다 우리 핏줄을 가지고 태어난 후손들인데. 우리가 품어야지. 그렇다고 나라가 외면하고 그러면 안 되지. 다 같은 국민인데. 그러니까 조선족들도 한국을 자기 나라라고 생각하고 살아야 돼. 시간이 지나면 갈등들이 없어지고 괜찮아질 거야(40대, 중년 여성 구술).

둘째, 조선족들은 민족적 관념의 차이에 직면하여 자신들에 대한 차별적 대우의 부당성을 한반도 민족적 수난의 역사에서 찾고자 한다. 김자영 씨에게 조선족들의 동북 이주의 원인은 일제하 조선의 민족적 수난의 역사에서 찾아야 하며, 현재 조선족들이 강제 출국되고 불법체류의 신분으로 한국에서 살아가는 현실을 북한의 정치적 난민으로서의 법적 지위와 비교하면서, 조선족에 대한 구조적 제약의 부당성을 찾고자 한다.

그냥 예전에 일본이 조선반도를 침략했고 나라를 제 구실을 못해서 백성을 밖에 내몰았던 거잖아요. 우리 조상들은 살길이 없어서 제 고향을 등지고 중국으로 이주했잖아. 나라를 제 구실 못해서 제 백성들이 밖으로 내몰았는데 그 백성 후손들이 글쎄 북조선은 엄격히 단속하니까 못 들어가는 게구 다시 제 조상들의 나라로 들어오겠단데 왜 그걸 밖에 내몰고 강제출국시키구 불법체류로 만들고 그러는지 몰겠어요. 도대체 어느 나라가 그런 법이 있는지 모르겠단 말입니다(김자영 구술).

이와 같이 '같은 핏줄', '같은 민족이지만 외국인', '우리 핏줄의 후손이자 한국인과 같은 국민' 등 조선족에 대한 상이한 인식들은

'조선족' 집단 정체성은 집단 외부에 의해 합의된 것이 아니며, 조선족 집단과 한국인 집단의 경계는 두 집단 간의 상충되는 민족 관념의 불일치에 의해 구축되는 것이라고 할 수 있다. 또한 역사적으로 형성된 두 집단이 경합하는 나·타자에 대한 상상은 서로를 부정하는 측면을 강조하게 되는데, 그것은 아이러니하게도 민족적 신분의 정당성을 찾는 논리로 이용될 뿐만 아니라, 조선족들의 '조선족' 집단으로서 귀속을 불러일으키는 작용을 한다.

3) 국가적 차원

(1) 체제인식의 차이

조선족 집단과 한국인들의 체제인식의 차이는 국가 이데올로기적 확산 형태의 국가적 경계를 형성한다고 할 수 있다. 체제인식의 차이에 직면하여 조선족들은 '체제의 우열을 매기기'도 하고, '자신들의 이타주의를 칭찬하기'도 하며, '한국인과 다름을 보여주기'도 한다.

집단 간 차이와 경계의 형성에 대한 설명은 한반도 분단의 역사에 대한 해석이 없이는 그 설명이 불가능할 것이다. 일제의 투항과 함께 진행된 한반도의 분단은 제2차 세계대전의 종결에 따른 미·소를 중심으로 한 세계질서 재편과정의 일환이었다. 제2차 세계대전을 통해 드러난 파시스트 대 반파시스트의 국제정치의 구도는 미·소를 중심으로 하는 자본주의 대 사회주의 진영 간의 재편과정으로 전환되었다. 그러한 과정에서 "자유진영의 주도국인 미국과 공산진영의 맹주인 소련은 상호 대립 진영에 대해 '악의 세력'으로 비난하였고, 스스로는 '선의 세력'으로 자처하며 진영 간 대립을 첨예화시켰다"(성유보, 1984: 148). 이러한 외적인 냉전논리가 한반도 민족 내부세력 간 갈등과 맞물리면서 그에 조응하는 사회세력의 장악으로 나타나며 한국 사회에 내재화되었고, 그러한 내재화 과정은 "분단의식이 형성될 수 있는 상황적 조건을 이루게 했다"(김진균·조희연, 1985: 414). "따라서 "외적 요소인 미국의 의도와 결부된 남한 내 지배세력의 형성은 그들의 성격에 의해 반공 지배 이데올로기화 과정을 촉진시킨 것이다"(김혜진, 1989: 24).

이에 반해, 공산진영에 속해 있던 중국에서는 공산주의 이데올로기가 확산되기 시작했고, 중국의 소수민족의 하나인 조선족들은 "중국공산당이 없으면 새 중국이 없다"는 공산당 찬양의 분위기 속에서 사회주의국가 이데올로기가 자리 잡기 시작했다. 사회주의 제도와 자본주의 제도에 대한 비교는 무조건 자본주의 제도에 대한 비판과 부정으로 나타났고, 자본주의 제도의 작동논리는 자본가가 피고용주를 착취하여 창출한 잉여가치가 더 큰 자본을 생성시킴으로써 자본주의 제도하에서 인간은 항상 착취의 대상이라는 것이다.

이러한 역사적 배경 속에서 살아왔던 두 집단 간의 만남이 시공간에서의 이데올로기의 확산을 통해 국가적 경계를 형성하는 것은 결코 우연이 아니었다. 그것은 어느 정도의 필연성을 띠게 되는데, 한국인 집단과 조선족 집단의 체제에 대한 인식의 차이는 한국인들에게 조선족들은 빨갱이 나라에서 온 인간들로 취급되고, 조선족들에게 한국인들은 자본주의국가의 착취의 장본인들로 취급되는 역사적 현재성에서 드러난다. 2011년도에 한국에 입국한 천산 씨는 한국 사회에서 북한말을 하는 사람들이 잡혀갔던 시대가 있었기 때문에 연변말투를 사용하면 안 된다는 한국인의 농담에 순간적으로 놀라움을 금치 못한다.

> 한번은 친구 형님 같이 저녁 먹으러 갔는데, 그 장소에서 그 형님
> 이 애인을 불었어. 한국 여자야. 근데 내가 연변말을 하니 나보고
> 여기서 그렇게 말하면 잡혀가요, 하는 거 있지. 한국에 온 지 며칠
> 밖에 안 됐는데, 그 말을 듣고 너무 격분했어. 왜 연변말을 하는데
> 한국에서 잡혀가냐구 했더니 한국에서 예전에는 북조선 사람처럼
> 보이면 다 잡아갔다는 거야(천산).

우선, 이러한 차이에 직면하여 조선족들은 '체제의 우열을 매기면
서' 사회주의국가의 우월성을 찬양한다. 조선족 연합회 운영위원 한
희애 씨는 한국인들과의 갈등을 체제의 차이로 해석하고 있다. 돈밖
에 모르고 자본을 중심으로 돌아가는 자본주의는 뿌리부터 잘못되
고 삐뚤어진 것이고, 사회주의는 뿌리가 정확하고 튼튼한 것이기에
자본주의 나라에서 사회적 문제를 해결하고자 하는 행위들은 모두
자본주의 폐단을 극복하고자 하는 행위들이며, 사회주의야말로 발전
중에서 진보한다는 논리로 체제의 우열을 매긴다.

> 그런데 한국 사람이 본질이 그래서 나빠서 그런 것보다 이 국가체
> 제와 관계되지 않겠는가. 자본주의 몇 개 요소가 있겠죠. 자본주
> 의란 무엇이고, 사회주의란 무엇인지. 우리가 옛날에 배울 적에는
> 자본주의는 원래부터 뿌리부터 잘못된 거예요. 돈밖에 모르고 자
> 본을 위주로 하잖아요. 거기에 사람 의식 형태가 중요한 것이 아
> 니라 돈이 중요한 거죠. 그래서 자본주의 폐단은 그 뿌리가 워낙
> 잘못됐기 때문에 뿌리가 원래 삐뚤었단 말이에요. 그런데 그것두
> 자본주의국가를 운영하다 보니까 문제가 자꾸 생기니까 민주화
> 운동도 있고 데모도 하구 이래잖아요. 그건 뭐냐면 어떻게 하나
> 고쳐서 좋은 방향으로 나가자는 거죠. 그런데 사회주의는 기본강
> 령부터 뿌리부터 튼튼해요. 정확한 거죠. 하지만 발전과정에서 해
> 충들이 있는 것들은 제거하구 그런 거지(한희애).

‘체제에 대한 우열 매기기’는 두 집단 간의 일상적 상호작용의 현실 속에서도 드러난다. 이주 초기 불법체류 신분으로 한국에서 살아갈 당시, 임금체불과 사기피해는 대부분 조선족들의 가장 보편적인 경험 중의 하나였다. 그러한 경험들이 단지 타향에서의 경험으로만 존재할 때에는 집단 간의 국가적 경계가 구축되지 않지만, 조선족들에게 체제에 대한 우열이 매겨질 때에는 반드시 이데올로기 확산적 형태의 경계가 구축되는 것이다.

　조선족들은 자신들이 임금체불, 사기피해 등을 당할 수밖에 없는 이유를 “사회주의국가에서 온 사람들이므로 이기적인 자본주의사회 사람들에 비하면 너무 순진하기 때문”으로 돌린다. 이해타산이 확실한 한국인에 비하면 그들은 “자신들이 너무 남을 쉽게 믿기 때문에 사기를 당하는 것이고, 임금체불이 돼도 설마 사장이 그렇게 양심이 없으랴라는 기대 속에서 계속 일하다 보면 나중에는 더 많은 돈을 한 푼도 못 받고 나온다는 것이다.” 그들은 이 모든 것들을 자신들의 순진함 때문이라고 자책한다. 따라서 자본주의 나라 사람들은 하나도 믿을 게 없다고 생각하면서 자신이 살아왔던 사회주의국가를 치하한다.

　둘째, 그들은 또한 자본주의국가에서 살아온 한국인들의 이기주의를 비난하며 ‘자신들의 이타주의를 칭찬하기’도 한다. 임금체불, 사기피해라는 사회적 현상에 있어서의 국가적 이데올로기적 확산 외에도 파출부로 일하는 조선족 여성들의 가정부 주인 혹은 식당 주인과의 상호작용 속에서의 경험들도 역시 그러한 국가적 이데올로기를 동원한 설명을 피해갈 수 없다. 아래 사례에서 알 수 있듯이, 남석희 씨는 먹을 것을 “안 주고 또 못 주는” 가정부 주인인 ‘음식깍쟁이’와의 충돌을 겪게 된다. 먹을 것도 잘 안 주고 스스로 사먹으려고 해도 안 된다고 하는 집에서 도저히 먹지 못해 힘이 빠져서 그는 결국 그 집을 그만두고 부잣집에 들어가게 된다. 부잣집에 들어간 남석희 씨는 주인이 강낭콩이나 고기가 비싸서 못 준다고 하는 부잣집 주인 할머니 때문에 다른 밥솥에 따로 자기의 밥을 해먹게 된다.

> ……머 아이 주는 거야. 먹을 거 안 주는 거야. 잘사는 집인데, 냉장고가 큰 게 두 개인데. 맛이 없는 거 이쪽 냉장고에 넣은 거 그거 나를 먹어라 하구 좋은 거는 다 저쪽 냉장고에 넣구 그 사람들이 먹구. 나두 먹어야 애를 보지. 힘이 없으니까 먹지 못하니까. 그래서 내 절로 내 돈으로 야채라도 좀 사먹게 애기를 잠깐이라도 봐달라고 하니까 친정어머니가 월급은 주는데 그 친정어머니가 안 된대. 내 이렇게 벌어서 뭐 하겠느냐 하구 직업소개소에 전화를 하니까 그럼 오라구. 나까지 9번째 들어갔다는 거야. 그리구 한번은 내가 완전 대재벌 집에 가서 일했는데 그 할머니는 완전 깍쟁이야. 그 할머니는 무엇이나 그저 혼자 먹어요. 혼자. 이거는 비싼 건데, 어디서 택배로 보내온 건데 설명을 하면서 안 줘. 마지막에 썩게 되면 아줌마, 아줌마두 먹어 하는 거야. 안 먹어요. 난 썩은 거는 안 먹어요. 먹던 밥도 나를 먹으라고. 음식도 먹다 나머지를 나를 먹으라고. 내가 머 쓰레기를 정리하는 사람인가 해요. 나는 굶으면 굶지 안 먹습니다. 있잖아. 밥을 하면은 여기서는 강낭콩이라잖아. 강낭콩이 비싸잖아. 그것두 아줌마 못 주겠대. 비싼 거라서. 고기도 비싼 거라서 아줌마 못 주겠대. 그래서 강낭콩 그럼 어떻게 해요, 그게 한 밥솥에서 콩이 내 밥그릇에 안 오게 할 수는 없잖아. 그러면 할머니 밥솥 하나 있어요, 하니까 있대. 그러니까 딴 데다가 밥을 따로 끓여 먹지(남석희).

이러한 경험을 하면서 남석희 씨는 그들한테 자신은 그들처럼 '이기적'이지 않음을 재삼 나타내고자 한다. 사회주의국가에서 온 자신의 이타주의를 보여주려고 하는 행위인 것이다. 그는 자신이 사온

인절미를 냉동해뒀는데, 냉장고에 자리가 없다고 화를 내는 주인 할머니한테 '자신은 먹을 것이 있으면 혼자 먹지 않고 같이 나누어서 먹는 사람'이라면서, 드시고 싶을 때 마음대로 드시라고 한다. 그러면서 남석희 씨는 이러한 갈등들을 모택동 시기에 '향수는 타인에게, 힘든 일은 자신에게'라는 교육을 받으면서 자라왔던 사회주의국가의 '이타주의'를 치하한다.

> 한번은 떡을 여러 가지 사와서 첫날에는 할머니보구 드셔보라구 했다구. 그리구 나머지 있으니까 냉동했는데 내가 그걸 덥혀서 먹을 사이가 없으니까 할머니가 머 혼자서 먹으면 얼마나 먹는다고 많이 사서 냉장고에 자리도 없는데 하더라고. 그래서 내가 할머니보구 내가 말했잖아요. 거기다가 넣어둔 거니까 할머니 잡숫고 싶을 때 가져다가 잡수라구. 나는 그렇지 않아요. 어찌나 물건이 있으면 같이 잡수어야 속에서 떨어지지. 어떻게 곁에다 두고 내 혼자 먹느냐고. 나는 그런 마음이 아닙니다. 내가 꺼내서 덥혀서 먹을 때는 꼭 할머니 것까지 덥혀서 할머니한테 드립니다. 내가 없을 때도 드시고 싶으면 꺼내서 드시라고 몇 번이나 말씀드렸나요. 나는 안 그래요. 나는…… 한국에는 믿을 사람이 없어. 다시 말하면 우리는 모택동 시대니까 남녀노소 너나없이 잘살고 못살고 남녀평등을 만들었잖아. 향수는 타인에게, 좋은 일은 타인에게 맡기고 나쁜 거는 자기가 해야 된다, 우리 이렇게 학습하고·단련되어 왔잖아. 청년 때부터. 여기는 자본주의국가는 그게 아니야. 우선은 나. 자본주의국가 사람들이 에누리 없지 머(남석희).

이와 같이 조선족들의 직장과 일상에서의 체험들은 그들로 하여금 자신이 살아왔던 사회주의국가에서의 사회적 삶과의 차이를 상기시키는 계기가 되었다. 또한 한국인과의 상호작용 속에서 생기는 갈등은 종종 사회주의 체제와 자본주의 체제에서 살아가는 사람들의 '다름'이라는 2분법적인 틀로 해석되는 과정 속에서 이데올로기

확산적 경계를 형성하면서 그들의 국가적 귀속을 강화시키는 데 일조한다.

(2) 불평등 인지

조선족들은 한국 정부가 1999년에 제정한 '재외동포법'에서 제외됨으로써, 2007년 방문취업제 실시 이전까지 거의 대부분이 불법체류자의 신분으로 한국에서 살아갔다. 그들의 법적 지위는 기타 나라에서 온 이주노동자들과 똑같은 '외국인'이며, 미국과 일본 등 선진국 출신의 '동포'와는 구별되는 출입국과 체류 자격이 엄격히 제한된 '동포'였다. 이러한 차별적 대우에 직면하여 조선족들은 자신들에 대한 한국 정부의 정책을 일종의 쉽게 제정되고 쉽게 변화되는 불평등 정책이라고 인식하면서 자신들이 살아왔던 '중국의 소수민족정책을 치하'하며, '삶의 권리를 찾아 동포법 개정운동에 참가'하기도 하고, 한국인들의 '자민족중심주의'를 비판하기도 한다.

그렇다면 재한 조선족 단체장과 회원들의 불평등 인지는 어떻게 형성되는가. 조선족 연합회 운영위원 한희애는 한중 수교 20년이 지난 현재, 한국 정부는 '우리가 우리의 핏줄인 조선족들한테 못 해준 게 너무 많음'을 인식하고, 조선족 문제를 정시해야 할 시점에 왔음에도 불구하고, 아직까지도 민족의 혈통 문제를 제대로 해결하지 못한 정부를 비난한다. 또한 현재 시행되고 있는 기술연수제도도 결국에는 '조선족들의 피를 빨아먹는 것과 같은 것으로서, 응당 국가에서 자금을 지원하여 학원비용을 내줘야 할 사항이며, 밑천도 없이 한국으로 입국한 조선족들한테 학비를 받아서 공부를 시키는 자체가 바로 일종의 억압이고 무시이고 불평등이라고 생각한다.

중국 조선족 문제는 책상 위에 놓구 토론할 때가 됐어요. 이렇게
시달리게 끌리워 다니면 안 돼. 그리구 중국 조선족과의 갈등, 남
북 간의 갈등을 해결해야 돼. 중국 조선족들이 돌아서면 한국을
욕해, 저부터 한국이 싫어. 여기 와서 이렇게 오래 있었는데 갈수
록 정이 안 들어. 이걸 변화시키지 못하면 이 민족이 어떻게 하면
통일이 되겠소. 그래서 해결을 하려면 정말 한국 정부에서 조선족
문제를 심각하게 생각하고 정말 우리의 핏줄이구나, 우리가 못 해
준 게 너무나 많구나. 사실 이번에 이 연수제도도 그래요. 사람을
궁지로 내몰지 말라는 거죠. 생각하면 분통이 터지는 일이요. 우
리처럼 이만한 걸 겪어서 해본 사람들은 한중 수교가 벌써 20년인
데, 너희들이 아직까지 혈통 문제마저 해결하지 못하고 이게 무슨
국가라는 게요. 연수제도도 국가에서 돈을 대라. 무상으로 해줘라.
그럼 다 한다는 거죠. 이거 아무런 밑천두 없는 사람들이 돈을 팔
아서 시험을 보구 온 사람들을 학비까지 또 내라구 하면 이건 완
전히 조선족을 깔보고 억압하는 거지. 이는 바로 조선족의 피를
빨아먹는 것과 같은 일이에요(한희애).

한마음 협회 운영위원 김국철 씨도 쓰나미 사건 시, 그렇게 원수
사이로 지내던 일본에는 지원금 2,000억 원씩 지원하면서 구제역 때
문에 돼지를 매장하여 자국민을 곤경에 빠뜨리는 정부를 이해할 수
없어 한다. 자국민에 대해서도 무관심한 정부이기에 동포들에 대한
평등한 대우는 어림도 없을 것이며, 동포 문제는 반드시 한국 정부
가 나서서 해결해야 함을 강조하였다.

나는 한국 정부가 진짜 이해가 안 돼. 자국민이 죽는 거는 관심도
안 하고, 머 일본에 지원을 한다고. 지금 지원금이 2,000억 원이
됐을 거야. 자국민들도 관심하지 않는데 우리 동포들한테는 더 무
관심이지. 그토록 동포들에게는 칼날을 세우는 거지(김국철).

재한동포연합총회 회원 조권영 씨는 "소나 돼지나 미국, 호주에서 오면 며칠이 지나서 한국산으로 변경되는데 조선족들은 소나 돼지보다 못한 존재"라고 말하면서, "우리는 중국에서 독립운동을 하여 피 흘린 조상들의 후손"들인데 한국 정부가 동포들을 포용하지 않으면 역사적으로 비판을 받을 것이라고 생각한다.

> 총체적으로 한국 정부가 교포들을 끌어안아야 하는데 여기까지 왔는데두 자꾸 밀어내니까 지금은 자신들이 옳은 것 같아도 몇십 년 지나무 비판받는다구. 교포들이 다들 속에 피를 삼키메 할 말을 못 하고 억울하게 사는데 누기한내 똑똑한 게 나와서 말하게두 못 하게 하재 이 한국 사람들은. 나는 막 경찰아들하구 다 그랜다. 조선인들이 중국에 가서 독립운동하구 피를 흘리구 그랬는데 그 후손들인데 너희들이 왜 우리들한테 이러는가구. 왜 영국, 미국에서 온 애들은 대우가 달라. 소나 돼지나 미국, 호주에서 온 거는 며칠이 지나 다 국내산으로 바뀐다구, 우린 그래 동물들만 못하냐. 동물들도 다 국내산으로 바꾸는데. 법이 바뀌어야 해(조권영).

조선족 단체장과 회원들은 '같은 핏줄'의 한국 정부에서 혈통 문제를 해결하지 못하고 '같은 민족'에서 '칼날을 세우는' 것은 자신들에 대한 국가의 정책적 불평등이라고 인지하고 있다.

먼저, 자신들에 대한 한국 정부의 차별적 대우를 불평등으로 인지한 조선족들은 한국의 불평등정책을 중국의 '소수민족정책'과 비교하면서 소수민족정책의 우월함을 치하한다. 위에서 언급했듯이, 대부분 조선족들이 사회적 조건에 큰 불만이 없이 산다고 해서 그들한테 아무런 비교의식도 존재하지 않는 것은 아니다. 그들에게는 적어도 초국적 공간에서 자신들한테 유리한 두 국가의 정책을 비교할 만한 최소한도의 능력은 가지고 있었다. 최성식 씨는 중국에서는 한국어가 허용되지만 한국에서는 조선족들의 중국어 사용이 그다지 환영받지 못하고 있다는 현실을 한국의 협애한 민족주의로 이해한다. 그러면서 한국이라는 땅에서 살아보니 그제야 사회주의의 우월성과 중국공산당의 '소수민족정책'의 우월함을 느낀다고 말한다. 아이러니한 것은 그에게 중국은 이제 집을 떠난 애에게 엄마의 품으로 그려지는 존재이며, 그는 설사 중국인으로 동화되어 조선족으로서의 피곤한 삶을 마치더라도, 한국인으로 동화되는 것은 거부하면서 강한 국가적 귀속을 표출하고 있다.

> 한국 사람들은 우리가 중국어를 하구 중국 노래를 하면 심술 낸다구. 그러고 보면 중국에서는 한족들이 우리 조선말을 한다고 해서 무시하거나 그렇지는 않잖아. 참, 사람은 보금자리에 있을 때는 그것이 좋은 줄 몰라. 애처럼 부모 같이 있을 때는 모르지만 떠나니까 집이 그리운 게 알린다구. 얼어보니까 태양이 좋다, 사회주의가 좋다고 생각하는 거지. 법무부 사람들두 동포들을 개, 돼지처럼 무시하구 그러더라구. 그때 난 확실히 마음잡았다구. 법무부 사람들까지 그렇게 하니. 정말 한국은 구멍으로 표범 보니 점 하나 보이더라 하는 식이라구. 중국은 협애한 민족주의가 아니잖아. 조선족들이 차라리 중국의 한족이 돼버러야 해. 조선족이면 피곤해. 그리구 조선족들이 한국인 흉내를 내는 게 진짜 웃겨(최성식).

다음으로, 이러한 불평등 인지 속에서 조선족들은 삶의 권리를 찾아 개정운동에 참가한다. 황영국 씨는 2003년 '재외동포법' 개정을 위한 집단농성에 참가했었는데, 조선족에 대한 한국 정부의 불평등 정책에 대한 자신들의 투쟁은 민족이란 심오한 뜻에서 나왔다기보다도, 불법체류 조선족들의 삶의 권리를 찾기 위한 투쟁이라고 말하였다.

민족이 아니라, 우리가 너만 못해서 너희들한테 이런 대접을 받아야 되느냐. 합리하지 못한 거지. 이 민족이라든가, 정치라든가 이 따위를 믿지 않았거든. 우리는 그때 그저 외국인이지 머. 동포가 아니란 말이야. 법 자체가 동포라고 인정을 안 하는데. 그게 오늘까지 이런 결과는 바라지는 못했지만, 막 붙들어가는 것만은 없어야 하지 않겠느냐 그래가지구 그때 정당성이라는 거는 거기까지밖에 생각 못 했거든. 법하고 싸워서 나라 법을 우리가 어떻게 개조를 한다, 거기까지는 기대를 못 했고 한 사람이 숱한 돈을 여기에 팔고 왔다가 붙들려 가면 한 사람의 인생이 죽은 거지 머. 그래서 이런 일만은 없어야 되지 않겠느냐 하는 게 그때 우리의 주장이지. 살자고 나온 사람을 죽인다, 이거는 솔직히 아니거든. 민족보다도 우선 사람들의 삶을 보장하자, 그거였소. 심오한 민족적 의의라던가 거기까지는 따지지 못했고(황영국).

그다음으로, 조선족들은 인종차별을 일종의 불평등으로 인지하며 그것을 자민족중심주의라고 비판한다. 김범 씨는 다른 민족을 바라보는 중국과 한국의 포용성을 비교하면서 자민족중심주의의 시각은 어느 나라, 어느 민족에서도 나타나는 현상이지만, 유독 한국에서만은 강하게 나타난다고 생각한다. 이런 그의 구술에서도 두 국가에 대한 비교의식을 통한 조선족들의 국가적 귀속성이 표출됨을 알 수 있다.

지금 중국도 많이 발전하고 수출액이 세계우위를 차지함에도 한국에서 이렇게 한다는 것은 되게 편협한, 그걸 뭐라지, 단일민족들의 민족편협성인가, 그게 많이 드러난다고 생각해. 일단 백인이면 어떤 못사는 나라에서 살구 해도 영어만 구불릴 줄 알면 되게 높게 떠받들어. 그리구 일단 외모상에서도 동남아랑 그쪽 켠에서 오면 와, 이거 우리보다 못한 거 그게 어느 나라에서나 있겠지만은 특히 서울에서 그게 심한 것 같애. 중국에 오면은 그냥 우리랑 다른 사람하지 우리보다 못한 사람이라는 인식은 없잖아.

한국에서의 사회적 삶을 통해 조선족들은 한국과는 다른 일종의 사회에서 살았음을 회고하면서 자신들이 과거 살았던 사회가 평등하고 차별이 없는 사회였다고 생각한다. 동시에, 무엇보다도 중국의 소수민족정책이 우리 민족으로 하여금 중국이라는 땅에 뿌리를 내릴 수 있도록 하였기에 오늘의 조선족이 있는 것으로 인지하고 있다. 한국의 '불평등 정책'과 중국의 '평등한 소수민족정책'의 비교 속에서 조선족 스스로에 의한 국가적 범주화는 더욱 뚜렷해지며 국가적 경계가 불평등에 대한 인지를 통해 구축되기 시작한다.

이는 기존 연구에서 한국에서의 삶을 통해 조선족들이 '중국인'임을 더욱 확신하게 되었다는 결론에 대한 부정이다. 조선족들은 자신을 중국인이라고 명확하게 생각한다기보다는 자신의 국적을 중국이라고 생각하는 가운데서 일종의 귀속과 위안을 찾는다. 자신을 중국인이라고 생각하는 것과 자기의 국가적 귀속을 중국이라고 생각하는 것은 별개의 문제인 것이다. 왜냐하면, 자신의 국가를 중국이라고 생각해도 중국의 한족과는 분명히 다른 조선족임을 명기하고 있기 때문이다.

요컨대, 조선족들이 '같은 민족'임을 내세우면서 한국 정부에 국가적 정책의 평등을 기대할 때, 그들의 한민족 정체성은 강하게 표출되지만 한국 정부에 대한 기대가 무너질 때 불평등 인지 속에서 국가 정체성이 한민족 정체성보다 강하게 나타나면서 불평등인지를 통한 국가 귀속적 경계가 구축된다.

(3) 역사적 기억의 차이

조부모 혹은 부모들의 기억을 통해 이루어지는 민족의 역사 내지

역사적 기억은 이미 해방 이전부터 만주라는 땅에서 형성된 장소성이 시공간을 뚫고 아지랑이처럼 몰려와 쉬이 무너질 듯해 보이면서도 실은 내부의 근원으로부터 견고하게 구축되는 두 집단 간 경계의 한 형태를 이룬다. 두 집단 간 국가적 경계에 있어서 출신국에서의 사회적 삶에 대한 역사적 기억의 현재성은 이주 영역에서 형성하는 국가적 경계의 마지막 한 형태이다.

그러한 것들은 우선 조선족들이 조부모 혹은 부모들의 기억을 통해 자신들의 민족적 기원을 상상하는 데에서 알 수 있다. 그들에게 조상은 만주의 척박한 땅에 뿌리박은 삶의 개척자이고, 그러한 '개척자의 후손'으로서 그들은 강한 자긍심을 가지고 있다. 또한 그들은 자신을 시대의 '역사적 주인공으로 상상하기'도 하고, '분단을 민족의 비애로 인식하기'도 하며, 落葉歸根(낙엽귀근)을 지향하기도 한다.

우선, 조선족들은 구조적 제약과 사회적 차별 질서에 놓이게 되면서 점차 '개척자의 후손으로 자긍심 가지기' 시작한다. 아래의 내용들이 그러한 사실을 적절하게 보여준다고 할 수 있다.

> 그니까 우리가 저 한국의 역사에 대해선 잘 모르지만 음, 조선족! 우리는 왜 조선족이라 했는가? 거기에 대해서 물음표를 달게 되고. 또 우리 조상들은 왜 여기를 버리고 저기를 갔는가. 가서 뭘 했는가. 해서 어떻게 성공했는가. 그리고 우리는 왜 또 여기를 왔는가. 올 적에는 무슨 동기로 왔는가. 와서 뭐 해야 되겠는가. 그게 거 요 문제들을 가지고 좀 다룹니다. 와서 뭐 해든가. 뭐 성공해야 되겠는가(한희애 구술).

> 조선족 동포의 또 다른 특징은 강한 개척정신이다. 그들에게는 유목민의 피가 가슴속에 흐르고 있다. 조선시대 말기 조선인은 신성시되었던 만주 땅에 생존을 위해 몰래 숨어들어 '도둑농사'를 지

었다. 또한 반일 운동을 위해 현재의 중국 동북3성을 무대로 삼기도 했다. 조선족 동포들의 조상은 생존을 위해 새로운 땅을 찾아 나선 '개척자들의 후손들'이라고 볼 수 있다.[44]

우리 역시 100여 년 전 증조할아버지, 할머니 때에 불모지를 개척한 것이 아니었던가! 우리 손으로 일군 땅이니 그것이 어찌 소중하지 아니할까마는 이 지구상의 땅에 영원한 주인이 그려져 있던가! 중국의 조선족은 개척자의 후손들이다. 왜냐면 이들의 선조들 중 일부분은 척박한 땅에서 낮은 수확을 얻느니, 비옥한 땅을 찾아 더 많은 수확을 얻고자 이곳 불모지를 개척한 사람들이었고 또 일부분은 일제의 침략으로 무너져가는 민족을 구하고자 그 길을 모색하기 위해 움직인 사람들이다. 중국 조선족 대부분은 그동안 선조들이 개척한 이 땅을 소중히 여기며 지켜왔다.[45]

이러한 내용들에서 그들이 얼마나 개척자의 후손으로서의 자긍심을 가지고 살아가는지를 알 수 있다. 그리고 더욱 중요한 것은 한국인 집단과 조선족 집단의 역사적 기억의 차이로 인해, 동원된 자신의 뿌리에 대한 기억 혹은 상상이 국가적 경계를 더욱 구축한다는 점이다. 적어도 그러한 개척자의 후손인 자신들이 고향에서는 땅을 잃게 되고, 한국에서는 앉을 자리 설자리를 찾지 못하게 되는 현실을 직시하지 못할 때, 역사적 기억의 현재성은 자연스럽게 두 집단 간의 경계를 구축하게 되는 것이다.

둘째, 조선족들은 자신들을 중국의 사회주의 건설 시기를 살아온 그 시대의 주인공으로 기억한다. 그들은 자신들을 중국의 해방전쟁과 사회주의 건설의 주력군으로 기억하며, 중국에서의 모범적인 소수민족이었음을 자부한다.

---

44) 「조선족 동포를 '촌놈' 보듯 하는 한국인들」, 온라인 중국정보 온바오 http://onbao.com/news.php?code=fr01&mode=view&num=22191(2012.5.28일 접속).

45) 「추세를 거스를 필요는 없다」, 조글로포럼 http://www.ckywf.com/board/read/forum_netz/78878/0/680(2012.5.28일 접속).

중국에 무슨 해방전쟁 사회주의 건설 다 조선족들이 앞장서고 중
국의 역사에 남겨져 모범적으로 남아 있어요. 그리고 중국의 조선
족은 전 중국에서 제일 깨끗한 민족, 제일 노래를 잘하고 춤도 잘
추는 민족, 문화수준이 높은 민족, 이렇게 평가받아서 조선족이라
평가받았는데 그게 왜 싫겠어요(한희애 구술).

특히 인터뷰 중에서 조선족들은 한국에서의 사회적 삶에 대해서
는 기억해내고 싶어 하는 기미가 보이지 않지만, 많은 시간을 할애
해서 자신이 살아왔던 과거에 대해서는 흥미진진하게 이야기한다.
그들의 이야기에는 부모님들이 만주로 이주하게 된 과정, 대약진운
동과 인민공산화운동 시기의 자신들의 삶, 문화대혁명 시기 부모님
들이 겪어왔던 사실, 시대를 잘못 만나서 대학교를 다니지 못하고
사회에서 돈벌이만 하다가 현재 한국에 오기까지의 과정 등 내용들
이 포함되는데, 한국에서의 사회적 삶에 대한 이야기는 '고생'이라
는 한마디로 끝내버리는 경우가 다반사이다. 만약 감정을 몰입하여
이야기를 들려주는 과정에서의 그들의 표정과 몸짓, 분위기에 조금
만 유의한다면, 그들이 새 중국의 벅차오르는 시대의 역사적 주인공
처럼 자신을 상상함을 어렵지 않게 발견할 수 있다.

그리고 모택동 시기를 살았던 조선족들에게 모택동은 중국의 태
양과도 같은 존재였다. 그들에게 모택동은 미국 세력과 싸움에서 중
국을 해방시킨 위대한 수령이며, 건국 초기 반란의 사회적 배경하에
서 가차 없이 반대세력과 사회주의 건설의 불량요소를 제거한 국가
의 위대한 영도자였다. 이러한 그들의 인식은 주경국 씨와 조권영
씨의 구술에서 잘 알 수 있다.

만약에 그때 중국도 미국이 지지한 장개석이 승리했었으면 대한
민국처럼 중국도 미국의 통치와 지배를 받는 나라가 됐을지도 몰
라. 경제적으로 잘살 수 있었을지도 몰라. 우리가 지금처럼 이렇
게 한국에 와서 노예취급을 받지 않을지도 몰라. 그럴 수도 있었
겠지만은 모택동이 위대한 게 그 큰 세력을 보총과 좁쌀을 가지고
밀어냈다는 게 그만한 게 대단해. 그 총두 하나 딱 싸구 또 재워
넣구 그런 총가지고 싸워서 이겼다는 게 말이 돼? 그리구 우리는
누기 지배를 안 받는 거야. 한국과 달라(주경국).

공산당이 문화대혁명 때문에 위신을 많이 잃어 그렇지. 공산당이
잘한 게 많아. 지금에 사람들이 모택동을 막 욕하지만 모택동이
그래도 위대한 인물이야. 그 시대에서는 그렇게 할 수밖에 없었어.
중국이 금방 해방됐는데 막 반란이 일어나무 되니 아이 되지. 그
때는 그렇게 해야 된다니까. 모택동이 58년도에 한날한시에 중국
의 기생들은 몽땅 감옥에 처넣었어. 그렇게 할 수 있나. 모택동이
그런 거 잘한단 말이야. 한날한시에 한 놈도 빼놓지 않고 넣었잖
아(조권영).

중요한 것은, 이러한 사회주의 건설 시기를 살아왔던 자신에 대한
주인공적 상상과 의식은, 한국에서 '조선족'으로서의 존재의 당위성
과 정당성을 확보하고자 하는 시점에서 곧 망각되었던 기억들이 집
단적 가치로 동원되는 경계의 한 형태를 띠게 된다는 것이다.

그다음으로, 역사적 기억의 차이는 때로 조선족들의 사회적 현실
을 남북한의 분단의 비애로 해석하는 근원이기도 한다. 한국과 북한
이 아닌 중국에서 살아왔던 조선족들의 남북한에 대한 인식은 한국
인들의 인식과는 또 다른 것이라고 할 수 있다. 1992년 한중 수교
이전까지는 북한과 더욱 밀접한 관계를 가져왔던 국제형세하에, 조
선족들은 한국인들이 북한을 빨갱이 나라라고 보는 것과는 달리 북
한에 거부감을 가지고 있지 않았다. 주경국 씨는 현재 한국에서의

조선족들의 처지에 대해 남북한 분단을 중심으로 해석하고 있다. 그는 인간의 욕망과 정권 때문에 한 개 민족 두 개 정권으로 갈라지는 한민족의 비참한 현실을 통탄하면서, 한반도 분단이 현재 조선족들의 사회적 현실을 만들어낸 주요한 원인이라고 생각하는데, 이러한 그의 구술에서 알 수 있듯이, 중국에서 살았던 조선족들의 한반도 분단의 현실에 대한 조선족들의 역사적 기억과 인식들이 결국은 현재 한국인 집단과의 경계를 형성하는 요소라고 할 수 있다.

> 동네에서 자기네끼리 싸우는데, 동네 큰형님을 불러와. 이승만 이전에 많은 사람들이 다 미국에 가서 공부하구 자본가들이 장사를 했고, 돌아와가지구 상해에 쪼꼬만 임시정부를 만들어놓구 무서워서 싸우지는 못하구. 그때 김일성은 코신을 끌고 일본놈들하고 싸웠어요. 그래서 일본이 투항하고 나니까 김일성이 정권을 세우겠다 하니까 나두 세우겠다 그래서 남북전쟁이 일어난 거야. 나는 김일성이 나쁘다고 생각 안 해. 물론 나중에 독재하고 백성들을 굶어 죽이고 하니까 나쁜 놈이 됐지만. 그때 사상만큼은 주체사상이지. 우리 민족을 통일하자. 우리끼리 살자, 이건 나쁜 거는 아니야. 그러나 미국 세력이 세니까 실현되지 않았지. 왜서 집안싸움을 하면 자기네들끼리 하지 동네 큰형님을 불러다가 남북을 갈라놓구 형제간에 얼굴두 못 보게 하구. 얼마나 비참한 거요. 세계적으로 우리 민족이 제일 비참하게 살아요. 이게 다 무엇 때문이요. 한 민족 두 개 정권 때문이 아니요. 외국 사람 때문이 아니에요. 중국 때문에 아니에요. 다 나 때문이에요. 다 우리 민족 우리 선배들 때문이요. 욕심 때문에 정권 때문에. 한 보 물러서서 우리끼리 통일하자 했으면 우리가 와서 지금 여기 외국인 등록증을 가지고 다니고, 불법체류 하고 자기 민족끼리 잡아가는 일이 없었을 거요(주경국 구술).

마지막으로, 고향에 대한 역사적 기억은 조선족들의 落葉歸根(낙엽귀근)을 지향하는 근원이기도 하다. 조선족들의 고향에 대한 기억과 향수(鄕愁)는 그들이 현재는 비록 한국에서 살아가고 있지만, 결국에는 국가와 민족을 떠나서 마음의 안정이 지향하는 곳을 찾아가는, 그곳이 또한 과거의 기억이 가리키는 곳이라는 것을 알 수 있다.

> 지금 사회 노인복지나 보장 이런 걸 보게 되면 한국이 좋기사 좋지. 그거는 인정해야지, 당연히. 근데 사람이라는 게 그런 정서가 있재. 落叶归根(객지에 머물고 있는 사람은 결국에는 고향에 돌아가게 마련이다)이라는. 사람은 나이 들수록 자기 고향에 묻히고 싶구 고향을 되찾아가고 싶은 심리가 생긴다. 그 이전에 49년도에 대만 가서 나중에 죽을 때 다 대륙에 돌아가서 죽겠다는 사람들이 많재…… 우리는 부모 형제들이 다 중국에 있고 자식도 중국에 있고 친구도 다 중국에 있고 우리는 그저 여기서 잠시적으로 돈을 벌어서 살 수 있지. 살기 좋다는 게 단순히 잘 먹고 잘사는 게 아이다. 어느 날에는 답답하면 친구들 만나서 여행도 다녀올 수 있고 놀아도 좋고 만날 수 있고 그렇는데 여기서는 그럴 수 없재. 사람은 늙어질수록 사람이 그립고 그렇재야. 과거에 의거해서 살게 되지(태길성 구술).

> 머 길을 가다가 연길의 길을 걸을 때 비슷하게 음식 향기 나던 냄새가 거리에서 났을 때 랑…… 그리고 잠깐 누워서도 예전에 연길의 겨울에 눈이 왔을 때 친구들이랑 나가서 막 놀던 생각이랑 하면 막 미칠 듯이 연길이 그리웠거든요. 그건 아마도 한국에 온 동포들도 한국이라 해도 먹는 음식이랑 습성이랑 다 같다 해도 자꾸 자기 고향이 그리웠을 것 같아요. 진짜 사람이 늙으면 늙을수록 고향에 대한 애정이 더 깊어진다는 게 그 말이 맞는 것 같애. 이전에는 아, 내 빨리 이 연길 떠나서 북경 같은 그런 도시에 가서 좋은 대학에 다니구 그래야지 그랬는데…… 그런 말이 있지 않습니까. 落叶归根(객지에 머물고 있는 사람은 결국에는 고향에 돌아가게 마련이다), 金窝银窝不如自己的狗窝(금은으로 만든 보금자리도 짚으로 만든 자기 집보다 못하다)(김자영 구술).

물론, 향수(鄕愁)라는 것이 마음의 안정을 지향하는 곳이라고 해서 모든 조선족들이 자신의 고향이었던 중국에 돌아가서 살려고 하는 것은 아니다. 한국에 부모님의 국적을 두고 있는 사람일수록, 한국 국적으로 국적을 바꾼 조선족일수록 한국에서 살아가기를 원하는 경우가 많다. 서대희 씨는 한국에서 사는 가장 큰 이유는 한국이 문화적으로 통하는 '동족인'의 나라이기 때문이다.

> 돈만 있다면. 평생 살 돈이 있다면. 여기서 살겠어요. 중국에는 내 형제들이 있기 때문에 가고 싶은 거지. 내가 만약 돈이 엄청 많다면, 내 형제들을 다 데리고 올 수 있다면, 다 데리고 여기 와서 살겠다, 이런 생각이 있어요. 일단 문화가 좋고, 의식주가 낸데 맞는다구요. 그리고 제일 통하는 게 우리는 어떻게든 동족인이잖아요. 언어가 통하고, 의식주 사는 게 좋고. 공공시설, 복지시설이 잘돼 있고(서대희 구술).

구조적 제약과 사회적 차별 질서에 직면한 조선족들이 자발적으로 구성하는 과거에 대한 역사적 기억은 이주 영역에서의 사회적 삶과 교차를 이루는 지점에서 경계의 현재성으로 드러나며, 과거와 현재의 상호 구속성의 국가적 경계의 한 형태를 이루게 된다.

4) 개인적 차원

(1) 인간관계 맺는 방식의 차이

한국인 집단과 조선족 집단 간에 인간관계를 맺는 방식의 차이는 조선족들로 하여금 직장이나 일상에서 한국인들과의 인간관계가 성립되지 않음을 느끼도록 한다. 이러할 경우 집단 간 감정적 경계가 구축되기 시작한다. 인간관계 맺는 방식의 차이에 직면하여 조선족들은 '한국 사람과 친하지 않기'로 결심하고, 그들과의 관계에서 '절대 방심하지 않으며', 한국인들과 접촉할 때 접촉 규범을 정하기도 하고, 인간관계를 둘러싼 갈등을 '한민족의 열근성'46)으로 인식하기도 한다.

먼저, 인간관계를 맺는 방식의 차이 때문에 한국인과 아예 친하지 않은 것이 조선족들의 보편적인 행위방식이다. 조선족들은 그들의 직업과 계층에 관계없이, 일단 한국인들과 갈등이 생겼을 경우, 곧바로 한국인과의 접촉을 거부한다. 유학 중에 있는 최연자 씨는 한 연구실에 있는 한국인들이 자신이 연구실에 없는 틈을 타 의자에 기대어 자는 자신의 모습을 흉내를 낸 적이 있은 후로는 모든 한국인들을 부정하게 되고 아예 한국인들과의 접촉을 거부하게 된다. 동시에 자신이 조선족임을 확실히 느끼면서 중국인들과 더욱 가까이 지내게 된다.

> 한번은 학교에서 잘 아는 친한 언니가 교수님 앞에서 내가 언니하고 했던 교수님에 대한 말을 그대로 옮겨서 너무 난처해서 죽을 번했어. 중국에서 그런 적은 한 번도 없었어. 그래서 한국인들은 남의 말을 하기 좋아한다고 생각했어. 그 뒤로는 그 언니하고 한 마디도 말도 하지 않았다. 한국 사람들이 다 그런 건 아니지만 일부 사람들 때문에 전체 한국인을 부정하게 돼. 자란 환경이 달라서 그런지 그 사람들의 행위가 이해가 안 된다. 그래서 중국 애들하고 더 친해지고 자신이 조선족임을 더욱 인식하게 되고 조선족 정체성이 더 강해지는 같아. 한국 애들이 나를 질투하면서 경계하는 그런 느낌을 받을 때가 많아. 한번은 선배가 나에게 기대어 잘 수 있는 의자를 줬는데 거기서 자고 그랬는데, 한번은 내가 없는 동안에 한국 애들이 그 의자에 앉아서 내가 자는 흉내를 내더라고 중국 애가 나한테 말해줬어. 그 이후부터는 한국 애들하고 절대 접촉을 안 해(최연자).

---

46) 劣根性은 중국에서 흔히 사용하는 단어로서, 인간 고유의 저열한 근성을 일컫는 말이다.

다음으로, 일부 조선족들은 한국인들과의 인간관계에서 절대 방심해서는 안 된다는 규범을 내세운다. 차금희 씨는 이제 곧 자신이 가정부로 3년 일하던 집을 그만두게 될 시점에서 집주인이 자신의 트렁크가방을 들춰본 이후부터는 한국인들을 더 이상 신임하지 않는다. '도둑으로 취급'되는 순간, 그는 한국인과 조선족 사이의 경계선 긋기에 한순간도 게을리하지 않는다. 그에 따르면, 한국인들과의 관계에서 '절대 방심하여서는 안 된다'는 것이다.

> 저는 이렇게 한국 땅에 와서 벌어도 중국에서 내 살 돈이 다 있어요. 벌게 돼서 여기 와서 버는 거지 못살아서 버는 건 절대 아니고요. 그런데 나는 내 청백하게 일생 아주 정확하게 한다 다 인정을 해줘요. 그런데 내 트렁크를 다 둘춘 거에요. 다 번졌어요. 그 트렁크를 다시 묶으면 모르겠어요. 묶지도 않고 그대로 있는 거예요. 너희들이 나를 의심스러우면 열어보기 잘했다. 그 안에 뭐가 있는지. 나는 남의 물건에 손끝 하나 대는 사람이 아니니까 열어보기 잘했다. 안 열어보았더라면 무엇이 없어졌는지는 몰라도 내가 가지구 갔다고 하지 않으랴. 그래서 제가 그때부터 하는 말이 딱 찍어 말해요. 한국 사람들이 아무리 좋아두 거기서 거기인 줄로만 알아라. 언제나 가정이라면 아무리 주인이 좋아 보여도 절대 방심하지 말라. 방심했다가는 절대 안 된다. 이건 그때부터 제가 입에 달구 있는 말이거든요. 제 짐을 들추지 않았으면 그런 말이 안 나가요(차금희).

그다음으로, 조선족들은 한국인들과의 정상적인 인간관계가 성립되지 않음을 느끼는 시점에서 한국인을 규정하기 시작한다. 한국인들과 접촉에서 느끼는 무시, 편견, 모욕감들은 한국인 집단과 조선족 집단 구성원들 간에 한 집단 혹은 쌍방 집단의 분노, 증오, 원한 등의 감정적 원천들이다. 그리고 이러한 감정적 원천으로 인해 조선족 집단과 한국인 집단 사이에는 신뢰관계가 형성되지 않는다. 집단 간 신뢰관계가 형성되지 않을 때 무시, 편견, 모욕감을 당하는 한 집단은 다른 한 집단 구성원들을 규정하기 시작하는 것이다. 조권영 씨는 한국인들은 '겉으로는 사이좋게 지내는 척하다가도 일단 자신의 이익관계와 충돌이 생길 시에는 무조건 자신의 이익이 최우선인 사람들'이라고 규정하고 있다. 이는 조권영 씨를 비롯한 많은 조선족들의 구술에서 쉽게 알 수 있는 사실이다.

> 한국 사람들이 침을 맞으러 온 것두 많은데 속을 아이 준다고. 첨에는 영 좋은 척하는데 관건적인 시각에는 다 제 배를 배불리 하자고 들지. 한국 사람들이 결혼하는 거 소개해주는 게 많은데 500만 원 주겠소, 어찌겠소, 해두 다 해주무 달아나지 머(조권영 구술).

마지막으로, 한국에서 살아온 경험이 있는 조선족들은 '한국 사람은 믿지 말아야 되는데', 그 이유는 자신들을 포함한 한민족의 '열근성(劣根性)' 때문이라고 인식한다.

> 한국 사람은 믿지 말아야 해요. 나도 조선족이지만 우리 민족의 종자(種子)가 나쁜 종자에요. 열근성이 있어요. 사람이 잘되는 걸 못 봐요. 시기하고 질투가 많은 민족이에요. 이게 나빠요. 나도 그 민족이지만 우리 민족을 탓해야 돼요(서대희 구술).

정상적인 인간관계가 기대되는 곳에 그것이 존재하지 않을 경우, 인간관계의 비정상성은 조선족들의 감정을 자극한다. 특히 정상적인 관계가 이미 존재했었지만 파괴되어 버린 경우나, 형식적으로는 존재하지만 실제로 실현되지 않는 경우에는 더욱 그러하다. 그리하여 인간관계의 불성립성을 인지한 조선족들은 한국인들과의 인간관계에서 '자기가 잘났다고 상대방을 무시하는 믿을 수 없는 사람'들이고, '마음을 주면 큰일이 날 것'이며, '방심을 하면 절대 안 된다'는 그들 나름대로의 규범들을 만들어내고 있다. 이러한 규범은 또한 조선족들이 한국인들과 인간관계를 맺을 때, 그들의 행동에 나타나는 특징들을 충분히 설명해주는 것이다. 인간관계의 불성립성으로 인한 한국인 집단에 대한 조선족들의 경계(警戒)는 마침 사회적 삶 속에서 두 집단 간의 감정적 경계의 한 형태를 형성한다고 할 수 있다.

(2) 민족적 정서의 차이

두 집단 중 무시, 편견, 모욕을 당하는 한 집단이 다른 한 집단과 인간관계를 맺을 때, 나타나는 특징 중의 하나가 바로 집단적 귀속이다. 두 집단 간 인간관계가 성사되지 않음을 인지한 어느 한 집단 구성원들은 일정한 시간이 지나면 자신의 집단으로 귀속하게 된다. 그것은 또한 민족적 정서의 보편적 존재성에 기인하기도 한다. 따라서 그러한 보편적인 민족적 정서의 차이는 조선족들로 하여금 '조선족' 집단으로 귀속시킨다.

사회적 삶 속에서 생기는 인관관계 설정에서의 새로운 규범들은 조선족들로 하여금 감정적으로 한국인들과 친하게 지낼 수 없게 한다. 한국인들과의 인간관계를 규정하고 나면, 그들은 동포들을 찾기 시작하고, 동포단체를 찾기 시작한다. 물론 다른 방식으로 한국인들과의 인간관계에서 생기는 갈등을 해소하고자 하는 사람들도 많다. 그러나 대부분 조선족들한테는 집단 구성원들과의 만남이 그들의 정서적 안정을 되찾는 길이고, 스트레스를 푸는 시간들이었다. 가정부로 일하는 남석희 씨는 97년도에 입국한 이래로 지금까지 한국인 친구는 한 명도 없으며, 초기에는 '중국 동포를 찾아가서 만났다'고 하였다. 또한 친하게 지내는 한국인이 있는가라는 질문에 남석희 씨와 차금희 씨는 다음과 같이 대답하였다.

> 중국 동포들과는 대화를 하면 언어가 통해. 한국 사람들은 다 제 잘났대. 상대방을 무시하고. 믿을 사람이 없어. 제일 처음에 왔을 때는 동포들이 적잖아. 중국 동포들을 보면 막 눈물이 나더라구. 반가와서. 찾아가서 만나고 싶구. 내 처음에는 중국 동포 어디에 있다고 하면 찾아갔어(남석희).
> 나는 친하게 지내려고도 안 해. 나가면 한국 아줌마들도 친하게 대해주는 사람이 있지 딱 친하게 지내는 사람은 없어. 친하게 지낸다는 표준은 속마음을 털어놓을 수 있는 게 돼야 되는데(차금희).

한국인들 속에서 외로움을 많이 느끼면서 살아가던 김은희 씨도 한국인들과 '공감대가 생기지 않고 마음을 확 털어놓고 친해지게' 안 됨을 인지하고 조선족들이 많이 사는 대림동으로 이사를 간다. 그는 거리를 지나가다가도 아는 조선족을 만나면 인사라도 하면서 살아가는 삶을 동경하는 것이다. 그는 한국에 시집와서 한동안은 "한국인으로 살아보겠다"고 결심하지만, 한국인들과는 친해질 수 없음을 느끼고 조선족 단체를 찾기 시작하였다.

> 한국인들 속에서 살면 외롭거든 많이. 뭔가 친해지질 못해. 표면적으로는 머 예의 바르고 인사하구 이렇게 다 하는데 진짜 마음을 확 털어놓고 친해지게는 안 되더라구. 아무리 잘해줘도…… 머. 공감대가 없는 거지……. 내 모든 인간관계 형성이 여기니까 자주 여길 오게 되고 가깝게 있으면서 인사도 하고 싶더라구, 그런 게

완전 좋았어, 오고 가는 사람들끼리 안녕하세요, 인사하고 완전 동네 같잖아. 애들이 너무 정겹구 사람 사는 게 이런 게 아닌가 하는 생각이 들더라고. 머 사람이 사는 환경이 좋아봤자 사람이 즐겁고 행복해야 사는 게 잘 사는 거지. 좋은 집에 혼자 덩그러니 있는 게 잘 사는 거 아니라고. 나는 한동안은 한국인으로 살아보 겠다, 한동안은 그냥 중국 친구들하고 연락도 안 하고 살았고……여기 대림 쪽에 조선족들이 못난 짓들을 많이 하잖아, 그런 걸 보 면서 나는 저렇게 살면 안 돼, 막 그렇게 생각하면서도 좀 멀리하 면서 나는 좀 다르게 살아봐야지 그렇게 한동안 멀리하다가 사람 이 정이라는 게 있잖아. 정서적으로 조선족을 완전 뿌리칠 수는 없겠더라구(김은희).

이와 같은 사례는 조선족들이 한국에서의 사회적 삶을 통해 민족 적 정서의 공감대를 형성하고 있음을 말해주는 사례일 뿐만 아니라, 나아가 인간관계의 경계성을 더욱 구축하는 하나의 요소가 바로 그 들이 '조선족' 집단으로서 가지게 되는 민족적 정서의 보편적 존재 성이라는 것을 더욱 명확히 설명해주는 좋은 사례라고 할 수 있다.

정체성이 변화하고 재생산되고 도전받는 방식에 대한 비판적 접근 을 시도하면서 '감정 구조(structure of feeling)'를 강조한 Raymond Williams(1961)는 "감정 구조는 견고하고 한계 지어진 것이지만 우 리 활동 가운데서 가장 섬세하고 만질 수 없는 부분에서 작동하고 있 다"[Williams, 1961: 63; (Tim Edensor, 2002; 박성일 역, 2008: 58) 에서 재인용]고 주장하는데, 감정을 공유한다는 것은 결코 민족 내 공동의 힙의가 이루어짐을 의미하지는 않지만, 그것을 통해 민족적 정서를 형성하는 공유된 경험, 기억 등 자원들이 어떻게 사회적 원천 들의 결과로서 나타나는지를 살펴볼 수 있을 것이다.

한 집단의 민족적 정서 등의 민족적 요소들의 개별적인 표출들이 집단 구성원들 간에 공유되는 이유는 한 사회에서 동일한 수준의 모든 위치들이 비슷한 구조적 속성과 그들에 대한 사회적 질서가 공동으로 작용하기 때문이고, 그 위치에 처해 있는 집단 구성원들이 비슷한 문제에 부딪힘으로써, 비슷한 민족적 감정에 도달하기 때문이다.

3. 민족적 표상의 양상과 문화적 실천

민족 정체성의 문화적 표상과 경험은 그렇게 거창하거나 오묘한 것이 아니라 평범하고 일상적인 형식과 실천에서 발생하는 것이다. 이 절에서는 조선족들의 음식과 미디어소비, 여가문화, 축제 등 일상적인 문화적 실천들을 통해 한국인 집단과의 경계를 체험한 조선족들이 어떻게 자신들의 실천 속에서 집단적 정체성을 확립해나가는지, 역사적으로 형성된 한 민족 집단의 문화가 어떻게 재현되고 있으며 그러한 재현을 통해 어떻게 집단적 경계를 재생산하는지를 보여주고자 한다.

1) 음식문화의 양상과 재현

조선족들의 음식문화는 중국 동북이주 이후, 기나긴 역사적 과정 속에서 많은 변화를 거쳐 왔다. 김치, 된장으로 시작되는 조선족들의 식생활은 중국 본토인들의 음식 습관과 혼합하면서 조선족 특유의 음식문화를 형성하였으며, 그들의 음식문화는 중국인과도 다르고 한국인과도 다른 것이라고 할 수 있다.

조선족들이 소비하는 음식물의 내용들은 중국 한족들과는 구별되는 개고기(狗肉), 장국(醬湯), 연변냉면(延邊冷麪), 양꼬치(羊肉串), 초두부(水豆腐), 찹쌀순대(米场), 연변반찬(延邊拌菜) 등이 있는가 하면, 중국 한족들의 음식 건두부(干豆腐), 꽃빵(花卷), 꽈배기(油条), 샤브샤브(麻辣火锅), 마라탕(麻辣烫)[47], 마라향과(麻辣香锅), 마라 오리목(麻辣鸭脖), 각종 중국 요리(炒菜) 등이 있다(⟨사진2⟩).

⟨사진 2⟩ 조선족 음식문화의 재현 (2011.3.9–2011.7.31)

이러한 중국 음식을 선호하기 때문에 조선족들은 요리에 넣는 조미료와 향신료에도 이미 습관 되어있다. 가리봉동·구로동·대림동으

47) 麻辣烫은 각종 야채, 건두부, 미역 등을 麻辣 향료와 함께 끓는 물에 잠깐 넣어서 끓인 후, 먹는 중국 음식이다.

로 음식 소비를 하러 오는 사람들은 하나같이 그 곳에서 풍기는 냄새에 고향의 정을 느낀다고 말한다. 기름 냄새와 각종 향료 냄새가 뒤섞인, 한국인들이 맡기에는 어딘가 낯설어 보이는 냄새는 조선족들에게 정서적 위안을 주는 고향의 냄새로서 그러한 냄새는 자신의 옛 기억을 되살리는 자극제가 되기도 한다.

〈사진 3〉 국경을 넘어 소비되는 조선족 노래 (2011.8.31/대림3동 美花 串城)

또한 '조선족 타운'에서 울려 퍼지는 연변노래는 조선족들의 민족적 정서의 공감대를 이끌어내는 촉매제로서, 조선족들은 자연스럽게 연변노래가 흘러나오는 가게로 발길을 돌리기도 한다48)(<사진 3>). 가게

---

48) 【조선가요1】 :꽃파는 처녀/오직 한마음, 반갑습니다/노들강변, 축복하노라/도시처녀 시집와요/내 삶이 꽃펴난 곳/처녀시절/밀양아리랑/처녀로 꽃필 때/꽃노래/녀성은 꽃이라네/도라지/꽃파는 처녀/버섯따는 처녀.

주인들은 보통 고향에 돌아갈 수 없는 조선족들에게 고향의 정을 느끼게 하기 위해서 연변에서 노래집을 직접 사가지고 오는 것이다.

조선족들의 음식문화는 식생활에서 한국인 집단과 다른 특징을 띨 뿐 아니라, 기타 여러 방면에서도 자신들의 문화적 요소를 가지고 있다. 중요한 것은, 조선족들은 그러한 자신들의 음식문화를 한국인 집단의 음식문화와 비교함과 동시에, 비교 속에서 인지되는 차이들을 자신들의 우점으로 간주하면서 집단 간 분리의 저변에서 자신들의 집단 정체성을 확립해나간다.

우선, 음식을 주문하는 면에서 조선족들의 습관은 한국인 집단과 차이점이 있다. 조선족들은 그러한 음식주문문화를 자신들의 '넉넉함'과 '대범함', '통쾌함'으로 간주하며 한국인 집단의 음식문화와 구별 짓는다.

구체적으로 말하자면, 조선족들은 한 차례 회식에서 보통 참석 인수에 따라 음식 개수를 주문하는 습관이 있다. 예하면, 회식 장소에 참석한 인수가 6명이면 6가지 요리를 기본적으로 주문하는 격이다. 조선족 식당의 요리들은 가격이 보통 6000원에서 28000원 사이에 있는데, 평균 13000원 되는 요리 6가지를 주문한다하더라도 8만원은 쉽게 된다고 할 수 있다(<사진 4>). 그렇게 주문한 요리는 그들

【중국 조선족 가요 200곡】-故鄕情①:고향의 봄/정다운 고향/보고싶었소 듣고싶었소/세월은 흘러도/타향의 봄/꼬불길/타향의 달밤/제비가 돌아왔다네/나의 목장/내 고향 오솔길/경상도 어머니/구 제비둥지/고향은 언제 나 내 마음속에/어머니가 계시는 고향은/고향길에 정다운 소방울소리.
【중국 조선족 가요 200곡】-민요와 타령③:별판에 붉은 해 솟았네/붉은 해 변강비추네/논물관리원/시원 컬컬 감주로다/여랑수레 령 넘어가네/산골에도 만풍년일세/백산의 붉은 꽃/도 한 배미 넘어가네/모내기 노래/풍년의 흥타령/탈곡타령/첫 수확/춤의 고향 노래의 고향/연변타령/날라리 타령/이별에 풍년이 들면.

에게 배불리기 위한 음식인 것이 아니라, 술과 함께 먹는 안주로 간주되며 주문한 각 종 요리의 절반 정도는 남는다. 그들에게 회식 장소에서 음식을 일정하게 남기는 행위야말로 식사를 대접하는 사람에 대한 예의로 인식되기 때문이다.

〈사진 4〉조선족 회식장소 : 3명이면 요리 3종, 4명이면
요리 4종을 주문하는 음식문화(대림3동)

다음으로는 조선족들은 한국 소주보다는 중국 청도 맥주(靑島啤酒), 호프, 배갈(白酒)을 더 선호하는 편이며(<사진 5>), 그들에게 있어서 한국 소주는 '돈이 없는 사람들이 빨리 취하기 위해서 먹는 술'로 간주된다.

또한 그들은 1차에서 기분이 알찌근할 때까지 배갈(白酒) 혹은 맥주, 호프를 마이고 2차는 술을 좀 더 마이고 싶으면 호프집으로 가고 아니면 대개는 노래방으로 이동하여 계속하여 맥주를 마신다(<사진 6>). 그들은 자신들의 이러한 문화는 "먹을 것이 없는 나라에서 잘 먹지 못하고 살아가는 탓에" 1차에서 반주로 맥주 한잔 혹은 소주 한 병을 간단히 마이고 2차에서 입가심으로 호프를 마이거나 혹은 노래방에서 노래만 한 시간씩 부르고 나오는 한국인들의 술 문화와는 완연히 다른 술 문화라고 생각하면서, 자신들은 한국인들처럼 '돈의 구속'을 받지 않는 사람들임을 자랑스럽게 생각한다.

〈사진 5〉회식장소에서 배갈과 호프를 마이는 조선족
(2011.8.20/대림2동 ×× 양꼬치집)

〈사진 6〉 주말 노래연습장 앞 조선족들(2011.5.29/대림2동)

조선족들은 "먹을 것이 부족한 나라에서 잘 먹지 못하고 살아가는 탓에 회식장소에서는 남들보다 자신이 우선이고, 밥상에서 어른에게 먼저 권하는 음식문화도 모두 사라졌음"도 인식하기도 한다. 이러한 인식은 조선족들이 자신들의 음식문화에 자부심을 느끼는 계기가 되며, 그들은 조선족 음식문화를 소유하게 된 것을 큰 다행으로 여기면서 자신들은 절대 한국인들처럼 살아갈 수는 없음을 확신한다. 이는 조권영씨의 구술에서도 잘 알 수 있다.

한번은 어떤 한국 사람이 언니 같이 내 한테 침을 맞으러 왔는데 쏘지(구운 통닭)을 두 개를 사가지고 왔더라고. 그래서 같이 먹자고 했지. 처음에는 아이 먹겠대. 그랜 거 내 또 억지로 막 풀어놓았거든. 그랜데 이 사람이 닭의 다리를 혼자서 푹푹 빼먹구 다리 두 개 다 먹구 한 반시간이 지나니까 한 마리 혼자서 다 먹어. 저녁 먹었다 하더니만. 그랜게 나머지 하나는 딸이 오면 줘라고 하더니만. 그것도 남기지 않고 다 먹더라고. 자기 가지고 온 거 두 개를 다 자기 먹고 갔어. 다른 사람들을 가난뱅이라고 욕해도 다 마찬가지야. 우리는 다른 사람한테 먼저 권하는 게 예의잖아. 이거는 잡수라는 말두 없이 다른 사람이라는 게 다 뭐겠어. 제 그저 제 입에 넣구 그렇지 (조권영).

한번은 개고기 훠궈 먹으러 한국사람이랑 같이 갔는데, 우리들은 먼저 남한테 떠서 주구 자기앞 그릇에 가져다 놓구 먹는게 예의잖아. 그런데 그 사람들은 그게 아니야. 그저 푹푹 떠서 국물을 후룩후룩 먹고 나는 개고기 두점두 못먹었는데 이 한국사람이 개고기 두 접시 다 먹더라구. 그것도 보통 노동자면 모르겠는데 신문기자구 그래더라구. 그래서 모자라가지구 한 접시 더 주문했어...그리구 또 밥을 먹구. 우리는 뒤점 짚고 젓가락을 상에 놓았다고 얘기를 하다가 그래는데 이 사람들은 젓가락을 쥐면 회식장소가 끝날 때까지 놓지 않는다고. 끝나야 젓가락을 놓는다고. 그리고는 중국 사람들을 상놈이라고(조권영).

요컨대, 자아·타자 간의 구분 짓기의 통하여 집단적 분리를 강화하는 분리의식은 조선족들의 '먹는 것'의 문화적 실천에서 그대로 드러난다. 그들은 돈의 구속을 받지 않고 요리와 술을 마음대로 소비하는 자신들의 행위들을 한국인 집단과는 상당히 비교가 되는, 오직 '조선족'들만이 할 수 있는 '관대한' 행위로 간주하면서 한국인 집단과 구별되는 자신들만의 집단 정체성을 확립해나감으로서 집단 간 경계를 재생산한다.

2) 여가문화의 양상과 재현

조선족들의 여가생활은 카드놀이, 마작유희, 등산, 배구경기, 축구연습, 배드민턴, 골프연습, 자원봉사 등으로 구성된다. 단체에 참가하기를 거부하는 사람들은 주말이면 집에서 휴식하거나 아니면 친구끼리 모여서 카드놀이 혹은 마작유희를 하고, 단체에 가입한 회원들은 각 자 취미에 따라서 정기적으로 등산, 배구경기, 축구연습을 하고 또 어떤 사람들은 매월 정기적으로 봉사활동에 참가하여 자원봉사를 진행한다.

마작유희는 단체에 참가하지 않는 조선족들의 여가생활을 채워주는 대표적 여가문화이다. '조선족 타운' 뿐만 아니라 조선족들이 집중적으로 거주하는 곳에서 마작청49)을 찾기란 어려운 일이 아니다.

---

49) 중국 연변에는 마작을 노는 장소를 老年活動站(노년활동잠)라고 하고, 구두어로는 麻將庭 (마작정)이라고 한다. 마작의 직접적 번역은 麻雀이지만 중국에서는 중국어로 麻將이라 하며 조선

왜냐 하면, 마작유희는 조선족들이 보편적으로 찾는 대중적 여가문화이기 때문이다.

조선족들은 명절 때나 여가 때, 친척 혹은 친구들과 함께 카드놀이 혹은 마작유희를 많이 한다. 유희는 승부에 따라 돈이 오가지만 카드놀이는 3만원, 마작유희는 10원 이내에 한정되며 오락은 도박 성격을 띠지는 않는다(<사진 7>).

〈사진 7〉 조선족 구정 모임(2011.2.3.) / 금천구청 조선족 경로당(2011.7.25)

카드놀이와 마작유희는 남녀노소를 불문하고 즐기는 오락으로서 대림2동 시냇길 경로당에서는 "이른 아침부터 20여명의 노인들이 탁자에 둘러앉아 마작을 즐기고 있었고"(한국일보, 2009.7.29일자), 재한동포 연합총회 산하에 있는 금천경로당 조선족 노인들도 매일 경로당에 나가서 마작유희를 한다. 어떤 조선족 할머니는 "나는 왜 이게 이렇게 재미있는지 모르겠어"라고 생각할 정도로 중국이라는 땅에서 흡수된 마작문화는 조선족들의 여가를 채워주는 중요한 부

족들은 한국어로 '마작'이라고 부른다. 한국에는 마작을 노는 장소에 대한 적합한 용어가 없기 때문에 본 논문에서는 조선족 사회에서 통용되는 '마작청'이라는 용어를 그대로 사용하기로 하겠다. 마작청은 중국동포활동실(中國同胞活動室)이라는 간판을 걸고 운영하기도 하지만, 대부분은 월세방을 임대하여 집에서 운영한다.

분이라고 할 수 있다. 이러한 여가 성격을 벗어나 도박을 목적으로 주중에 일당으로 번 돈을 주말에 조선족들이 운영하는 마작청에 가서 500-1000만원씩 잃어가면서 여가를 보내는 사람들도 적지 않다. 뿐만 아니라, 카지노에 가서 2억을 잃었다고 하는 남자도 있었는데 그의 여가는 도박으로 구성되는 것이 아니라, 도박은 아예 그의 직업이었다.

연구자가 방문했던 한 조선족 남성이 운영하는 마작청은 마작 기계가 두 대 들어있는 방, 침실, 주방, 화장실 등 네 칸으로 구성되었다. 방에서는 조선족 남자 넷이서 마작을 한창 놀고 있는 중이었는데 마작청주인은 그 사람들은 어제 새벽 5시까지 놀고 잠깐 돌아가서 쉬고는 점심 12시부터 또 놀고 있다면서, 손님 중 한명은 요즘 며칠 마작을 놀아서 500만을 잃었다고 하였다. 그리고 마작청 주인도 몇 달 전에 자신의 마작청에서 손님들과 같이 마작을 놀면서 며칠사이에 600만원을 잃었다는 사실을 말해주었다. 그는 그렇게 말하면서, 여기 오는 손님들의 돈은 이제 모두 자신한테로 들어오게 돼있다고 말하고 있었다.

마작청 주인은 1988년에 한국에 입국하여 약장사로부터 그의 외국행을 시작하였다. 공무비자로 나와서 불법체류로 때밀이, 노가다를 하면서 돈을 버는 도중, 어느 하루 불법체류자들을 붙잡는 경찰들에게 쫓기게 되는데, 불행하게도 3층에서 뛰어내려 다리가 부러지게 된다. 다리가 부러지면서 그는 3년 동안 옴짝달싹도 못하고 누워 있게 되며, 그동안 번 돈을 모두 다리 치료에 쓰게 된다. 조선족 가정부를 쓰는 동안, 적금해놓은 돈은 밑굽을 드러내게 되며, 이제 가사도우미도 쓰게 못하게 되자, 매일 5평되는 집에만 누워있는 그를 불쌍하게 여겨 주위의 조선족 친구들은 그를 매일 택시에 앉혀서 어떤 조선족이 꾸린 마작청으로 보내주게 된다.

왜냐 하면 주위 친구들은 그가 어디 가서 일도 못하게 될 것이고, 집에 누워있으면 너무 갑갑하다고 생각했기 때문이다. 그렇게 되어 다른 한 마작청에서 마작청주인의 밑천 모으기가 시작된다. 그때로부터 그는 마작청에서 마작을 놀게 되는데, 근 반년동안 무려 2500만원이라는 돈을 모으게 된다. 그렇게 모은 돈으로 그는 다리도 치료하게 되고 다시 일을 시작하게 되었으며, 지금은 번 돈으로 마작청을 운영하게 된 것이다.

이렇게 조선족의 여가문화에서의 마작유희를 중심으로 유통되는 돈은 때로는 한 사람의 운명을 바꾸어놓기도 하고, 그러한 돈을 밑천으로 마작청을 운영할 때, 자본은 조선족의 혈연, 지연에 기초한 네트워크 속에서 유통된다.

그리고 더욱 중요한 것은, 조선족 여가문화의 집단적 실천은 조선족들과 한국인 집단의 경계를 재생산시키는 요소로 된다는 것이다. 구체적으로 말하자면, 조선족들이 자신의 집단 구성원들끼리 모여 카드놀이, 마작유희로서 여가를 즐길 때 한국인 집단에게 그것은 조선족들끼리만 모여서 노는 배타적인 집합적 행위로 간주되며, 또 소수 조선족들의 도박행위로 인해 마작문화가 조선족 집단의 특성으로 부과될 때, 그들의 여가문화는 상호작용에 의해 재생산을 이루어내는 요소로 된다는 것이다.

카드놀이와 마작유희는 때로는 조선족들의 여가문화라는 범위를 떠나, 일부분 조선족들에게 한국에서의 노동생활에서 스트레스를 풀기 위한 수단으로 동원되기도 한다. 1997년도에 친척방문으로 입국하여 2010년까지 불법체류하면서 그동안 진 빚을 갚고 있었던 남석희씨는 시간만 있으면 카드유희로서 자신의 스트레스를 푼다. 그래서 주위 사람들이 부커(扑克: 카드)교장이라고 할 정도로 그가 오면 아예 그를 위해 카드놀이를 할 수 있도록 사람 3명을 찾아준다.

> 나는 그때 누구하고도 내 스트레스를 풀 길이 없어서 거저 시간만 있으면 부커(扑克: 카드)를 놀았어. 막 그거 놀지 않으면 정신이 나갈 지경이었어. 놀 줄 잘 모르니까 한번에 돈을 6000-7000원씩 잃으면서 두 시간만 있으면 그걸 놀았어. 우리 딸애로 내가 스트레스를 풀기 위해 놀기 싫어 하는 줄 알고 집에다 100원짜리 동전을 잔뜩 모아두구 주말마다 내가 가면 그걸 나한테 꺼내줬어. 그래서 주위 사람들이 나를 막 미친줄로 알았어(남석희).

한국사회에서 한국인 집단과의 경계를 경험한 조선족들은 경계에 직면하여 여러 가지 양식의 행위들을 한다. 그러나 그들의 행위들이 어떠한 양식을 띠던 간에 그들은 종당에는 자신들의 집단을 찾아나선다. 여가활동을 중심으로 이루어진 조선족 단체는 단체로 모여드는 경계를 경험한 조선족 집단 구성원들의 집단적 실천에 의해 형성된 것이라고 할 수 있다.

조선족들의 집단적 귀속의 실천들이 수적으로 불어남에 따라 여가활동을 중심으로 한 조선족 단체가 2006년도부터 활성화되기 시작했다. 단체 활동에 참가하여 여가를 보내는 조선족들은 주로 등산, 배구, 축구, 배드민턴, 골프 등 스포츠 활동을 하며(<사진 7>), 매주 혹은 매달 한 번씩 구로동에 위치한 구로중학교(배구·배드민턴)와 대림1동에 위치한 대림중학교(축구)에서 연습을 진행한다.

〈사진 7〉 한마음 배구단·배드민턴·축구단·산악회 주말활동
(2011.3.27./구로중학교·대동중학교·북한산)

조선족들의 여가생활은 한국인들의 여가생활과 비교 했을 때, 마
작유희나 카드놀이를 제외하고는 활동내용상에서 큰 차이를 보이지
않는다. 그러나 그들의 여가문화는 단지 여가생활만을 위해서 형성
된 것은 아니다. 그것은 뛰어넘을 수 없는 경계에 직면한 조선족들

의 집단적 귀속에 의해 형성되는 더욱 견고해지는 하나의 '울타리'로서, 더 이상 두 집단 간의 경계로서 존속해가는 형태가 아니라 경계의 재생산을 이루는 구조로 변형된 것이었다.

3) 축제문화의 양상과 재현

조선족들의 축제는 명절을 중심으로 이루어진다. 주로 국제3.8부녀절, 연변조선족자치주 창립일, 추석, 송년회, 음력설 등 기념일이나 명절에 진행되며, 노래자랑, 민속음식, 축구대회, 문화공연 등으로 구성된다.

단체에 참가하지 않는 개인들이 가장 많이 모이는 모임이 국제3.8부녀절 모임이다. 중국에서 국제3.8부녀절은 큰 명절로서 한국에서도 조선족들은 3.8절을 빼놓지 않고 기념한다. 조선족 남성들은 3.8부녀절이 되면, 여성동창들이나 친구에게 연락하여 그들을 축하하는 회식장소를 마련한다. 20여명의 조선족 남녀가 모이는 3.8부녀절 축하모임은 식당과 노래방을 중심으로 이루어지며 3월 8일이 주중이면 그 이전 주말이나 그 주의 주말로 약속을 잡는다(<사진 8>).

조선족 단체에서도 국제3.8부녀절은 큰 축제대상이다. 재한동포연합총회와 조선족 연합회에서는 3.8절이면 한복을 입고 노래자랑, 춤자랑을 하면서 하루를 보낸다(<사진 9>). 국제3.8부녀절은 국경을 넘은 사회주의 국가에서의 축제문화로서 자신들의 집단적 정체성을 확립해가기 위한 수단으로 동원되는 하나의 도구라고 할 수 있다. 왜냐 하면, 조선족 연합회가 한국인이 세운 조선족복지선교센터에서 한국인들이 그다지 중요시하지 않는 국제3.8부녀절을 기념하는 실천들은 결국에는 조선족 집단 정체성의 재현이라고 볼 수 있기 때문이다.

〈사진 8〉 조선족 동창들의 3.8부녀절 모임(2011.3.6./건대입구역)

〈사진 9〉 조선족 연합회 국제3.8여성의 날 축제(2005.3.6./조선족복지선교센터)

〈사진 10〉 조선족 연합회 음력설 축제(2002.2.10/조선족복지선교센터)

〈사진 11〉 조선족 연합회 봄체육대회(2003.4.23.)

그리고 조선족 단체의 축제에서 빠뜨릴 수 없는 것이 음력설 축제
(<사진 10>)와 체육대회이다(<사진 11>, <사진 12>). 음력설 축제

에서는 주로 조선족 음식을 해서 먹거나 노래자랑, 춤자랑으로 하루를 보낸다. 체육대회는 보통 여러 명으로 팀을 짜서 바줄 당기기, 달리기, 게임, 축구, 배구 항목의 경기들을 하고, 우승한 팀에 상품을 배분하는 시스템으로 진행된다.

〈사진 12〉 한마음 협회 채육대회(2011.7.6/대림중학교·구로중학교)

한국에서 열리는 조선족 단체의 체육대회도 조선족들이 집단 정체성을 확립하는 도구로 사용된다고 할 수 있다. 그들이 한국에서 진행하는 체육대회는 단지 건강을 위한 체육프로그램 그 이상의 의미를 지니는 것으로서 조선족들은 체육대회라는 단체 활동을 빌어 자신들의 확충되는 인적자본을 보여주고자 하며, 집합적 행위를 통해 역량을 과시함과 동시에 과시되는 역량 속에서 힘을 얻어 힘을 얻고 자신들의 집단적 정체성을 확립하고자 한다.

단체에서의 송년회도 조선족들의 하나의 집단적 실천이다. 약 250여명이 참석한 중국동포한마음협회(이하 한마음협회)의[50] 2010년 송년회는 대림동의 정현탑 웨딩홀에서 진행되었는데, 그들이 그러한 공식적인 행사장소를 빌린 이유는 유형(有形)의 집단적 행동으로 무형(無形)의 인적자본의 활용가능성을 보여주고 한국사회에서의 인정을 받기 위해서이다.

〈사진 13〉 중국동포한마음협회 송년회(2010.12.26/대림동 정현탑 웨딩홀)

뿐만 아니라 연변조선족 자치주 성립 기념일 '9.3'이라는 축제문화를 통한 조선족들의 집단적 실천들도 한국사회에서 집단 정체성

---

50) 현재 가리봉동·대림동·구로동 일대에는 재한동포연합총회, 귀한동포연합총회, 중국동포한마음협회, 대림동 시냇길 경로당, 한민족신문사 등 조선족 단체 및 언론사가 있다. 그 외에도 조선족을 대상으로 하는 언론사, 교회 및 단체로는 중국동포타운신문사, 중국동포교회, 한중사랑교회, 이주동포정책연구소 등이 있다. 중국동포한마음협회는 2008년도에 세워진 조선족 친목도모 활동 민간단체이다. 단체는 2006년 축구단으로부터 시작되었으며 회원 및 회원 가족들이 증가되자 협회 산하에는 봉사단, 산악회, 배구단 등 단체가 세워졌다. 정기적으로 단체활동에 참여하는 회원들은 100여명 정도이고, 카페 총회원은 1500명정도이며, 회원들의 연령대는 30-40대이다. 최근에는 협회산하에 배드민턴클럽과 골프클럽이 세워졌다(중국동포한마음협회:http://cafe.daum.net/yitiaoxin 참조바람).

을 확립해나가려는 조선족들의 가장 강한 의지의 표현이라 할 수 있다(<사진 14>).

〈사진 14〉 조선족 연합회 연변조선족차치주 성립 52,53주년 축하잔치
(2004.9.5/조선족복지선교센터)

연변조선족 자치주의 성립 기념일 축제는 그 축제이상의 의미를 지닌다. 조선족들에게 중국 동북지역에 이주하여 간 조선인들이 그 지역에 스스로 뿌리를 박고 삶의 터전을 만든 역사적 사실은 자신들의 과거의 영광인 것이다. 그리고 그것은 현재 한국사회에서 자신들의 집단적 정체성을 확립하고자 하는 조선족들의 일종의 정신적 지주(支柱)로 작용함과 동시에 한국에서의 자신들의 정치적 목표를 실현하기 위한 방편으로 이용된다. 이는 조선족 연합회 52주년 창립기념일 축사내용에서도 잘 알 수 있다.

> ...이 험난한 고통 속에서도 우리는 연변을 지켰고, 연변을 발전시켜왔습니다. 동북3성에서 살고 있는 조선족은 물론 북경, 상해 등 각 지에 분산되어 살고 있는 조선족들도 연변조선족 자치주가 있기 때문에 전국의 어디에 가나 자랑스럽게 생각되고 떳떳하게 살아가는 것입니다. 연변조선족 자치주는 중국뿐만 아니라, 해외에 살고 있는 우리 민족 중 유일한 자치정부입니다. 따라서 연변조선

족 자치주는 해외에 살고 있는 조선족들의 자랑거리가 되고 세계
의 조선민족의 자존심이기도 합니다..

한국사회에서 집단 간 경계를 경험한 조선족들은 축제의 형식을
빌려 자신들의 존재의 정당성과 발전가능성의 힘을 보여주고자 하
며, 그러한 과정 속에서 그들은 자신들의 집단적 정체성을 확립해나
가고자 한다. 그러나 그들의 그러한 집단적 행동이 한국인 집단에게
활용 가능한 인적자본으로 취급되었을 때는 모든 경계가 금방 무너
질 듯이 보이지만, 한 집단의 배타적인 응집력으로 취급되었을 때는
집합적 행위로 인한 집단 간 경계가 오히려 가시적으로 드러남으로
인해 경계는 재생산의 구조 속으로 편입해 들어간다고 할 수 있다.

4. 집단 간 경계 재생산의 내적 구조

집단적 경계의 (재)구축의 가장 중요한 요소가 바로 차별받고 있
는 집단에 의해 진행되는 자아·타자의 구분 짓기이다. 그것은 또한
경계를 경험한 그들의 1차적 대응행위이자 경계를 인식하는 가장
원시적 논리이다. '차이'가 존재한다는 그 자체는 집단 간 경계를 설
명하는 데 큰 도움이 되지 못한다. '차이'가 '우리' 집단의 가치판단
을 중심으로 평가될 때에라야 비로소 집단 간 경계를 형성하게 되는
것이다. 즉 한국인 집단과 조선족 집단 간에 존재하는 여러 차이에
대한 평가에는 어떠한 판단기준도 없으며, 단지 두 집단 구성원들이
자신들의 문화를 기준으로 한 가치판단에 의해서 생성되는 것이다.
그것은 또한 이주 영역에서의 집단 간 경계 형성의 중요한 행위 양
식인즉 서로 다른 집단 구성원들에 대한 규정짓기이고 서로에 의한

두 집단의 상호 분리이다. 구체적으로 말하자면, 차별에 대한 대응 방식으로 조선족 구성원 내부에서는 "한국 사람들은 xx한 데 비해 우리 조선족들은 xx하다"라는 문법을 구성하면서 한국 사람과 '우리'들을 구별 지으며 '한국인론'/ '조선족론'을 창출해낸다. 이 과정은 조선족들이 자신이 과거 살아왔던 사회의 가치, 관습, 규범을 자신을 동일시하여 타자를 분리해내는 분리의식의 생성을 동반한다.

예를 들면, 한국 사회에서 조선족이라는 신분이 밝혀졌을 때, 대부분의 조선족들은 한국인들의 무시와 비하, 편견의 시선을 받는다고 생각한다. 그와 동시적으로 일어나는 것이 바로 한국인에 대한 반대 평가와 스스로의 민족적 신분의 (재)확인이다. 일례로 첫 회식장소에서 '연변말을 하면 잡혀간다'는 농담 경험 바로 이후에 있은 '쓰레기 사건'에서 천산 씨의 한국인에 대한 그의 평가는 '싱겁다', '우리는 그렇지 않다'이다. 그러한 일이 있을 당시 한국에서 쓰레기 단속이 한창 심할 때였고, 쓰레기봉투에 담아서 버리지 않으면 신고를 당하는 상황이었음을 천산 씨는 모르고 있었다. 왜냐하면, 중국에서는 그러한 규제가 없었기 때문이었고, 일본 이주 경험이 있는 그였지만 일본에서는 거리에 쓰레기를 버리지 않기 때문에 한국에서의 이질적 경험을 이해할 수 없었던 것이다. 하지만 그러한 상황을 문화적 차이라고 인식하기에 앞서, 한국인과 한국 사회를 규정하는 일이 우선적으로 행해진다. 동시에 그는 자신을 '중국인'으로 규정하기에 이른다. 비슷한 사례로 신화영 씨는 '이밥을 먹고 사느냐', '옷을 제대로 입고 다니느냐'라는 한국인들의 질문을 받자마자, 자신이 그러한 질문을 받는 이유는 바로 한국인의 '무식함', '산골짜기에서의 편견'이라고 단정하면서 한국인들을 규정짓고자 한다. 따라서 한국인과 '같은 민족'이 아닌 '중국 조선족'으로서 소속감을 형성한다.

이처럼 한국인들의 질문들은 조선족들에게 있어 자신들의 기존생활에 대한 확인 차원에서의 질문에 머물지 않는다. 그러한 질문들은 조선족들의 이주경험에서 무시, 편견, 차별이라고 생각되는 인식들을 생산시키며 그들의 행위에 영향을 준다. 구체적으로 말하자면, 조선족들은 그러한 의문 혹은 질문들을 자신들에 대한 무시, 편견, 차별이라고 인식함과 동시에 우선적으로 자아·타자를 구분하기 시작하며, 나아가 자신들과 한국인들의 행동방식에 대한 가치판단을 통해 한국인/조선족 집단 간 차이의 근원을 찾아내기 시작한다. 그리고 한국인에 대한 판단과 그들과의 비교에서 자신들의 '우월점'을 고안해내는 과정과 함께 민족적 신분을 상기하고 확인시키며 자신의 '민족적 소속감'을 재구성한다.

이러한 사례는 또한 조선족 출신국의 규범, 관념, 사고, 관습들의 초국적 이동이 두 개 상이한 사회적 삶이 교차하는 지점에서 자아·타자를 구분하는 요인으로 작동함을 말해준다. 앞서 언급했던 남석희 씨의 경우도 자신이 경험한 일에 대해 한국인들의 '이기주의'와 자신들의 '이타주의'로 해석하면서 집단 간 사고, 관습, 규범의 차이를 자본주의/사회주의 구별로서 판단한다. 이와 같이 조선족들의 직장과 일상에서의 체험들은 그들로 하여금 자신이 살아왔던 사회주의국가에서의 사회적 삶과의 차이를 상기시키는 계기가 되었으며, 또한 한국인과의 상호작용 속에서 생기는 갈등은 종종 사회주의 체제와 자본주의 체제에서 살아가는 사람들의 '다름'이라는 2분법적인 틀로 해석되며 그것은 그들의 국가적 귀속을 강화시키는 데 일조한다. 모택동 시대를 지나온 조선족들에게 '향수는 타인에게, 힘든 일은 자신에게'라는 사회주의국가에서의 행위규범들이 그들 자신의 '우월감'을 부추기는 요소로 작용하는 것이다.

조선족들의 '우월성'을 고양하는 요소 중에는 또 그들의 조상, 영웅, 과거의 고난 등도 포함된다. 조권영 씨는 '개척자의 후손으로서의 자긍심'을 동원하며 스스로를 "중국에서 독립운동을 하여 피 흘린 조상들의 후손"으로서의 '우월성'을 과시하고자 한다.

이처럼 서로가 '같은 민족'일 것이라고 믿었던 상상이 깨짐과 동시에 조선족들은 자신들의 조상, 영웅, 과거의 고난 등 역사적 사실을 발굴함으로써, '조선족'으로서의 존재가치를 찾고자 하며, 구조적 제약과 사회적 차별의 부당성을 보여주기 위한 근거를 한반도의 민족적 수난의 역사에서 찾고자 한다. 따라서 모호해 보였던 집단 간 경계는 점차 분명해지기 시작한다.

요컨대, 한국 사회에서 한국인 집단과 조선족 집단 간의 차이는 차이로서 존재하는 사회적 구조를 가지고 있지 못하다. 모든 차이는 우선 두 집단 구성원들의 의식구조에 의해 변형된 형태로서 타자에 부과되는 공동체성이 되며 그러한 분위기는 조선족들로 하여금 한국인과의 접촉에서 차이로 생기는 모든 갈등과 불찰들을 일괄적으로 차별과 편견이라고 일컫는 구조를 형성시킨다. 이러한 구조 속에서 조선족들에게 차이는 차이로서 받아들여지는 것이 아니라, 차이로 인해 경계가 형성되는 시점에서 그들 스스로 그것을 '자신의 국가적 출신과 집단적 요소' 때문에 생기는 차별현상이라고 인식하는 과정이 바로 경계를 경험하는 행위자들이 자신의 '민족 정체성'에 대한 자기규정을 하게 되는 사회적 조건과 상황들인 것이다.

결국 '차이'의 차별화 과정에서 핵심적 요소는 자아와 타자 사이의 경계 긋기이다. 그리고 그러한 경계는 경계를 인식한 재한 조선족들의 '민족 정체성'에 대한 '자기규정'을 통해 재생산된다. 다음 장에서는 경계에 직면한 재한 조선족들은 스스로를 어떻게 규정짓고 살아가는 것인지에 대해 살펴볼 것이다.

제4장

재한 조선족의
실천 전략과 민족 정체성

1. 실천 전략 유형과 특징

1) 실천 전략의 유형별 사례

앞서 살펴보았듯이, 조선족들은 다양한 방식으로 한국인 집단 간의 차이를 해석하며 또 그들 나름대로 집단 간 경계에 대응한다. 그러한 대응방식들은 일종의 생존 및 실천 전략들이며 그러한 전략들은 '민족 정체성'에 대한 자기규정을 동반한다.

현지에서의 참여관찰과 심층면접을 통해 수집한 자료를 기반으로 재한 조선족의 실천 전략들을 분석해보면, 그것은 크게 중국에서 형성하여온 '조선족'이라는 '소수민족' 정체성을 유지하려고 하는지, 혹은 한국 주류사회에 적극적으로 진입하는 것을 원하는지에 따라서 서로 다른 실천 전략을 보인다. 이 글에서는 다양한 조선족의 실천방식을 포괄하여 그 유의미한 차이에 따라서 크게 네 가지로 구분하였다. 즉 기존의 '조선족' 정체성을 유지하면서 한국 주류사회에 진입하고자 하거나 주류사회와 관계를 유지하고자 하는 유형, 기존의 정체성을 강화하면서 중국의 주류사회에 진입되기를 원하는 유형, '조선족'임을 숨기고 한국 국민으로 살아가는 유형, '조선족'임을 부정하며 '국제인'으로 살아가는 유형 등이 그것이다. 이하에서는 각각의 유형에 속하는 개별적인 행위 주체들의 실천을 구체적인 사례를 통해서 살펴보고자 한다.

첫째, 기존의 '조선족' 정체성을 유지하면서 한국 주류사회에 진입하고자 하거나 주류사회와 관계를 유지하고자 하는 유형이다. 먼저 한국에서 '동포'로서의 지위를 확립하고 사회적 위치를 변화시킴으로써 한국의 주류사회에 진입하고자 하는 사례가 있다. 이 사례의 경우, 단체결성을 통해 형성되는 힘들을 자신들의 사회적 자본으로 확보함으로써 주류사회의 사회적 배제를 보완하고자 하며, 영등포구청에 등록하여 전체 한국 사회를 대상으로 하는 자원봉사를 진행함으로써 자신들도 한 사회를 구성해나가는 주류사회 구성원과 똑같은 시민임을 보여주고자 한다. 따라서 이러한 실천을 통해 한국 사회에 통합됨으로써 진정한 한국의 주류사회구성원으로 되고자 한다. 한마음 협회에 참가하여 이러한 목표를 실현하고자 하는 김은희 씨, 박용문 씨, 김국철 씨, 김화 씨가 이 사례에 속한다. 김은희 씨, 박용문 씨, 김국철 씨는 모두 한국 국적을 취득하였으며 법적으로 '한국인'이 되었기에 당당하게 '한국인'으로 살아가기를 희망한다.

2001년도에 한국인 남성과의 결혼을 계기로 한국에 입국하게 된 김은희 씨는 한국 국적을 보유하고 있으며 현재 한국에서 프리랜서로 중국어 강의 혹은 통역 등 일들을 하고 있다. 그는 이주 초기 한국인들의 무시와 차별을 받지 않기 위해 마치 '한국인'이 된 것처럼 '적응'하면서 또 '적응'했다는 착각 속에서 '한국인'으로 살아간다. 그와 동시에 '조선족'들의 '못난 짓'들을 보면서 '조선족' 집단을 멸리하게 된다.

> 특별히 또 비교도 못 느끼겠더라고, 한국에 계속 살다 보니까. 그
> 다음부터는 마치 한국인이 된 것처럼 적응하면서 그런 착각 속에
> 빠지면서 살게 되었지. 어디 가서 중국 동포라는 티는 안 내고 말
> 도 될수록이면 사투리 안 쓰려고 그랬었지. 한동안은 좀 그랬던
> 것 같아. 중국에서 다면 얕잡아 볼까 봐 그런 건 감추고 숨기기
> 위해서라도 좀 한국인이 되려고 많이 노력하고 그랬던 것 같아.
> 우선 말부터 신경 쓰면서 고치려고 노력했거든. 한국 습관 따라
> 하려고 노력했고 어차피 이 나라에서 살려면 또 똑같은 대우를 받
> 으려면 같이 행동을 같게 해야 하지 않겠느냐 그런 생각이었지.
> 한동안은 한국인으로 살아보겠다. 한동안은 그냥 중국 친구들하고
> 연락도 안 하고 살았고 물론 살기 바빠서 그런 것도 있겠지만 그
> 리고 여기 대림 쪽에 조선족들이 못난 짓들을 많이 하잖아. 그런
> 걸 보면서 나는 저렇게 살면 안 돼, 막 그렇게 생각하면서도 좀
> 멀리하면서 나는 좀 다르게 살아봐야지(김은희).

하지만 '한국인'으로 되고자 하는 그의 시도는 실패하게 된다. 그
는 "귀화를 했어도 당당하게 한국인"이라고 말할 수 없는 상황에서
는 자신을 어쩔 수 없는 '중국인'이라고 규정한다. 또한 "아무리 노
력해도 하루아침에 한국인이 될 수 없는" 현실 앞에서 차라리 자신
의 "불투명한 정체성을 숙명"이라고 인정하고 살아가야 한다는 판
단을 내리게 된다.

> 난 정체성 혼란을 겪을 때가 많거든 우리는 완전한 중국 사람도
> 아니야. 그치. 그리고 완전한 한국 사람도 아니야. 그니까 도대체
> 내가 어느 위치에서 어떤 존재로 있어야 하나 그런 생각. 난 귀화
> 를 했어도 당당히 한국인이라고 말할 수도 없고. 그러니까 난 어
> 쩔 수 없이 중국인이야. 아무리 한국인이 되고 싶어도 안 돼, 그거
> 는. 다른 사람들이 받아줄까 아니 받아줄까를 떠나서 내 스스로가
> 생각이 그렇게 안 들어. 그렇잖아. 우리는 역사적으로 중국에서

태어났고 중국인이라는 이름으로 20 몇 년 동안 그 문화 속에서 살았는데 하루아침에 그게 한국인이 될 수 있는 거는 아니잖아. 이제는 차라리 이걸 인정하고 우리 이런 불투명한 정체성 자체를 숙명이라고 생각하고 살아가는 게 더 편할 것 같아(김은희).

그리하여 조선족 집단을 탈피하고자 하는 노력도 실패를 하게 된다. 한국 사람들 속에서 당당할 수 없음을 인지하게 되자 그는 다시 '조선족' 집단으로 귀속하게 된다. 자신이 그동안 거부했던 '조선족' 집단은 그에게 '사막에서 오아시스'를 만난 것처럼 "반갑고 정겹고 편안한" 공동체로 재의미화된다.

한국 사람 무리에서 내가 당당할 수 없더라고, 사람은 항상 자기가 당당하기를 원하고 자기 편한 그런 무리를 찾게 되잖아. 그렇다 보니까 항상 우리들만의 이런 무리로 들어오게 되더라고. 처음에는 한국인 사람들 속에 한국인처럼 살아보기로 했는데 현실적으로 안 돼. 벽이 있고. 한국인들과는 또 친해지지 못하는 뭔가가 있어. 그래서 사람이 막 외롭고 하니까 이런 동호회 같은 것도 찾게 되고 이런 카페 같은 것도 찾게 되고 처음에 찾은 것이 모이자였어. 그때 참 오아시스를 만난 기분이었지. 이런 조선족 단체에 들어오면 막 정겹고 편안하고 그런 거야. 공동대화도 많고 통하는 것도 많고 그러다 보니까 단체 활동을 자주 하게 되고 이 동네에 자주 오게 되고(김은희).

현재 그는 한마음 협회에 참여하여 조선족의 사회적 위치를 변화시키기 위해 노력하고 있다. 그는 조선족이 뭉치는 이유는 한국 사회에 더욱 잘 적응하기 위해서라고 인식한다. 그리고 자신들의 사회적 위치를 변화시키기 위해서는 스스로가 "인정할 건 인정하고 배울 건 배우고 수정할 건 수정"하면서 점점 발전해가는 집단으로 되어야 한다고 이야기한다.

동포들이 뭉쳐서 우리가 우리의 정체성을 찾아가고 한국 사회에
서 우리들이 좀 더 인정을 받고 더 나아가서 한국에서 조화롭게
살아갈 수 있는 한국 사회와 조화롭게 살 수 있는 우리끼리만 뭉
치는 게 아니라 우리가 뭉침으로 하여서 더욱더 한국 사회에 적응
할 수 있게끔. 우리가 뭉치고자 하는 이유는 우리가 변해보자라는
그 이유야. 다 같이 모여서 뭔가를 좀 느끼고 인정할 건 인정하고
배울 건 배우고 우리가 못하는 부분은 인정하고 조금씩 고쳐나가
고 하면서 조금 더 발전하는 그런 사람들로 되어보자, 그런 취지.
그냥 우리끼리 모아서 먹고 놀자는 식이 아이라 좀 더 발전해보자
는 그런 생각이지(김은희).

한마음 협회에서 함께 활동하고 있는 박용문 씨는 학교를 졸업하
고 중국에서 음악밴드를 구성하고자 자금 마련을 위해 한국으로 입
국하게 된다. 6년 동안 불법체류자로 있으면서 그는 건설현장에서
인부로 일하게 된다. 그 과정에서 2~3년 친하게 알고 지내던 한국
인의 이름으로 건설업체와 계약을 맺고 십장으로 일하게 되며, 6년
동안 '집 없는 설움'을 경험하게 된다. 그 이후 조선족 지인의 소개
로 2006년도부터 가리봉동에 와서 여행사를 운영한다. 잠깐 머물다
가 떠나려 했던 한국은 이제 그가 정착할 곳이 되었다.

중국에서 아나운서 경험이 있는 박용문 씨는 우연한 기회에 모 동
포신문사 6주년 행사에서 사회자로 활약하게 된다. 그 이후로부터
그는 한국의 조선족 사회에서 활동하게 된다. 중요한 것은 한국 국
적을 취득하고 현재 조선족 사회에서 활동하고 있는 박용문 씨는 자
신의 귀속을 대상에 따라 다르게 표출한다는 것이다. 한국 사회에서
자신을 '동포이지만 귀화'한 사람으로 밝혔을 때와 단지 '조선족'이
라고만 밝혔을 때 자신을 대하는 한국인들의 태도가 '달라짐'을 느
끼고 '조선족'에 대한 차별을 감소시키기 위해 자신이 "귀화"했다는

사실을 강조한다.

현재 한마음 협회의 운영위원으로 활동하고 있는 그는 조선족을 둘러싼 법적·제도적·사회문화적 차별을 변화시키고, 한국 사회에 진정으로 통합되기 위해서는 우선 조선족끼리 뭉쳐야 한다고 인식한다. 조선족들이 한 덩어리가 되어야만이 동포에 대한 한국 정부의 시각과 정책을 변화할 수 있다는 것이 그의 생각이다.

> 근데 큰 덩이가 큰 덩이를 만나기 전에 우리 덩이가 먼저 찰싹 들
> 어붙어야 되지. 우리 덩이가 부실한데 푸석푸석한데 잘 뭉쳐져 있
> 는 한국인들하고 부딪쳤을 때 우리는 즉시 산산조각이 나는 거지.
> 우리가 똘똘 뭉쳐야지 우선은. 그다음에 서서히 융합을 해야지.
> 내가 생각하는 그 뭉친다는 얘기는 중국에서 온 동포들만 뭉쳐야
> 한다는 뜻보다도 중국에서 온 동포들이 먼저 뭉치고 한국인들하
> 고 융합을 해야 하는데 뭉쳐야 한다는 건 뜻을 같이하자는 거잖아
> (박용문).

그뿐만 아니라, 한국 사회에서 '중국 동포'가 아닌 진정한 '동포'로 인정받기 위해서 향후 정책 지향적인 실천도 많이 해야 한다고 생각한다. 조선족 단체는 조선족과 한국 정부를 이어주는 중계인 역할을 해야 하며, 앞으로 정책 지향적인 실천도 많이 해야 하는 것이다.

> 정책 지향적인 거 많이 해야지. 예를 들면 중국 동포가 한국 사회
> 에 기여하는 점 그리고 한국 사회에 폐를 끼친 점, 부작용을 일으
> 킨 점들이 뭔지 이런 것들을 알아가면서 한국 정부가 동포들의 정
> 책에 대한 맞는 부분과 잘 가릴 수 있도록 옳은 정책을 풀 수 있
> 도록 그런 기반을 마련해줘야 우리가 바라는 거는 뭐고 우리가 개
> 선해야 할 거는 뭐냐 이런 것들을 중계인 역할도 잘 해야 할 것이
> 고. 우리가 여태까지 못 해왔던 것들을 어떻게 해야 잘할 수 있는
> 지 그런 정치적인 내용도 있어야 한다고 봐요. 그래야 나중에 중

국 동포라고 하지 않고 그냥 동포라고 할 거지. 우리 동포라고 그
렇게 가야 하는 거야(박용문).

　김국철 씨도 김은희 씨, 박용문 씨와 함께 한마음 협회에서 활동
하고 있다. 1997년에 한국에 입국하여 갖은 어려움 끝에 현재 자영
업을 운영하게 되고, 우연한 기회에 조선족 단체를 결성하게 된 김
국철 씨는 현재 한마음 협회의 운영위원으로 활동하면서 조선족들
의 사회적 위치를 변화시키기 위한 실천들을 하고 있다. 한국 국적
을 취득하고 한국 사회에 잘 적응하면서 안정적으로 살아가기를 지
향하는 김국철 씨는 조선족들이 한국 사회에 잘 적응하면서 살아가
려면 '조선족'끼리 잘 뭉쳐야 한다고 판단한다.

　　한국 사회에 적응하려면 우리가 뭉쳐야 돼요. 그 뭉치는 게 정말
　　쉽지 않아요. 그냥 간단히 예를 들어서 우리 한마음 협회를 보더
　　라도 알아요. 사람들이 이렇게 몇이라도 뭉치니까 큰 힘이 되는
　　거요. 왜냐하면 우리 세력을 또 무시는 못 해요. 진짜 큰 힘이 되
　　는 거요. 거기에 대해서 또 자기 생활만 자기 생활이라고 하지 말
　　고 남들도 도와주면서 이런 모습이랑 보여주면서 하면 무시 못 해
　　요(김국철).

　따라서 한마음 협회의 운영 목표를 주류사회에 진입하는 것으로
설정한다. 그에게 있어 주류사회에 들어가는 목표를 달성하는 방법
이 바로 아래에서 구술한 것 같이 사회적 실천을 통해 자신들의 인
적자본을 드러내거나 빌딩을 세우는 것과 같은 경제적인 독립 등 가
시적인 것들을 보여주는 것이다. 그뿐만 아니라 조선족들에 대한 법
적·제도적·사회문화적 차별을 변화시키는 가장 좋은 방법이 바로
국가 차원에서 조선족을 '동포'로 인정해주고 조선족에 대한 정책개

선을 추진하는 것이다.

> 어떻게 하나 주류사회에 들어가는 거야. 쉽지는 않겠지. 그런데
> 꼭 그렇게 될 거야. 우리가 만약 우리 힘으로 큰 빌딩 같은 거 지
> 으면 뭔가 보여주면 우리를 무시하지는 않을 거야. 외국인들보다
> 도 더 대접을 못 받는 게 지금 조선족이거든. 이걸 해결하는 것도
> 무슨 그런 뾰족한 방법이 없어요. 그런 문제를 해결할 수 있는 제
> 일 좋은 방법이 정부에서 추진을 해야 돼요. 정부에서 인정을 해
> 야지. 조선족들도 다 우리 한민족이다, 같은 민족이다, 그렇게 애
> 들부터 교육을 시키고 그런 사상을 주입시켜야 되고 우리는 전
> 7,000만 동포라고 우리 중국의 조선족들도 들어간 거야. 그런데
> 말로만 동포라고 하지 이 사회가 참 허구프지. 글쎄 발전은 크게
> 생각도 안 해요. 그냥 꾸준히 하던 일이라도 하고. 크게 머 생각하
> 는 자체부터도 우스운 일이라고 생각해. 그냥 꾸준하게 정규적으
> 로 활동을 하고 회원이라도 더 확보하고(김국철).

15년 동안의 한국 생활을 거쳐 한국에서의 정착을 결심하게 된
김국철 씨는 자녀의 학교입학 등 현실적인 문제로 인해 한국 국적으
로 바꾸게 된다. 하지만 그의 국적과 귀속의식은 일치되지 않는다.
즉 한국 국적을 취득했지만 그는 한국인이라고 당당하게 말할 수 없
는 현실 앞에서 "한국에서 받아주지 않아서 중국에 가면 중국은 그
래도 우리를 받아준다"는 식으로 자신의 귀속을 표출한다.

김화 씨도 앞의 세 명의 사례와 마찬가지로 한마음 협회에서 활동
하고 있다. 2008년에 한국에 입국한 김화 씨는 모 회사에 근무하고
있으며 친구의 집요한 소개로 석 달 만에 한마음 협회 봉사활동에
참가하게 된다. 김화 씨가 지속적으로 봉사활동에 종사하게 된 이유
는 봉사활동을 하면서 느끼는 보람 때문이었다. 요양원에서의 한 할
머니의 웃음은 그가 봉사활동을 유지하게 된 계기가 되었던 것이다.

친구 땜에. 고향이 같잖아. 친구가 석 달 꼬셨어. 협회에 참가하자
고. 그래서 할 수 없이 갔어. 근데 그때 봉사할 때 한 할머니가 팔
이 아파가지고 약으로 문질렀는데 아프다고 살랑살랑 해라고 하더
라고. 그러서 살랑 해줬더니 웃더라고. 그 웃는 모습에 이 봉사단에
계속 있고 싶더라고. 처음에는 봉사단에 나갔다가 할지 안 할지는
모르겠다고 했거든. 근데 한번 나갔다가 그냥 하고 싶더라고(김화).

이들 네 사람은 현재 모두 '조선족 타운' 내에 거주하고 있으면서
그곳에서 조선족의 사회적 위치를 변화시키기 위한 실천들을 하고
있다. 그들이 현재 참여하고 있는 한마음 협회의 실천들을 구체적으
로 설명하자면 다음과 같다.

한마음 협회는 여가활동을 매개로 한 여가활동 중심의 친목단체
이다. 협회는 회원들을 확보하여 여가활동을 진행하는 것으로 집단
역량을 과시하고자 하며, 또 봉사활동, 체육대회,[51] 송년회 등의 축
제[52]를 통해 자신들의 집단적 가치를 드러내고자 한다.

한마음 협회에서 진행하는 봉사활동은 사회적 위치를 변화시키고
자 하는 그들의 열망을 가장 잘 드러내는 실천이라고 할 수 있다. 협
회는 한국 사회의 인정을 받기 위해 2008년부터 매월 정기적인 봉
사활동을 진행했으며, 그 취지는 불우이웃 돕기, 후원금 모금, 중국
동포사회의 봉사의식과 기부문화 형성 발전에 일조하는 것이다.

---

51) 체육대회는 보통 여러 명으로 팀을 짜서 줄다리기, 달리기, 게임, 축구, 배구 항목의 경기들을
하고, 우승한 팀에 상품을 배분하는 시스템으로 진행된다. 이러한 집단적 활동은 한국의 음력
설 축제문화와는 완전히 다른 것이다.

52) 3.8국제부녀절(세계 여성의 날), 연변조선족자치주 창립일, 추석, 송년회, 음력설 등 기념일이나
명절에 진행되며, 노래자랑, 민속음식, 축구대회, 문화공연 등의 내용으로 구성된다. 조선족 단체
에서 3.8국제부녀절(세계 여성의 날)은 큰 축제 대상이다. 재한동포연합총회와 연합회에서는 3.8
국제부녀절이면 한복을 입고 노래자랑, 춤자랑 등으로 하루를 보낸다. 음력설 축제에서는 조선
족 음식을 만들어서 먹거나 노래자랑, 춤자랑 등으로 프로그램을 구성하는 것이 일반적이다.

한마음봉사단은 어려운 중국동포들과 불우이웃을 돕기 위한 취지
로 중국동포사회에서의 봉사정신과 기부문화 형성과 발전에 앞장
서고 일조하기 위하여 한마음으로 뭉친 중국동포봉사단체이다. 후
원금 모금과 노력 봉사 등 다양한 형식의 봉사활동을 통하여 어려
운 한국 생활 속에서도 작지만 이웃에게 사랑을 전하고 그 사랑을
기쁨으로 돌려받는 봉사의 정신을 배우고 실천함으로써 중국동포
들의 위상과 자긍심을 높이고 삶의 질을 향상하여 만족스러운 삶
을 영위하는 데 그 목적을 두고 있다.

그러나 위의 취지문에서 알 수 있듯이 중국 동포들의 위상과 자긍
심을 높이는 것이 봉사단 활동의 진정한 목표이다. 즉, 영등포구청
에 등록하여 전체 한국 사회를 대상으로 하는 자원봉사를 진행함으
로써 조선족들도 한국 국민들과 동등한 위치에서 사회적 봉사활동
을 진행할 수 있는 능력을 구비한 집단임을 보여주고자 하며, 그것
을 통해 조선족들의 사회적 위치와 위상을 높이는 것이 궁극적 목표
이다. 협회의 봉사내용을 제시하면 다음과 같다(<표 8>).

〈표 8〉 2010년 봉사활동 보고

		활동내역
1월	1.10.	귀한동포행사현장 새해맞이 그림 판매 행사·수익금 적립
	1.17.	대림역(결식아동급식비지원, 아이티재난후원) 일일찻집 모금행사
	1.25.	대동초등학교다문화 결식아동 급식지원·매달후원 1년 약정 총(12회)
2월	2.13.	제일성결교회 설맞이 동포노인정 무료급식 노력봉사
	2.21.	일산 해븐리병원 위문공연 봉사(1회)
3월	3.21.	일산 해븐리병원 위문공연 봉사(2회)
4월	4.18.	군포 엘림요양원 위문공연 및 급식도우미(1회)
5월	5.08.	재한동포경로당 5.8어버이날 경로당 어르신 효도잔치 후원금 전달
	5.12.	동포 경로당 어르신들 용인 에버랜드 행복한 나들이 인솔봉사
	5.16.	군포 엘림요양원 위문공연 및 급식도우미(2회)
6월	6.26.	영등포 노인케어센터 위문공연 및 병실청소
		일산 해븐리병원 위문공연 봉사(3회)

7월	7.18.	군포 엘림요양원 위문공연 및 급식도우미(3회)
		광야홈리스센터시설봉사-쪽방도배 및 장판교환
8월	8.29.	군포 엘림요양원 위문공연 및 병실청소(4회)
9월	9.12.	대림경로당 한가위 "효" 경로대잔치 음식후원
	9.20.	KBS 다문화 전국노래자랑 행사-질서유지 스텝봉사
10월	10.17.	허재혁 백혈병어린이 돕기 자선 모금행사(1회)
11월	11.21.	영등포 대명요양센터 위문공연
12월	12.26.	허재혁 백혈병어린이 돕기 후원금 전달 행사(2회)

한마음 협회 봉사활동에서 가장 많이 진행된 봉사가 요양원 위문
공연이다. 군포 엘림요양원 위문공연 봉사활동은 2010년에만도 무
려 4차례나 진행되었다. 이러한 봉사활동은 조선족 단체에 참가함으
로써 얻는 정서적 안정보다도 모든 개개인들이 보편적으로 느끼게
되는 인간애를 통한 사회적 관계의 확장을 의미하는 것이기도 하다.

한국에서 열리는 한마음 협회 체육대회도 조선족들이 자신들의
집단적 역량을 과시하는 일종의 도구로 사용된다고 할 수 있다. 그
들이 한국에서 진행하는 체육대회는 건강을 위한 체육 프로그램 그
이상의 의미를 지니는 것으로써 조선족들은 체육대회라는 단체 활
동을 빌려 확충되는 인적자본을 보여주고자 하며, 집합적 행위를 통
해 역량을 과시함과 동시에 과시되는 역량 속에서 힘을 얻음으로써
자신들의 사회적 위치를 변화시키는 결과를 가져오고자 한다.

한마음 협회의 송년회 역시 사회적 위치를 개선하기 위한 실천 전
략의 구성내용이라고 할 수 있다. 약 250여 명이 참석한 한마음 협
회의 2010년 송년회가 ○○○웨딩홀에서 진행되었는데, 그들이 이
러한 공식적인 행사장소를 빌린 이유는 유형(有形)의 집단적 행동으
로 무형(無形)의 인적자본의 활용 가능성을 보여줌으로써 한국 사회

의 인정을 받기 위해서다. 한마음 협회 운영위원 김국철 씨는 조선족들의 "술만 먹고 일만 치는 미기한 행위"는 한국인들에게 부정적인 이미지를 각인시키는 원인이 되며, 한국 사회에서 인정을 받으려면 이러한 행위방식부터 개선해야 한다고 인식한다. 그리하여 그는 조선족 식당에서 술만 마시는 것이 아닌, 한국인들처럼 공식적인 장소에서 행사를 진행하는 것으로서 자신들의 이미지와 사회적 위치를 변화시키고자 한다.

> 우리 조선족들이 한국 사람들 눈에는 모여서 술만 먹고 일만 치는 아주 미기하고 상당히 안 좋은 이미지로 보이는 거야. 우리도 이제는 그런 문화를 변화할 필요가 있어. 그래서 이번에 한국 사람들처럼 이런 공식적인 장소를 빌린 것도 그러한 이유 때문이야. 우리가 나서서 동포들의 이미지를 변화하고 한국 사회에서 인정받기 위해서는 이렇게 해야 돼(김국철).

중요한 것은 이러한 취지로 결성한 다양한 조선족 단체의 공존이 현재 분절된 연대감을 조성하고 있으며 그러한 분절된 연대감은 주류사회로의 진입을 저해하는 요소로 작동할 뿐만 아니라 집단 간 경계를 더욱 분명히 하는 요소가 된다는 것이다.

현재 조선족 단체들의 연대감은 가시적으로 분절되어 있고, 비가시적으로는 잠재적이거나 잠정적이다. 구체적으로 말하자면 여러 조선족 단체들은 현재까지 연대의 필요성을 느끼지 못하고 있다. 하지만 만약 '조선족' 집단이 부당한 대우를 받거나 생존공간이 파괴당할 상황에 놓였을 때에는 반드시 연대를 할 것이라는 잠재적 의지를 가지고 있다. 여기에서 중요한 것은 그러한 집단적 연대감의 가시적 분절화와 비가시적 잠재화는 오히려 사회적 위치의 개선에 역효과를 발생시킨다는 것이다.

2006년부터 활성화되기 시작한 조선족 단체는 각기 서로 다른 취지를 가지고 운영해왔다. 단체 조사에서 각 단체들은 단체의 규모와 영향력이 커지기를 원하고 있으며, 그러한 목표를 실현하기 위해 각 단체와의 통합을 구상해보기도 하지만 모든 단체장들의 동일한 견해는 '어렵다'이다. 각 단체장들은 '동포들이 뭉쳐야 힘이 된다'고 인식하면서도 서로의 운영취지와 활동내용에 대해 이의를 품고 있다. 또한 단체장들이 자신의 돈으로 단체를 운영해온 경우들도 있기에, 어렵게 운영해온 단체를 다른 한 단체의 산하로 보내기에는 얼마간의 망설임이 있는 것이다.

하기에 조선족들의 집단적 연대감은 어쩔 수 없이 분절된다. 단체 간의 경계는 서로 다른 단체 내의 회원들에 의해서도 재생산된다. 왜냐하면, 엄격한 규제가 없다고 하더라도 만약 자신이 속한 단체가 아닌 다른 단체에서 활동하게 되는 경우 그것은 일종의 배신적인 행위로 간주되기 때문이다. 이러한 분절된 연대감으로 인해 집단적 역량의 강화를 통해 사회적 위치를 변화시키고자 하는 실천들은 한계를 지닐 수밖에 없게 되며, 사회적 위치의 개선은 목표에 비해 효과적인 결과를 가져오지 못하고 있다.

집단적 연대감의 분절은 단체 활동을 지켜보는 '조선족 타운' 내의 비회원들의 평가에서도 나타난다. 단체에 참가하지 않는 조선족 일부에게 단체 활동은 그 자체가 아주 불순한 일로 간주된다. 다시 말하면 단체 활동은 "할 짓이 없는 사람들이 짝짜꿍이 맞아서 바람 피우기 위한" 핑계인 것이다.

그 협회에는 할 일이 없는 사람들이 많구만. 먹고살기도 힘들어 죽겠는데. 그런 협회에 나가는 사람들은 다들 문제 있는 사람들이야. 남자 여자들이 짝짝꿍이 맞아가지구. 너네 남편은 어디 있니. 와이프는 어디 있니 하면서 자꾸 만나다 보면 정이 들구 그러면 바람 피는 거지 머. 아, 정말 그 불우소년 돕기 단체는 마음에 들더라. 3년 동안 지속적으로 못사는 중국 조선족 애들을 돕는 그런 거. 나도 그런 데는 가입하고 싶어(40대, 남성, 식당주인).

더욱 중요한 것은 조선족 단체의 분절된 연대감은 조선족 단체를 잘 결집만 한다면 자신들 사업의 인적자본으로 활용할 수 있으리라는 한국인 단체의 상상을 깨뜨리게 되면서 주류사회로 진입하려는 목표와 더욱 멀어진다는 것이다. 오히려 이미 형성된 한 집단-조선족 단체라는 울타리 때문에 집단 간 경계가 재구축된다. 이는 사회적 위치를 개선하기 위한 실천 주체가 가져오는 역효과라고 할 수 있다.

다음으로, 스스로를 '사이에 낀 존재'로 규정하며 적당하게 기존의 정체성을 드러내면서 주류사회와의 관계를 유지하고자 하는 사례이다. 55세의 여순애 씨는 2009년에 한국으로 입국하여 2년 정도 서비스업에 종사하다가 친한 조선족 친구 2명의 도움으로 2011년 9월부터 한화 4,000만 원을 자본으로 식당을 운영하기 시작한다. 일본으로 이주하기 이전 호주에서도 6개월 정도 살았던 그는 자신을 "부평초 같은 존재"라고 규정한다. 따라서 각 나라에서의 삶을 비교하면서 그는 한국을 "있어도 즐겁지 않은 공간", "숨 막히는 공간", "살고 싶지 않은 공간"으로 평가한다. 그는 한국은 자신에게 편안한 느낌을 주는 공간이 아니므로 한국에서 식당을 운영해도 "즐겁지 않고 우울증이 올 것 같다"며, "하루빨리 돈을 벌어서 중국으로 돌아가고 싶다"고 말한다.

영세한 가게를 임대해 혼자서 식당을 운영하고 있는 그는 육체적인 어려움뿐만 아니라 정신적으로도 스트레스를 받고 있다. 그 원인은 육체적 어려움과 항상 "혼자라는 고독감"으로 인한 것이기도 하지만, 한국인 손님들로부터 오는 차별적 시선과 편견으로 인해 항상 주의를 기울이고 있어야 하기 때문이기도 하다. 자신의 언어적 억양으로 조선족임을 알아차리는 한국인 손님들이 "중국 아줌마는 음식을 잘 못하고 더럽게 만든다고 하던데"라는 발언에 그는 "중국년이 운영하는 식당이어서 더럽다"는 평가를 받지 않기 위해서 식당 음식을 각별히 정성들여 만든다고 한다.

또한 한국의 식당주인들이 손님들에게 밑반찬 같은 것을 많이 주기를 꺼려하는 상황에서 그는 '조선족'으로서의 '대범함'과 '통쾌함'을 보여주기 위해 건설현장에서 일하는 인부들이 식사를 하러 오면 음식을 정성들여 만들어줄 뿐만 아니라 그들이 배불리 먹을 수 있도록 밑반찬을 많이 내준다. 그러면서 그는 "한국 사장들은 절대 우리처럼 이렇게 통쾌하게 못 준다"고 말한다. 그리고 한국에서 상대적으로 비싸지만 중국에서는 흔히 사 먹을 수 있는 북어, 고사리, 도라지, 더덕, 목이버섯 등을 밑반찬으로 만들어서 손님들 상에 올리거나 단골손님에게는 중국에서 가지고 온 목이버섯 등을 선물로 주기도 한다. 이와 같이 그는 자신을 향한 여러 가지 편견과 차별을 감소시키기 위해 중국의 물적 자원을 동원하여 손님들의 입맛을 돋우거나 중국에서의 가치, 규범들을 동원하여 비가시적인 영역에서 인정받기 위한 개별적 실천을 수행하고 있다.

현재 그가 운영하는 식당 단골손님의 대부분은 건설현장의 인부들이다. 한국인 인부들 중에는 한중 수교 이후 중국으로 이주하여 사업을 하다가 실패하고 현재 인부로 일하는 사람, 그리고 십장으로서 건설현장에서 일하는 사람들도 많이 있다. 그들은 중국의 상황과 발전전망에 대해서 어느 정도 알고 있다. 또한 건설현장에 조선족이 많기 때문에 조선족과의 빈번한 상호작용 속에서 한국인 인부들은 조선족의 사고방식과 행위양식에 대해 잘 이해하고 있다. 건설현장의 인부인 한국인 손님이 중국과 조선족에 대해 잘 알고 있는 상황을 인지한 여순애 씨는 현재 한국인 손님들이 물어보면 당당하게 "중국에서 왔다"고 대답하며 언어적 억양에도 별로 신경을 쓰지 않는다. "단골손님이면 연변 사투리를 사용해도 알아듣는다"고 말하면서 당당하게 '조선족'이라는 것을 드러낸다. 이와 같이 적당한 시기에 맞춰 중국에서 온 조선족이라는 것을 적당히 드러내는 행위는 특정한 상황과 조건에서 중국이라는 국가적 소속을 도구화하여도 좋을 것 같다는 판단에서 출발했다고 볼 수 있다.

그렇다 하더라도 한국이라는 나라에서 정서적 안정을 찾을 수 없는 여순애 씨가 지향하는 공간은 여전히 출신국인 중국 혹은 고향에서의 편안한 삶이다. 현재 그가 스트레스를 푸는 방법은 조선족끼리 만나서 마작을 노는 것이다. 저녁 장사가 끝나거나 주말이면 "마작청에 가서 마작을 노는 것이 가장 큰 행복"이라고 한다.

이와 같이 자신을 '부평초와 같은 존재'로 규정하는 여순애 씨의 행위에는 중국에서의 가치나 자원을 동원하여 자신의 존재가치를 부각시키고자 하는 행위에는 한국 사회의 인정을 받기 위한 욕구가 담겨 있다. 하지만 그것은 결코 한국 사회에 대한 일방적인 적응이나 모방을 의미하지는 않는다.

이와 비슷하게, 전수철 씨도 자신의 정체성을 적당하게 드러내는 것으로서 한국인과의 관계를 유지하고자 한다. 현재 박사과정에 있는 30세의 전수철 씨는 한국에 입국하기 전에 중국의 도시에서 살았다. 조선족 산거지역에서 살았던 그는 "집에 돌아오면 한국어로 대화하고 밖에 나가기만 하면 한족과 접촉"하기 때문에 자신이 한족들과 다르다는 것을 심하게 느꼈다. 그 때문에 그는 어렸을 적부터 '조선족'이라는 '소수민족' 정체성을 강하게 인식하면서 살아왔으며, 한족과 불평등한 위치에 놓여 있다는 인식하에 '조선족'으로서의 정체성을 지키고자 하는 의식이 강했다.

그러한 이유로 한국에 이주해서도 전수철 씨는 '조선족' 정체성을 지키고자 한다. 한국인들에게서 중국에 관한 많은 질문을 받을 때마다, 중국의 상황을 잘 모르는 한국인들이 중국을 섣불리 판단하는 것에 대해 처음에는 "그것이 아니다"라고 잘 설명을 해보려고 한다. 그러나 현재는 "눈에 보이는 것만 존재하는 것이라고 믿고 있는" 한국인들을 "설득할 힘이 없기에", 그들의 판단과 인식에 무조건 "네, 네, 맞습니다"라고 맞장구를 쳐준다.

이와 같은 한국인과의 상호작용 속에서 그는 자신을 조선족일 수밖에 없는 '박쥐와 같은 존재'로 묘사한다. 조선족은 중국인들의 눈에는 '한국인', 한국인들의 눈에는 '중국인'이기에 결국은 빛을 볼 수 없는 '박쥐'라는 것이다.

> 중국에서 어렸을 적에는 한족들이 우리를 조선 사람 꼬리빵즈(高麗棒子)라고 배척하고, 한중 수교 이후에는 한국 제품들이 중국에 들어오자 또 우리를 '너희 한국인들' 하면서 우리가 중국인이라는 것을 부정하고, 지금 한국에 와서도 한국 사람들이 '너희들은 중

국인이다'라고 하기에 조선족들은 결코 박쥐 같은 존재일 수밖에 없는 거야. 중국인도 아니고 한국인도 아닌 조선족일 수밖에 없는 존재지(전수철).

스스로를 '박쥐'로 규정하면서 그는 아무리 "같은 민족"이라고 말해도 한국인의 눈에는 '중국인'으로 보일 것이므로 '중국인'이라는 정체성을 적당하게 드러낸다. 그러면서 그는 "국적을 기준으로 동포의 지위를 결정하는" 한국의 논리에 빠져서는 안 됨을 강조한다. 그는 국적에 따라 분류되는 '동포'로서의 '중국 조선족'이 아니라 진정한 '중국의 조선족'으로서, 언제 어디서나 중국인이라는 국가 정체성을 가지고 한국인과의 상호작용 속에서 생기는 모순과 불찰에 대응한다.

따라서 "중국에서 살면서도 '조선족' 정체성을 끝까지 지키며 '박쥐'로 잘 살아가겠다"고 말하면서 자신의 이익을 위해 싸울 때는 국가를 도구로 사용해야 한다고 생각한다. '중국의 조선족'이라는 명분으로 한국에서 정당한 권리를 찾기 위해 싸우든지, "한국의 한국인"이라는 명분으로 중국에서의 정당한 권리를 위해 싸워야 한다고 인식하고 있다. 그렇게 해야만 국가와 국가 사이에 끼인 존재가 되지 않는다는 것이다.

이와 같이 자신을 '박쥐'로 규정하고 '박쥐'로서의 삶을 잘 살아가는 것으로 자신의 정체성을 지키겠다는 그의 사이에 끼인 존재로부터 벗어나고자 하는 의지가 내포되어 있다. 또한 "같은 민족"으로서의 정당한 권리를 찾는 방식이 반드시 '중국의 조선족'이라는 명분하에 진행되어야 한다는 인식에는 중국이라는 국가적 소속을 가장 믿음직스러운 보증으로 삼고 있으며, 국가를 도구화하여 '조선족'

정체성을 보유하면서 살아갈 수 있는 안정된 공간을 지향하려는 의지가 내포되어 있음을 말해준다.

박선국 씨와 최동식 씨도 한국인들과의 관계에서 적당히 참다가 적당히 대응하며 정면충돌하지 않는다. 환경미화원 일에 종사하는 60세의 흑룡강성 가목사(佳木斯) 출신 박선국 씨도 조선족들은 한국인들과 '같은 민족'이라고 애당초 생각할 수 없는 존재라고 인식한다. 한국인들이 자신들을 "조선 사람의 후예"라고 생각하지 않으며, "외국에 있다가 다시 돌아온 '귀환동포'라고 여기지 않기 때문"이라는 것이다.

> 우리는 한국 사람과 '같은 민족'이라고 생각할래야 생각할 수 없는 존재야. 이 사람들이 우리를 조선 사람의 후예라고 생각 안 해. 한국 사람들이 외국에 갔다가 지금 다시 돌아왔다고 생각을 아예 안 하거든. 그러니까 우리는 원래 처음부터 '같은 민족'이라고 생각할 수 없는 존재라는 거지(박선국).

그는 '같은 민족'으로서의 한민족 정체성이 거부당하는 어쩔 수 없는 사회적 현실 속에서 "중요한 것은 스트레스를 받지 않도록 자신을 조절하는 일이며, 조선족들은 응당 스스로 스트레스를 해소할 줄 알아야 한다"고 인식한다. 그러면서 만약 사장님이 자신에게 스스로 해소할 수 없을 정도의 스트레스를 줬을 때는 아무 우려도 없이 직장을 그만둘 것이라고 말한다.

이와 비슷하게 최동식 씨도 한국인 사장이 심한 스트레스를 주면 직장을 그만두는 방식으로 스트레스를 해소한다. 연변에서 태어나고 중국의 도시에서 10년간 군인생활을 해왔던 최동식 씨는 현재 건설현장에서 일하고 있다. 그는 자신을 "앉을 자리 설 자리가 마땅치 않은 존재"로 규정함과 동시에, 사장에게서 받는 스트레스를 참고 견디다가 "너무 한심하면" 직장을 그만두는 방식으로 스트레스를 해소한다.

> 한국 사람들은 말새가 많아. 그리고 일을 하는 것도 이쪽 컨에 껄 저쪽 컨에 옮겨놓고 저쪽 컨에 껄 이쪽 컨에 옮겨놓고 한 번에 해치울 수 있는 일을 열심히 하는 척하면서 진도는 하나도 안 나가. 그리구는 조선족들을 보구 이거 해라 저거 해라 일만 잘 시키고 일은 효율이 없는 거야. 겉으로는 빨리빨리 하는 같지만 실은 효율성이 하나도 없어. 쓸데없는 일만 하고 또 우리를 재촉하고. 그리구 다 쉬는데 혼자서 잘하는 것처럼 하면 안 돼. 우리는 그냥 참고 봐주지. 그러다가 너무 한심하다 싶으면 때려치우고 안 하는 거지 머(최동식).

박선국 씨와 최동식 씨는 한국에서는 한국인들과 평등한 위치에서 살아갈 수 없기에 주류사회와의 관계를 유지하려면 스스로 스트레스를 해소하는 방법밖에 없다고 인식한다. 따라서 적당히 참다가 허용할 수 없을 정도의 스트레스를 받았을 때에는 직장을 그만두는 방식으로 대응한다.

요컨대, 이 사례의 실천 전략은 '적당히 드러내기'로 요약된다. 그들은 자신이 처한 특정한 사회적 조건과 상황 속에서 적당하게 '중국인' 정체성을 드러내거나 자신의 인내심을 동원하여 적당히 참다가 적당히 대응하는 실천 전략을 구사한다.

마지막으로 '중국인' 정체성을 강조함으로써 한국인과 평형적 관계를 유지하고자 하는 사례이다. 신화영 씨는 2002년도에 유학생으로 한국에 입국하게 되었으며, 방학마다 일하던 식당에서 한국인 남편을 만나 결혼하게 된다. 현재 중국어 강사로 일하고 있는 그는 중국어를 가르치는 과정에서 중국 사람에 대한 학부모나 학생들의 편견에 '중국인'으로서의 정체성을 많이 드러낸다. 한 명의 중국 사람에 대한 평가로 모든 중국 사람들을 판단하는 학부모와 중국에 짝통이 많다면서 중국에 가기 싫다고 말하는 학생들의 발언에 반감을 느끼면서, 중국인으로서 그들의 그러한 인식에 어떻게든 반박할 논리를 찾고자 한다.

그러니까 엄마들이 중국을 보는 게 중국 사람 이미지에 따라서 중국을 평가하는 거잖아. 중국 사람들이 밖에 나가서 어떻게 하면은 아, 중국 사람들은 다 이런가 보다, 이렇게 생각을 하는 거야. 근데 솔직히 중국 사람, 한국 사람, 일본 사람이 뭐가 틀리냐 다 좋은 사람 있고, 나쁜 사람 있고 그렇잖아. 근데 그런 걸 모르고 꼭 무슨 잘못이나 있게 되면 중국 사람은 왜 그러냐, 꼭 이런 식으로 얘기를 한단 말이야. 그러면 그런 상황에서 나도 중국 사람이잖아. 그러면 나는 중국 사람 한 사람 때문에 중국 사람 어쩌고 그렇게 얘기를 하지 말라고 그렇게 얘기를 한 적이 있어. 그리고 애들이 나보고 중국이 짝통 세계라고 말하거든. 중국에는 짝통이 많고 자기네들은 중국에 가기 싫대. 그럼 너 왜 중국어 배워냐, 그러면 엄마가 배워라니까 어쩔 수 없이 배우는 거죠, 하는 거야. 애들이 저 왜 중국어를 배워야 돼요, 하고 나한테 질문을 해. 그러면 내가 중국에 인구가 몇 명이라고 물어봐. 그러면 애들이 13억에서 15억이라고 하거든. 그러면 너희들은 13억 인구하고 대화를 할 수 있다 하면 그럼 배워야겠죠 하는 거야. 애들이 중국에는 짝통이 되게 많다구 그럴 때면 나두 모르게 욱 하면서 니가 중국에 가봤냐, 너 중국에 한번 가보고 얘기를 하라고 그리구 짝통이 많은 건 중국에 인구가 많아서 어쩔 수 없다구(신화영).

동시에 그는 "한국에서 살아가는 조선족으로서 너무 중국 쪽에만 치우치면 안 된다"는 인식하에 '조선족'이란 어떠한 존재인지에 대해 규정하고자 한다. 그는 결국 인터넷을 통해 자신의 정체성을 '고국과 모국은 한반도에 있지만 조국은 중국이다'라고 규정하기에 이른다.

> 나는 하여튼 조선족이라는 걸 어떻게 생각하느냐면 비록 크게 갈등하거나 그러지는 않았어. 그런데 한국에 와서 생활하면은 조선족은 어떤 민족이에요, 하는 물음에 적어도 내가 대답할 수는 있어야 되겠다고 생각해서 인터넷 같은 거를 찾아봤어. 그래서 보니까 조선족은 고국과 모국은 한반도에 있지만 조국은 중국이다라고 대답하는 게 제일 적합할 것 같아서 나는 스스로 그렇게 규정하고 있거든(신화영).

신화영 씨는 자신도 모르게 '중국인'으로서의 정체성을 드러냈을 뿐만 아니라 자신의 가족이 다문화가정으로 낙인찍히게 될 때 자식에게 오는 불화 때문에 중국이라는 국가적 소속을 도구화하고자 한다. 그는 중국어를 허용하는 한국 사회의 분위기가 중국어에 능통한 사람과 원어민 강사들을 선호하고 있음을 인지하고 한국인들 앞에서 자신이 '중국인'이라는 것을 드러냄으로써 이중 언어의 장점을 이용하여 한국인의 존경을 받고자 하며 그들과 대칭적인 사회적 위치를 확립하고자 한다. 이는 '중국인'이라고 자신을 규정하는 데서 일종의 사회적 기대감을 얻고자 하는 행위이며, '중국인'이라는 국가적 소속을 도구화하여 한국에서의 원활한 삶과 생존공간을 확보하고자 하는 전략적 행위임을 알 수 있다.

이와 비슷한 전략을 구사하는 실천 주체가 바로 한오영 씨이다. 한국인 남성과 결혼하여 현재 자식 2명을 낳은 그는 중국어 강사를 하면 한국에서 그나마 존중받는다는 현실을 인식하고, 이중 언어의 장점을 통해 자신의 존재가치를 실현하고 한국 사회에서의 사회적 위치를 확립하고자 한다. 이중 언어는 그들이 스스로의 존재가치를 확보하기 위한 요소일 뿐만 아니라, 자신들을 '원어민'으로 자처하며 한국인들을 중국어 영역에서 배제시킬 수 있는 무기로 작동하기도 한다.

> 내 지역인데, 우리 팀에 한국 애가 들어온대. 그래서 내가 안 된다고 내 지역인데 못 들어온다고. 아니 중국어를 원어민한테서 배워야지 발음두 틀리는 한국인들한테서 배워냐고 그랬거든(한오영).

한국인 남성과 결혼한 신화영 씨와 한오영 씨는 스스로를 다문화가족으로 자처하며 한국 사회가 다문화가족에게 주는 혜택을 빠짐없이 받으려고 다양한 정보를 수집하고 있다. 그들은 베트남 등 동남아 여성들을 중심으로 하는 결혼이민정책에 불만을 품으면서 '같은 민족'과의 결혼인 조선족 여성 결혼이민가족을 우대해주길 바라고 있다. 이러한 그들의 행위는 한민족 정체성을 강조함으로써 다문화가족이라는 조건을 활용하여 더 나은 삶의 조건을 확보하고자 하는 행위인 것이다.

일본 이주 경험이 있는 천산 씨도 '중국인' 정체성을 드러내는 것으로서 한국 사회와 관계를 유지하고자 한다. 2011년에 재외동포비자(F-4)를 받고 한국에 입국한 그는 금융업에 종사하게 된다. 그가 다니는 금융업 회사는 '재미 교포'가 운영하는 회사로서 '조선족'에 대한 차별이 없으며, 사장님이 그를 '재미 교포'와 비슷한 정체성을 가진 사람으로 간주하고 그들과 똑같은 신분으로 대해주기에 '조선족'이라는 자신의 정체성 때문에 불편을 겪는 일은 없었다. 또한 회사의 분위기가 '중국인'을 받아주는 분위기이므로 그는 스스로를 '중국인'으로 정당화하고자 한다. 따라서 조선족에 대한 한국의 제도와 정책에는 큰 관심이 없다. 그에게 있어 한국사회와 원활한 관계를 유지하면서 스스로의 이익을 보장하는 것이 급선무이다. 그 때문에 한국인과의 사이에서 발생하게 되는 일을 무조건 "이상한 일"로 취급해버리는 경향이 강하다.

위의 사례와 유사하게 중국에서 군인으로 있었던 54세의 최성식 씨도 자신을 '중국인'으로 규정하면서 '중국인' 정체성을 강조하는 것으로써 한국인들과의 관계를 유지하고자 한다. 1990년에 한국에 입국한 그는 현재까지 건설현장에서 일하고 있다. 힘든 건설현장 일을 하면서도 시간만 있으면 그는 자신의 월세방에서 노래연습을 한다. 노래는 대부분 중국의 혁명가요이다. 근처에 거주하는 한국 사람들의 비난으로 집에 소음방지 처리를 해놓은 그는 여전히 중국 혁명가요를 부르는 것으로 여가를 보내고 있다. 따라서 여러 조선족 단체에 참가하여 3.8국제부녀절, 연변조선족자치주 창립, 송년회, 새해맞이 등 명절과 기념일 축제에서 중국 혁명가요를 부르는 것으로써 자신에 대한 차별에 맞서 심리적 위안을 얻음과 동시에 한국인과의 관계에서 평형적인 위치를 찾고자 한다.

> 한국 사람들은 우리가 중국어를 하구 중국 노래를 하면 심술 낸다구. 그리고 보면 중국에서는 한족들이 우리 조선말을 한다고 해서 무시하거나 그렇지는 않잖아. 참, 사람은 보금자리에 있을 때는 그것이 좋은 줄 몰라. 애처럼 부모 같이 있을 때는 모르지만 떠나니까 집이 그리운 게 알린다구. 얼어보니까 태양이 좋다 사회주의가 좋다고 생각하는 거지. 법무부 사람들두 동포들을 개, 돼지처럼 무시하구 그러더라구. 그때 난 확실히 마음잡았다구. 법무부

사람들까지 그렇게 하니. 정말 한국은 구멍으로 표범 보니 점 하나 보이더라 하는 식이라구. 중국은 협애한 민족주의가 아니잖아. 조선족들이 차라리 중국의 한족이 돼버려야 해. 조선족이면 피곤해. 그리구 조선족들이 한국인 흉내를 내는 게 진짜 웃겨(최성식).

또한 "한국 법무부라는 정부기관의 사람들마저 조선족을 개나 돼지처럼 무시"하는 상황을 목격한 이후로 그는 자신을 '중국인'이라고 확실하게 규정하게 된다. 그뿐만 아니라, '조선족'들은 차라리 "중국의 한족"으로 동화되어야 한다고 인식하면서, '중국인'의 정체성을 강조하는 것으로써 심리적 평형을 찾고자 한다.

이와 비슷하게 김범 씨의 경우도 '중국인' 정체성을 강조하는 것으로써, 주류집단 구성원들과의 비대칭적 관계에서 심리적 평형을 이루려고 한다. 이주 초기에 그에게 가장 중요했던 일은 '중국인'으로서 어떻게 행동을 해야 하며 '중국인' 입장에서 어떻게 한국인을 대해야 할지를 명확히 하는 일이었다. 한국인들이 중국 문제를 담론할 때에는 방어적인 자세를 취했고 모국어가 무엇이냐라는 질문에 '중국어'라고 할 정도로 "자기방어기제가 최대한 가동"되었다.

나는 특히 중국 문제에 대해서 담론할 때 처음에는 되게 방어적이었다구. 그리구 여기에 와서 내가 중국인으로서 어떻게 행세를 해야 되겠다 하는 게 되게 심했다구. 같은 동포를 만나서 반갑소 그런 거는 없어. 일단 들어와서 실생활 속에서는 중국인으로서 한국인을 대할 때 어떻게 대해야겠는가 하는 게 가장 중요했던 것 같아. 모국어가 어디야 할 때 어느 정도 내가 배타적이였냐면은 모국어를 한어라고 했어. 지금 생각해보면 웃기는 일인지. 맨 처음 왔을 때 자기방어기제가 최대한으로 가동된 것 같아(김범).

이와 같이 그는 애초부터 '중국인'이라는 정체성을 드러냈을 뿐만 아니라, '중국인' 정체성을 빌려 한국 사회와 중국 사회에서의 계층적 위치를 비교하고자 한다. 비교를 통해 '조선족' 신분으로 인한 주류집단 구성원들과의 비대칭적 관계에서 심리적 평형을 이루려는 것이다. 또한 그는 중국에 돌아가면 자신들이 한국인들보다 더욱 높은 사회적 위치에 있는 존재들이라는 강한 비교의식을 가지고 있다. 즉, 김범 씨는 자신을 '중국인'으로 규정함과 동시에 "한국이라는 사회에서 아무리 노력해봤자", "평생 택시기사"로 살아갈 수밖에 없는 택시기사에 비하면, 중국에서의 자신은 사회적으로 그들보다 훨씬 높은 계층의 사람일 것이라고 스스로를 위로한다.

> 택시기사들이 특히 그래. 대하는 태도가 틀리거든. 소위 자기 우리보다 우위라는 그런 자세로 말한단 말이야. 근데 천천히 곰곰이 생각하면 아~ 그렇구나, 그다음에 솔직히 나는 나름대로 내 마음속에 내 자부심이 있잖아라는 생각을 하지. 솔직히 사회적으로 계층이 니보다 훨씬 위다, 또 가끔 안쓰럽다는 생각이 들고 그렇게 아득바득 해봤댔자 평생 그렇게 살고 하니까(김범).

요컨대, 이 사례들은 '중국인' 정체성을 드러내는 것으로서 한국인과 평형적인 관계를 찾고자 하며, 그러한 방식으로 한국 사회와 관계를 유지하고자 한다. 그 과정에서 '중국'이라는 생득적인 국가적 소속은 그들이 한국에서의 자신의 생존공간과 한국인들과의 대칭적인 사회적 위치를 확보하기 위한 도구로 사용된다.

둘째, 기존의 정체성을 강화하면서 한국 주류사회에 진입하기를 거부하는 유형이다. 먼저, 조선족에 대한 한국 정부의 정책·제도를 개선하고 자유왕래를 실현하며 중국에서 성공적으로 정착하기를 원하는 사례이다. 이러한 실천의 행위 주체가 바로 조선족 연합회운영위원 김화자 씨와 한희애 씨다. 1994년에 한국에 입국하여 서울역에서 약장사를 하던 김화자 씨는 한국인의 노점은 허락하고 '조선족'이라는 이유로 자신만 규제당하는 상황에서 한국 교회를 찾아가 해결책을 구하게 된다. 서울역에서 약장사를 하던 그는 마침 한희애씨를 만나게 되며 그 이후부터 두 사람은 어떤 한 목사의 소개로 ○○○교회의 조선족선교복지센터에 거점을 두고 연합회를 창립하게되며, '재외동포법' 개정을 위한 집단농성, 신용호조부 설립, 「문화공연」 등 구체적인 실천을 통해 국가적 차원에서의 정책과 제도를개선하고자 한다.

연합회 운영위원 한희애 씨는 자신들은 역사적으로 형성된 중국의 조선족이라는 정체성을 가지고 있다. 그러면서 그는 한국에서 10여 년간 살면서도 한국이라는 나라에 정을 붙이지 못하지만 남북통일이 빨리 이루어져 7,000만 조선 민족이 하나가 되어서 자유롭게왕래할 수 있는 날이 오기를 바라는 마음이 있으며, 자신은 또한 중국에서 태어난 중국의 국민이므로 중국이 잘되었으면 하는 바람도있다는 복합적인 소속감을 드러냈다.

> 나는 조선족들이 한국 국적을 바꾸는 것을 동의 안 해. 조선족들
> 은 현재 한국에 나와서 돈을 벌지만 앞으로는 중국으로 돌아가서
> 중국의 주류사회에 진입해야 해. 근데 그게 참, 별래. 한국이라는
> 나라에는 정이 안 가고 그렇지만 또 남북이 빨리 통일돼서 이 한
> 반도 조선민족이 잘됐으면 부강했으면 이 생각을 하면 또 정이란
> 게 있는 같고. 그러니까 아마 조선족들이 새로 형성된 한 개 역사
> 집단으로서 그 이중성을 부인할 수 없는 같애. 국가는 중국 국민
> 이잖아요. 거기서 태어나고 거기서 교육받고 거기서 뼈가 굳어단
> 말이에요. 그러니까 거기에 대한 정이 있는 거지. 그러니까 한 개
> 국민으로서 중국이 참 잘됐으면, 내 살던 나라, 그게 내 고향이잖

아요. 사실 그렇고. 또 머 핏줄을 보면 이게 조상의 땅이잖아요. 조상들이 여기서 많은 고생을 겪고 그 역사를 알면서 정말 이 한반도가 언제 통일이 되구 참 잘됐으면. 우리 조선 민족들두 언제 하나가 돼가지구 좀 어떻게 기를 펴고 잘 살았으면 이런 생각이 들어요. 어쨌든 핏줄이길래. 조선 사람도 그렇구 한국 사람도 그렇고 조선족들두 그렇구. 같이 정말 언제 모여서 왔다 갔다 하면서 잘 살 수 있는 정말 분단된 나라가 있는 게 아니라 통일된 나라가 있을 때 얼마나 좋을까(한희애).

이러한 소속감을 가지고 한희애 씨는 역사적 자원을 동원하여 집합적 실천을 한다. 여기서 말하는 역사적 자원이란 한 개 집단이 자신들의 존재의 '정당성'과 '당위성'을 내세우기 위해 발굴하는 자신들의 역사에 관련된 것이며, 그런 의미에서 그것은 차이에 대한 인지와 차이의 강조로 구체화되는 것들이라고 할 수 있다. 구체적으로 말하자면 과거 조상들의 동북 이주와 정착, 독립운동, 해방전쟁 및 사회주의 건설에서의 무명영웅과 모범적 역할, 민족 영웅 및 자치주 창립 등 조선족 역사와 관련된 것이다. 그들은 그러한 집합적 기억들을 동원하여 자신들의 과거 영광에서 현재 집단적 행동의 논리를 찾음으로써 집합적 결속을 갖추고자 한다.

한희애 씨는 조상들이 동북지역에서 벼농사를 성공시킴으로써 척박한 땅에 뿌리를 내렸던 고난의 역사를 자랑스럽게 여기고 있다. 그에게 '우리는 누구이며 어디서 왔는가'를 명백히 하는 일은 아주 중요한 것이었다. 따라서 그것은 연합회가 자신들의 집단적 가치를 형성하는 가장 중요한 밑거름이 되었다. 또한 그는 "우리의 조상이 과거 독립 운동가"였다는 것, "우리는 항일투쟁에서 피 흘리며 공을 세운 자들의 후손"이라는 것, "수많은 무명영웅들이 민족독립을 위해 중국 땅에서 목숨을 거두었다는 것"을 강조한다. 그에게 있어 이러한 것들은 조선족으로서 자긍심을 가질 수 있는 자본들인 것이다. 그뿐만 아니라 그는 조선족들은 3.1운동, 중국의 항일전쟁과 해방전쟁, 사회주의 건설에서 모범적 역할을 한, 중국에서 가장 깨끗하고 노래와 춤에 능한 민족이라고 규정하면서 그러한 가치들을 자신들의 집합적 실천의 논리로 삼고자 한다.

> 저는 우리를 조선족이라고 부르는 게 참 좋아요. 저는 그거 굉장히 자부심을 느껴요. 어떤 사람들이 그렇지만, 조선족이 왜냐하면 자부심을 느끼는가면, 조상들이 중국에 가서 이래저래 이리저리 한 거 뭐 용정 3.1운동도 하고, 항일운동도 하고 뭐 다 하다가 그리고 벼농사도 성공시키고 문화대혁명 하기 전에는 중국에 조선족이 소수민족 중에서 제일 작은 민족이에요. 벼농사를 알길래 제일 잘 살았어요. 그리고 우리 조상들이 중국 땅에 가서 항일운동을 성공시켰어요. 길림성 항일 열사 중에 96%가 조선족입니다. 우리 조상들이(한희애).

연변조선족자치주를 창립한 주덕해 같은 인물은 민족영웅으로 부각되며, 연변조선족자치주 창립 기념일 '9.3'축제도 그들이 집단적 가치를 강화하는 도구로 동원된다. 조선족들에게 중국 동북지역에 이주한 조선인들이 그 지역에 스스로 뿌리를 박고 삶의 터전을 만든 역사적 사실은 자신들의 과거의 영광인 것이다. 그리고 그것은 집단적 가치를 강화하고자 하는 조선족들에게 일종의 정신적 지주(支柱)로 작용함과 동시에 국가적 차원에서의 제도를 개선하기 위한 방편으로 이용된다(<사진 1>).

조선족 자치주를 누가 만들었는지 알아요. 주덕해라는 사람이 우

〈사진 1〉 조선족 연합회 연변조선족자치주 창립 52, 53주년
축하잔치(2004.9.5./조선족복지선교센터)

리 조선족들에게는 영웅이요. 그렇게 먹고살기 힘들고……. 그 혁명한 사람들이 얼마나 많아. 해방전쟁, 나라 건설 목숨 바친 사람들이 얼마나 많아. 무명영웅들이 수없이 많아. 다 우리나라를 위해, 민족을 위해 싸운 사람들이(주경국).

…… 이 험난한 고통 속에서도 우리는 연변을 지켰고, 연변을 발전시켜 왔습니다. 동북3성에서 살고 있는 조선족은 물론 북경, 상해 등 각지에 분산되어 살고 있는 조선족들도 연변조선족자치주가 있기 때문에 전국의 어디에 가나 자랑스럽게 생각되고 떳떳하게 살아가는 것입니다. 연변조선족자치주는 중국뿐만 아니라, 해외에 살고 있는 우리 민족 중 유일한 자치정부입니다. 따라서 연변조선족자치주는 해외에 살고 있는 조선족들의 자랑거리가 되고 세계의 조선 민족의 자존심이기도 합니다. 그럼에도 불구하고 핏줄인 민족을 등한시하는 대한민국 정부가 참 걱정스럽습니다(연합회 연변조선족 창립 52주년 기념일 축사 내용).

기존의 정체성이 집합적 기억을 동원하는 객관적 요소라면 그것은 또한 「문화공연」의 실천 속에서 더욱 강화된다. 2011년 10월 16일 연합회가 주최했던 「가을맞이 중국동포 문화공연-9.18만주사변 80주년 기념음악회」(이하 「문화공연」)에서도 그들은 '조선족'으로서의 정체성을 드러내고 그것을 계기로 자신들에 대한 '재외동포법'

및 현존하는 정책의 불합리성을 제기함으로써 자신들의 궁극적인 목표인 '자유왕래'를 위한 국가적 차원에서의 정책과 제도를 개선하고자 한다(<사진 2>).

「문화공연」의 주제는 '9.18만주사변 80주년 기념 음악회'였다. 「문화공연」에서는 식민지 시기, 항일전쟁 시기, 해방전쟁 시기의 중국 가요와 북한 가요가 주를 이뤘으며, 그것을 통해 자신들의 존재감과 응집력으로 표현되는 조선족 정체성을 보여줌으로써 한국에서의 정당한 권리를 도모하고자 하였다. 「문화공연」의 사회자 발언에서 알 수 있듯이, 중화인민공화국의 건립, 해방전쟁, 사회주의 건설 등 역사적 사실, 중국공산당, 혁명열사, 중국인민해방군 등 역사적 인물들은 자신들의 정체성을 재확립하기 위한 역사적 자원의 동원 요소들이다.

> 금년은 중국공산당이 탄생된 지 90주년이 되는 해이며 중화인민공화국이 건립된 지 62주년이 되는 해입니다. 역사를 다시 한번 회고함과 동시에 중국의 해방과 건설을 위해 목숨 바쳐 싸워온 혁명 열사들을 추모하면서 위대한 중국공산당과 중국인민해방군, 위대한 중화인민공화국을 노래하고 세계의 평화와 발전을 추진하기 위하여 재한 조선족 연합회에서는 이번 가을맞이 문화공연을 가지게 되었습니다(「문화공연」 사회자 발언).

그들의 기존 정체성을 강화하기 위해 동원되는 상징들은 과거 자신들이 살아왔던 시대의 중국 혁명가요로 구체화된다. 그들은 「문화공연」에서 '중국공산당이 없으면 새 중국이 없다(没有共产党, 就没有新中国)', '단결은 힘이다(团结就是力量)', '유격대의 노래(游击队之歌)', '대도행진곡(大刀进行曲)', '군민 대생산(军民大生产)', '갱도전(地道

战)', '남니만(南泥灣)', '홍색낭자군(紅色娘子軍)', '송화강 강반에서
(松花江上)', '홍군을 보내다(十送紅軍)' 등 중국항일전쟁과 인민해방
전쟁 시기의 중국 혁명가요를 선정하여 불렀으며 그것을 통해 자신들
이 살아왔던 과거의 고난과 기억들을 생산해냄으로써 존재의 '정당성'
과 '당위성을' 드러내고자 했다.

연합회 회원들의 평균연령이 50대 중반 이상이므로 중국에서 그
러한 사회적 배경 속에서 살아왔던 그들에게 위에 나열된 가요들은
너무 익숙한 것이었다. 따라서 너나없이 동질감을 표하며 흥겹게 부

〈사진 2〉 조선족 연합회 가을맞이 중국동포
문화공연(2011.10.16./은평문화예술회관)

를 수 있는 가요였기에, 그들의 기억을 생산해내고 그것을 집단적
행동의 자원으로 동원하기에는 충분한 것이었다. 설령 그 시대를 살
지 않았던 조선족들이라고 해도 「문화공연」이라는 실천을 통해 '중
국 조선족'이라는 정체성을 확립하게 되는 것이다.

중국 혁명가요뿐만 아니라, 한국 노래 '반달', '선구자', 북한 노래
'해마다 봄이 오면' 등은 그들에게 중요하게 선택되어 불리는 노래

들이다. 그리고 한국 가요 중에서도 남북의 통일을 갈망하는 '금강산을 그리며'가 선택되었다. 「문화공연」에서는 한국에 체류하면서 '나라 잃은 민족의 설움과 조국애의 뜨거운 동심'을 표현하는 노래, '선구자의 강인한 의지와 개척정신'을 표현한 노래, '한반도가 남북으로 갈라지면서 아름다운 금강산을 그리워하는 심정'을 담은 가요들이 선택되었다. 그들은 이러한 가요들을 선정함으로써 조선족들의 '선구자'로서의 '강인함'과 '용감함', '분단의 현실에 대한 안타까움' 등 역사적 기억을 생산해내고자 하며, 그러한 행위를 통해 남북한 분단의 역사적 맥락 속에는 한국인, 북한인 외에 '조선족'이라는 하나의 또 다른 집단이 있고 그러한 집단이 어찌 보면 남북한 통일의 중개자 역할을 하는 집단일 수도 있다는 '집단적 가치'를 창출해내고자 한다.

> '반달'에 대한 소개: 동요 '반달'은 작가가 일제시대 어린아이들이 일본의 동요를 부르는 것을 보고 분개하여 창작한 것으로서 당시 나라 잃은 민족의 설움과 빼앗긴 조국애의 뜨거운 동심의 세계를 표현하고 있습니다. 1923년에 창작되어 이미 근 90년이란 역사가 지나갔지만 한국뿐 아니라 중국, 조선에서 지금까지 즐겨 부르는 노래입니다.
> '선구자'에 대한 소개: '선구자'는 중국, 지금의 연변 화룡, 용정을 배경으로 벌판을 말로 달리던 옛날 선구자의 모습을 그리며 작곡한 것으로, 강인한 의지와 선구자의 개척정신이 잘 표현되어 있는 노래입니다.
> '금강산을 그리며'에 대한 소개: 1962년에 창작된 '금강산을 그리며'는 조선 한반도가 남북으로 갈라지면서 아름다운 금강산을 그리워하는 심정을 담은 노래입니다(「문화공연」 사회자 발언).

3층 활동실에서 「문화공연」을 위한 '노래연습'이 끝나고 사무실

〈사진 3〉 조선족 연합회 가을맞이 문화공연 노래연습(2011.6~9월/조선족 연합회)

에 돌아온 한희애 씨와 임원들은 자신들이 '재외동포법' 개정운동을
진행할 때 사용했던 중국 국기를 꺼내서 연구자에게 펼쳐 보임과 동
시에 당시 불렀던 '조선족의 노래'53)와 '해방가'54)를 불러주었다
(<사진 3>). 그들에게 중국 국기는 자신들의 정체성을 재확립하기
위한 징표이며, 조선족을 중심으로 개편한 노래가사는 자신들의 기
존의 정체성을 강화하는 것을 통해 한국에서의 정당한 이익을 도모

---

53) '조선족의 노래'는 '늙은 군인의 노래'를 개편한 것이다. 나 태어나 이 세상에 조선족 되어/불법
체류 강제추방 수난의 세월/무엇을 하고프냐 무엇을 바라느냐/동포답게 살고 싶다/동포로 인
정하라/아! 꿈에 그린 완전한 자유왕래/동포법 개정하여 평등하게 살아보자!

54) (1절)어둡고 괴로워라 밤이 깊더니/산천이 이 강산에 먼동이 튼다/동포여 자리차고 일어나거
라/산넘고 바다건너 태평양까지/아 아 자유의 자유의 종이 울린다/(2절)어둠아 물러가라 연해
안 건너.눈물아 한숨아 너희도 함께/동포여 두 손 모아 만세 부르자/황막한 시베리아 벌판을
넘어/이 이 해방의 해방의 깃발날린다/(3절)유구한 오천년 우리의 역사/앞으로도 억만년을 더
욱 빛내리/동포여 어깨곁고 함께 나가자/억눌린 우리 민족 해방을 위해 /아 아 투쟁의 투쟁에
이름 바치리.

하고자 하는 의지를 보여주는 것이었다.

2012년 3월부터 그들은 '우리집' 부근의 건물 5층을 200만 원의 월세로 임대하여 「문화공연」을 위한 연습장소로 이용하고 있다. 한중 수교 20주년, 연변조선족자치주 창립 60주년을 맞아 「문화공연」 준비를 그곳에서 매주 주말 10시부터 5시까지 하고 있다. 그들은 조선족 '문공단(文公團)'55)을 형성하여 문공단의 문화공연을 통해 '중국 조선족'이라는 기존의 정체성을 강화하는 것으로써, 조선족에 관련된 한국의 제도와 정책을 개선하고자 한다.

> 조선족들이 자체적인 문공단 문공대가 있어서 정말 조선족 정책 문제를 가지고 노래도 하고 이렇게 조직해서 조선족들이 집결된 곳에 가서 소형 대형 공연도 하고. 문예는 대중적인 것이고 많은 사람을 깨우칠 수 있는 문예가 돼야 되는데, 한국에 와서 배운 것은 무엇인가, 사랑 외에는 없어요. 그러기에 우리는 작년 문화공연 때 느낀 게 굉장한 부담감 가지고 문예공연을 했잖아요. 그런데 거기 참가한 사람들은 모두 매우 격동되고 매우 기뻐했어요. 원인은 사람들이 갈망하는 거는 똑같게 살아나가자는 게 목적이지 힘들어 죽겠는데 내 권리도 없는데 언제 사랑 타령하고 있겠어요. 그래서 거기서 제가 계발을 받은 게 올해는 이렇게 하고 우리가 경제적 힘이 좀 되면 문공단이나 문공대를 조직해가지고 한국 사회를 파들어 가고 어디와 연계를 가지고 연출도 하고 우리 꺼 전달해주고 알려주는 거 이 작용 문예 자체가 그런 작용을 해야 된다고. 우리가 만약 신용호조부도 잘 되고 경제적인 발전이 있다고 하면, 조선족의 마음을 전달할 수 있는 그런 문공단, 우리 자체적으로 노래도 창작하고 가사도 만들어 넣고. 이렇게 돼야 조선족이 한국 사회에서 알려지고 중국의 문화도 여기 와서 알려주고 그런 작용을 하고자 하면 단순히 투쟁하지만 말고 이런 방식으로 하는 것도 중요한 부분이거든요(한희애).

---

55) 文工團은 노래, 무용, 연극 등 여러 가지 형식으로 홍보활동을 진행하는 종합성을 띤 문예단체를 말한다.

연합회에서는 또한 역사적 교육을 통해 집합적 기억들을 공유하고자 한다. 연합회에서 회원들에게 진행하는 역사적 교육은 구체적으로 조선족의 이주역사, 과거 조상들의 성공적인 정착, 조선족의 한국 이주와 동기, 한국에서의 성공적인 정착 등에 관한 것인데, '우리는 어디에서 온 누구인가', '우리 조상들은 어떠한 사람들이었는가', '현재 우리의 상황은 어떻게 형성되어 갔는가', '돈을 벌어서 무엇을 할 것인가' 등에 대한 해답을 회원들 스스로 찾아가게 함으로써 그들로 하여금 스스로의 정체성을 찾아가게끔 한다. 실제로 연합회 활동에 참가하는 회원 및 비회원들은 연합회는 자신들에게 '우리 집'과 같은 공간이고, 활동에 참가할 때마다 자신의 정체성에 대한 생각이 바뀐다고 말한다.

> 그러니까 우리가 저 뭐 저 한국의 역사에 대해선 잘 모르지만 음, 조선족! 우리는 왜 조선족이라 했는가? 거기에 대해서 물음표를 달게 되고. 또 우리 조상들은 왜 여기를 버리고 저기를 갔는가. 가서 뭘 했는가. 해서 어떻게 성공했는가. 그리고 우리는 왜 또 여기를 왔는가. 와서 올 쩍에는 무슨 동기로 왔는가. 와서 뭐 해야 되겠는가. 그게 거 요 문제들을 가지고 좀 다룹니다. 와서 뭐 해든가. 뭐 성공해야 되겠는가. 이게 다른 단체하고는 좀 다릅니다(한희애).

결국, 역사적으로 형성된 두 집단이 경합하는 과거는 서로를 부정하는 측면을 강조하게 되고, 때로는 상대방의 주장을 반박하기 위한 이야깃거리나 역사적 기억을 새로이 강조하게 되는데, 망각되었던 기억들을 공유하기 위한 전략들이 한국의 정치경제적 맥락에 놓이지 않았다면 쉽사리 구사되지는 않았을 것이다. 집합적 기억이 현재의 필요에 의해 구성된다고 한다면, 그러한 집합기억이 구성되기 위한 도구로써 역사가 동원되었던 것이다.

역사적 자원을 이용하여 국가적 차원에서의 정책과 제도를 개선시키고자 하는 연합회의 실천내용들은 구체적으로 '재외동포법' 개정을 위한 집단농성, 신용호조부 설립, 제도개선을 위한 노력 등으로 구성된다.

연합회의 '재외동포법' 개정운동에 대해 살펴보도록 하자. 2000년에 창립된 연합회의 '재외동포법' 개정운동은 조선족 선교복지센터에 안식처를 두고 종교단체와 협력하여 공동의 의제를 위해 투쟁하는 방식으로 진행되었다.[56]

한국 정부는 "IMF 사태 이후로 신자유주의적 질서 재편 과정 속에서 해외 자본을 유치하고 한국의 경제회생에 대한 재외동포의 동참을 유도하기 위하여, 1999년에 '재외동포법'을 제정하게 된다. 하지만 그동안 국민의 범주 바깥으로 배제당했던 재외동포에 대해 탈영토적 재국민화를 시도하고자 했던"(윤영도, 2011: 205), '재외동포법'은 지금처럼 재외동포가 국가를 기준으로 분류되는 상황을 초래하게 되었다.

이러한 상황에서 1999년 6월 6일, 서경석 목사가 창립한 서울조선족교회에서는 2000년부터 조선족의 국내 체류 합법화와 관련된 목소리를 높였으며 "고국이 피해자들을 우선적으로 입국시켜 합법적으로 일할 수 있게 하는 것이 이들에 대한 보상이라고 호소하였다"(한국경제, 2000.3.24일 자). 당시 "서울조선족교회의 관심사는

---

56) 1999년까지 한국의 외국인 노동자를 위한 인권단체 중 90%가 종교단체였다(국민일보, 2001.3.24). 한국 종교단체의 '재외동포법' 개정운동의 과정에 대해서는 박우(2011)의 논문 참조 바람(박우, 2011, 「한국체류 조선족 단체의 변화와 인정투쟁에 관한 연구」, 『경제와 사회』 제91호, 비판사회학회, pp. 241~268).

오로지 조선족, 조선족의 합법화, 동포, 민족 등이었고, 계속되는 호소와 조선족의 동포 지위에 대한 이슈화로 더욱 많은 조선족이 서울조선족교회에 등록하게 되었다. 서울조선족교회를 중심으로 진행한 조선족 교인들의 '인정투쟁은 민족적 동질성을 강조하면서 주류에 포섭되기 위한 투쟁이었다'(박우, 2011: 249-253). 여기서 말하는 주류는 재미 교포 등을 일컫는 주류 동포집단이었다. 또한 2000년 1월, 김해성 목사가 세운 '중국동포의 집'도 "조선족을 '모국의 노동자'로 보고 있었으며 이들에게는 응당 동포 지위가 부여되어 한국과 중국을 자유왕래 하게 해야 한다"고 주장했다(동아일보, 2001.12.3. 일 자).

> 이 시기 종교단체는 '민족'이라는 변수를 통해 조선족을 묶기 시작했고, 종교단체와의 협력 속에서 항의농성을 한 조선족들은 "이 법률이 550만 명 재외동포의 절반 이상을 차지하는 조선족 중국 동포, 구 소련지역 동포, 무국적 재일 동포를 적용 대상에서 제외함으로써 해방 이전 나라가 없어 강제징용이나 강제이주를 당해야 했던 동포들을 이제는 조국의 정부가 버리고 있다"며 "대통령이 이 법에 대한 거부권을 행사해달라"고 요구했다(박우, 2011: 248).

연합회도 이 시기 '미국으로 간 재미 교포만 동포이고 독립운동을 하고자 만주·연해주로 간 사람들의 후손은 왜 동포가 될 수 없는가'라는 논리를 집합적 실천의 정당성으로 삼으며, 집단농성에 조선족들을 적극적으로 동원하고자 하였다(<사진 4>). 연합회의 실천논리는 당시 한국 종교단체의 단일민족국가 이데올로기의 논리와 맥을 같이한다. 바로 '재외동포'는 모두 한민족 공동체의 구성원이며 대한민국을 구성하고 있는 한민족은 하나의 단일민족이라는 논리이

다. 이러한 논리에는 단일민족이 하나의 국가를 구성하며 대한민국
이 바로 한민족이라는 국가와 민족을 동등하게 보는 의식이 자리 잡
고 있기 때문에 이 논리를 따라갔을 때 그들의 운동은 한국 국민이
되기 위한 운동과 다름이 없게 된다. 다시 말하면 조선족들은 중국
국민으로서 한국에서의 응당한 권리를 추구한 것이 아니라, '한민족'
으로서 한국에 자신들에 대한 평등한 대우를 바라고자 했던 것이다.
그들의 그러한 행동들은 스스로를 두 국가의 사이에 낀 존재가 되도
록 만들었다.

연합회는 종교단체와의 협력 속에서 많은 이념적 갈등을 겪고, 점
차 종교단체에서 분리되어 독립적인 길을 걸었다. 김화자 씨는 매스
컴을 너무 타는 종교단체를 부정적으로 생각하면서 "연합회 설립 당
시 교회 목회자들의 도움을 많이 받았지만 규모가 커지면서 동포들
의 신앙에 대한 기본적인 사고방식 자체가 다양해 지금은 목회자와
의 연대는 하지 않고 있다"고 밝혔다(노컷뉴스, 2011.6.15.).

〈사진 4〉'재외동포법' 개정운동 과정(1999.11월~2004.2월)

조선족선교복지센터와 결렬한 이후 그들은 2006년 홍제동에 3층
짜리 건물을 임대받아 '우리집'을 개원하였으며, 자신들만의 활동공

간을 만들어갔다. '우리집'은 지하까지 모두 4개 층으로 되어 있는데, 지하는 식당이고 1층은 사무실, 2층과 3층은 숙소이다(<사진 5>). 지하 식당에서는 식사를 제공하는데 한 끼 식비가 회원이 2,000원, 비회원이 3,000원이다. 16개 단칸방으로 구성된 숙소는 5∼6명이 비집고 누워야 하는 공간이었다. 벽에는 나무를 박아서 짐들을 올려놓는 공간을 만들었고, 나무 위에는 10개 정도의 트렁크들이 빽빽이 자리잡고 있었다. 이러한 공간에서의 하루 숙박비는 회원이 3,000원, 비회원이 5,000원이고 짐을 보관하려면 하루에 500원씩 별도로 돈을 지불해야 한다. 3층 활동실에는 자체적으로 구매한 TV가 벽 한편에 배치돼 있었고, 벽 주위에는 그동안의 활동사진들이 붙어 있었다.

〈사진 5〉 조선족 연합회 우리집(2011.7.19./무악재역 1번 출구 조선족 연합회)

그동안 연합회는 국가적 차원에서 제도와 정책을 개선하기 위한 실천들을 해왔다. 2010년 7월부터 시행된 기술연수제도를 폐지시키기 위해 2010년 기술연수제도에 참가한 조선족들의 고충이나 어려움을 문서로 작성하고 서명을 한 자료들을 국회로 찾아가서 국회의원실에 넣는 등 노력들을 하였다.

동포들한테 이런 되지도 않는 정책을 내놓고. 연수, 연수하는데 그거 하는 게 몇이나 되는가구. 가서 다 잠이나 자고. 우리가 서명 운동을 한 거는 ○○○한테 가서 우리가 이렇게 동포 문제를 끌구 가서는 안 되겠다, 그래서 ○○○을 부르고 킨에서 주도를 하고 그리고 우리하고 이렇게 함께해서. 연합회에서 기초자료를 만들어라, 원시자료를 달라, 그래가자고 좀 쓰고 또 국회의원실을 방문했지. 2층부터 8층까지 국회의원실을 한 칸 한 칸 다 방문했어요. 그때 우리가 계속 반대하니까 국회의원실을 방문하기 전에 연수제도가 9개월에서 6개월이 됐어요. 그리고 우리가 2010년 총회를 할 때, ○○○ 국회의원을 끌어들였어요. 어찌나 국회의원을 끌어들여야 문제가 해결되잖아요. ○○○ 국회의원이 우리 총회에 와서 참석했어요. 참석하고 그날에 서명지를 나누어주고 모두 서명을 받았지요. 그전에도 서명을 받고. 어찌나 이 연수제도가 나오자마자 반대했어요. 우리가 반대를 하니까 국회에서 마지막에는 6주. 그게 우리한테 해결을 꼭 해주겠다고 법사위까지 올라갔다는 국회사무총장한테서 그런 공문이 왔어요. 방문한 자료를 다 봤으니까 유관부서 내려 보내고 조사하겠다고. 그때 기술연수지원단에서 감사를 받았대요. 법무부 안에 감사가 있대요. 그래서 말썽이 참 많고(한희애).

연합회는 연수생연합회, 동포신문사 등 기타 단체의 반대운동이 실패한 상황에서 한국의 동포정책이 그릇된 것이면 "목이 날아가더라도" 반대하여 올바르게 잡아야 한다는 변혁의 의지로 지구촌동포연대(KOREAN INTERNATIONAL NETWORK), 중국동포희망연대와 힘을 합쳐 끝까지 연수제도를 변화시키는 노력을 해왔다. 변화를 이끌어낸 이러한 행동들은 실천 주체들로 하여금 "열심히 하면 자신들에 대한 정부의 시선이 달라지고", 따라서 견고해 보이는 구조적인 측면들도 변화될 수 있다는 변화의 가능성을 발견하도록 하였다.

…… 우리가 이렇게 해서는 안 되겠다 해서 왜냐하면 이 사람들이 겨우 한국에 왔는데 그 권리도 박탈당할까 봐 벌벌 떨면서 믿지면

어쩌겠니, 돈 좀 팔더라도 시세를 타자, 이거 머 소를 끌고 도살장 가는 식이지 머. 그런 형태가 되니까 할 수 없이 우리가 나선 거죠. 그리고 그때 연수제도를 적극적으로 반대한 게 ○○○신문사였어요. 신문사에서 토론회도 가지고 연속 1, 2, 3번이나 연수제도를 때리는 게 나왔어요. 그다음에 법무부에서 신문사에 똑같게 우리한테 압력을 넣는 것처럼 압력을 넣었어요. 그래서 신문사는 딱 그만두고 연수제도가 좋다는 광고만 내는 거에요. 그래서 방법이 없어서 하자면 의지가 있어야 되는데, 옳다고 생각되면 목이 날아나더라도 해야 되지 않겠는가. 그래서 킨하고 우리하고 ○○○하고 마지막에 셋이서 자료를 해가지고 국회를 쳐들어갔지 머. 우리는 그냥 조선족에 대해서 되지도 않는 제도를 시행하려고 하니까, 우리는 동포정책을 올바르게 해달라 편안하게 해달라 그것밖에 없어요. 퇴직한 법무부 출신들이 대부분입니다. 그런 사람들이 거기 가서 자리를 틀어잡고 하는데 연수제도는 이제 한물이 갔지만, F-4 비자를 준다는 것도 그 연장선상에 있는 거죠. F-4는 동포비자에요. 동포라면 자격증이 있든 없든 줘야 됩니다. 그렇지 않아요. 안 주려면 아예 주지 말고. 주겠으면 주고. 이렇게 돼야 되는데(한희애).

다음으로, '중국 조선족'으로 자신을 규정하면서, 한국 사회에서 '조선족' 신분을 숨기며 살아가는 사례들이다. 28세의 김자영 씨가 이 유형에 속한다. 2011년에 한국에 입국한 김자영 씨는 옷가게에서 아르바이트생으로 일하게 된다. 그 과정에서 그는 옷가게 주인에게서 자신의 신분을 감추라는 조언을 듣게 된다. 아래의 이야기는 '조선족'으로 살아가고 싶지만 신분을 감추어야 하는 현실에 대한 그의 심경을 잘 보여준다.

어떤 옷가게에서 알바를 했는데 그 면접할 때 가게 주인이 내 보고 중국분이라는 말을 하지 말라고 손님들한테. 조선족이라는 걸 알게 되면 나쁘다는 게 아니고 조선족 이미지가 좀 그렇기 때문에 손님들한테 조선족이라는 걸 알려서는 아이 된다고 그랩데다. 그

때는 아…… 이게 뭐지 하는 그런 생각……. 왜 우리 민족은 이 땅에 와서 다른 미국, 일본에 가서도 부끄럽지 않게 말해도 되는 민족성분을 이 혈육이 그래도 일맥상통하는 나라에서 제대로 밝히지도 못하고 일하는 건지 하는 그런 의아함. 그리고 억울함 그런 정서가 있었슴. 아예 생김새가 베트남 여자처럼 생기면 혹은 아예 조선족이 아니라면 심경이 덜 복잡할 거라는 생각이 들더군요(김자영).

그는 '조선족' 신분을 감추라는 한국인의 조언에 '위축감', '비하감', '혼란스러움'을 느끼면서 차라리 "베트남 여자처럼 생겼더라면 덜 복잡한 심경이었을 것"이라고 밝혔다. 이러한 경험이 있은 이후 그는 한국에서 자신의 신분을 감추고자 하며 누군가 자신의 민족적 신분을 물어보지 않는다면 굳이 드러내지 않지만, 만약 물어본다면 떳떳하게 조선족임을 밝힐 것이라고 말한다. 따라서 그는 '북한이탈주민'과 똑같이 국경을 넘은 조선족들을 그들과 차별하면서 비인간적 대우를 하는 현실에 불만을 품으면서 자신을 '조상이 한반도에서 이주하여 온 중국 조선족'이라고 규정한다. 그에게 있어 조선족은 중국에서든 한국에서든 '조선족'으로서의 민족적 위치를 찾아야 하는 존재인 것이다.

왜 한국은 북한 탈북자만 난민이라고 생각하고 일도 아이 시키고 생활비 대주죠. 왜 그렇다면 북한 탈북자하구 조선족에 대한 차별이 이리 심합니까. 나라가 그 당시 제구실을 못하여 백성을 밖에 내몰았을 때 조선족들은 그때 당시 먹구살기 위해서 두만강을 뛰어넘었지 않습니까. 지금 북한 사람들도 탈북하고, 그때 당시 나간 조선족들이 다시 이 나라로 들어왔는데 왜 그럼 북한 사람하고 조선족들에 대한 차별이 이렇게 심합니까. 조선족들은 왜 이런 비인간적인 대우를 받아야 하고 차별을 당해야 하는가. 같은 대우는 안 해줘도 적어도 인간적인 대우는 해줘야 하지 않겠습니까. 이게 선진국 혹은 그렇게 민주를 외치는 한국에서 나와야 할 태도입니까(김자영).

위의 김자영 씨와 유사하게, 42세의 함영수 씨도 자신의 신분을 감추고 '한국인'으로 위장하고 살아간다. 1945년 이전 흑룡강성이나 요녕성으로 이주하여 간 조선인들은 대부분 경상도, 평안도, 전라도 사람들이었으므로 그들의 언어적 억양은 경상도, 평안도, 전라도의 억양과 비슷하다. 그러한 이유로 그들은 한국인들에게 지방에서 온 '한국인'으로 간주되며, 따라서 그들이 '조선족'이라는 신분을 감추는 일은 상대적으로 용이하다. '조선족'이라는 신분으로 한국에서 살아가는 데 너무 많은 불편함을 느낀 그는 차라리 처음부터 '한국인'이라고 주위사람들을 속이면서 점장 자리에까지 올라갔다. 애초에 '조선족'이라는 신분이 밝혀지면 한국인 직원을 다스리기 힘든 사회적 분위기를 파악하고 자신의 신분을 더욱 깊이 감춰왔던 것이다.

내가 한국에 온 지 10년이 넘는데 사람들은 내가 한국인인 줄로 알아. 점장만 내가 조선족인 줄 알고 다 몰라. 처음부터 나는 조선족이라고 하지 않고 경상도에서 왔다고 했지. 조선족이라고 말하면 모든 일이 힘들어져. 직원들도 말을 잘 안 들을 것이고. 그래서 그냥 한국인이라고 하려고(함영수).

이러한 그의 행위는 한국인들이 외국인임을 알아차리지 못하는 외형적 우세를 빌려 차별적 시선을 비껴가고 평등한 성원이 되고자 함을 추구하는 의지가 내포되어 있는 전략적 행위이다. 하지만 '한국인'으로 위장하고 살아가면서도 그는 '중국 조선족'이라는 자신의 정체성을 유지하고자 한다. 한국인들 앞에서 자신마저 '조선족'임을 망각할 정도로 '한국인'으로 변신하지만, 한국인들과는 "이상하게 친해질 수 없다"고 말하면서 어느 순간부터 '조선족'과의 만남을 더욱 선호하게 된다.

마지막으로, '조선족'이라는 기존의 정체성을 잠재적으로 보유하고 있으면서 한국인과 충돌 시 정면으로 대립하거나 한국인과의 인간관계를 단절하는 자들이 있다. 유광수 씨와 김춘희 씨가 이 유형에 속한다. 유광수 씨는 '조선족'이라는 잠재적인 인식을 가지고 있으면서 한국인들과의 접촉에서 충돌과 갈등이 생기면 바로 "한국 사람들은 xx한데, 거기에 비하면 우리 조선족들은 xx하다"라는 문법을 구성하면서 한국인과 정면충돌한다. 정면 대립을 하게 되지만, 대부분의 경우는 "조용히 돈만 벌어서 중국으로 돌아가는 것을 상책"이라고 여기면서 조선족과의 만남에서 정서적 안정을 찾는 것으로 만족한다.

54살의 김춘희 씨도 한국인과 모순이 있은 후로 한국인과의 관계를 단절하게 된다. 그는 연변의 농민 출신이다. 농촌에서 농사를 지으면서 살아가던 그는 한 남자와 사랑에 빠지게 되지만 부모님의 반대로 3년 연애 끝에 헤어지게 된다. 첫사랑과 헤어진 그는 자신의 상처를 치유하고자 홧김에 두메산골의 농사꾼에게 시집을 가게 된다. 농촌에서 돈이 되는 일이면 고생을 마다하지 않고 해오던 그는 2002년에 한국으로 입국하게 되며 한국에 입국한 그는 우연한 기회에 이루지 못한 '첫사랑'을 한국에서 만나게 된다. 그 이후부터 그에게 중요한 것은 첫사랑과의 만남을 더욱 오랫동안 지속시키는 일이었다. 핸드폰 배경화면으로 설정한 첫사랑의 사진을 연구자에게 보여주며 행복한 표정을 짓는 그는 뒤늦게나마 이루어진 사랑 때문에 세상을 얻은 기분인 것 같았다. 그러면서 그는 '첫사랑'의 비자가 곧 만료된다는 사실에 너무나도 슬퍼하면서, 연구자에게 해결책을 좀 마련해줄 수 없는가를 애원할 정도였다. 2시간이 넘는 인터뷰는 모두 그의 사랑 이야기로 점철되었다.

이처럼 김춘희 씨에게 중요한 것은 일, 가족, 사랑으로 구성되는 일상이다. 그리고 그 일상에는 한국인과의 만남이 존재하지 않는다. 그는 한국인과 교류하는 과정에서 불신을 경험한 이후로 한국인과 인간관계를 확립하기를 꺼려하며 조선족들과의 만남을 더욱 선호하게 된다.

> 한국에 와서 적응돼서 좋다고 하면서도, 한국 사람은 아직까지 싫어. 같은 민족이라고 해도 중국에서 온 사람들이 그래도 말 한마디라도 믿구 말하고 싶지 한국 사람들하고는 말하고 싶지는 않단 말이야. 왜 그런지 믿음이 안 가. 내가 크게 친해는 못 봤는데, 식당에서 일해보면 한국 사람들이 너무 속이 다르고 겉이 다르더라고. 왜 그렇게 생각하게 됐냐면은, 내가 딸과 같이 식당에서 먹고 자고 했는데, 사장이 어느 날 아침 영업을 하자 하더라고. 돈 좀 더 주고. 우리가 거기서 자고 하니까 다 준비하고 아침 8시면 문을 열어야 돼. 그래서 맨날 5분 전 8시면 문을 열지. 그런데 한번은 오피스텔에 종합장이라고 나이 좀 있는 아줌마인데, 우리는 딱딱 제시간에 문을 열었는데, 우리 사장님하고 그러더래. 자기 아침에 밥 먹으러 왔는데 문을 안 열었더라고. 그날 아침에 문을 열어서 계속 단골로 다니는 아저씨가 아침을 먹고 갔는데, 아침에 자기가 오니까 문을 안 열었다고 그러더라고. 그렇게 우리를 씹는단 말이야. 그다음부터는 이 한국 사람들은 속 다르고 겉 다르고 믿을 거 아니다라고 생각했지. 내 그다음부터는 한국 사람이라면 질색한단데. 한국 사람한테 믿음이 안 가(김춘희).

요컨대, 이 유형에 중요한 것은 일상을 살아감에 있어서의 행복,

안락함이지만 한국인들과 충돌이 생겼을 때에 그들은 바로 '조선족'이라는 정체성을 강화함으로써 한국인과의 소통을 단절한다.

셋째, 기존 정체성을 거부하면서 한국 주류사회에 진입하려고 하는 유형이다. 이 유형에 속하는 행위 주체들은 '조선족'이라는 기존의 정체성을 거부하고 한국사회에 완전히 통합되려고 한다. 강미옥 씨가 이 유형에 속한다. 1998년에 한국인 남성과 결혼하여 한국에 입국한 강미옥 씨는 3년 결혼 생활 이후 이혼을 하게 되며 2000년도부터 한국 국적으로 한국에서 살아가게 된다.

강미옥 씨는 첫 두 유형과는 달리, 한국에 거주하는 조선족들의 저급한 행동거지나 촌스러운 옷차림, 분수에 어긋나는 발언들을 한국 국적을 취득하고 한국 국민으로 살아가는 조선족들의 이미지에 손상 주는 행위라고 인식하면서 '조선족' 집단으로부터 벗어나고자 한다. 또한 한국에서의 삶은 그로 하여금 점점 중국과 멀어지는 느낌을 받도록 하였으며, 문화적으로 한국에 적응한 그는 더 이상 중국에서 살 수 없다고 판단한다.

따라서 자신의 국가를 '한국'이라고 인식하고 있으며 자신을 '한국인'으로 규정하고 있다. 그러나 대부분의 경우 자신이 완전한 '한국인'이 아님을 자각하게 된다. 왜냐하면, 한국인과의 첫 만남에 조선족이라는 사실이 드러나기 때문이다.

> 불편함이 있다면 글쎄 아직도 고집이 있어가지고 여기 말투가 안
> 바뀌니까 한국 사람들이 첫인사에 교포라는 걸 알아보니까, 물론
> 아무 상관도 없지만은 어떤 때는 또 그게 싫을 때가 있거든……
> 그런데서 좀 불편하고 다른 거는 없어(강미옥).

첫인사에 한국인들이 자신이 조선족임을 알아차리는 일은 여전히 한국 사회에서 살아감에 있어 가장 불편한 점이다. 그래서 만일 상대방이 자신의 신분을 확인하려고 하지 않는다면 굳이 조선족임을 밝히려고 하지 않는다.

여기서 짚고 넘어가야 할 것은, '조선족' 정체성을 부정하며 '조선족' 집단으로부터 벗어나고자 하는 의지는 그의 생존 전략과 불일치를 이룬다는 것이다. 그것은 그가 조선족들을 대상으로 마작가게를 운영하며 자신의 생존에 필요한 자본을 마련하고 있기 때문이다. 또한 '한국인'이라는 귀속의식, 즉 변형된 국가적 귀속이 때로는 변하지 않는 애국심과 불일치를 이룬다. 아래 구술에서와 같이 한국과 중국이 스포츠 경기를 할 때 중국이 이겼으면 하는 바람이 바로 그러한 사실을 말해준다 할 수 있다.

> 한국이라고 생각을 하다가두 스포츠 같은 것을 보면 또 자연적으로 중국 쪽을 응원하게 된다니까. 그거는 있어. 내 평소에 살 때는 중국 사람이라는 걸 절대 인식 안 하구 사는데 뭐 올림픽이나 같은 걸 볼 때면 꼭 중국이 이겨야 된다는 이런 거는 있어. 모든 스포츠 경기는 중국이 이겨야 된다는 게 있어. 그냥 여기 사람이라고 생각하고 사는데 올림픽 같은 걸 하며는 그래. 이상하게 중국 쪽을 응원하게 되더라니까. 이상하더라구(강미옥).

넷째, 기존 정체성도 거부하고 한국 주류사회의 진입도 거부하는 유형이다. 이 유형에 속한 사례가 바로 한국의 모 유명한 회사에 취직한 28살의 정금화 씨다. 정금화 씨는 2006년에 유학생으로 한국에 입국하여 2008년도에 석사학위를 취득하고 한국의 모 유명한 회사에 취직하게 된다. 유학생 시절부터 그는 한국인의 차별을 받은

적이 없었으며, 그러한 이유로 '조선족'임을 자각할 일도 별로 없었다. 또한 현재 다니는 회사에는 유럽 혹은 미국의 동포들이 많기에, 그들은 정금화 씨의 출신 배경에 대해 전혀 신기하게 생각하지 않는다. 왜냐하면, 그들에게 있어서 정체성 혼란을 겪는 일은 극히 정상적인 일이기 때문이다.

> 걔네들 자체가 한국인이지만 유럽 혹은 미국에서 태어난 애들이어서 걔네 자체가 원래 정체성 혼란을 겪고 있기 때문에 그게 문제라고 생각을 하지 않습니다. 그 사람들은 그 혼란성 자체가 정상이라고 생각하고 그럴 수두 있다고 생각하니까. 그니까 걔네들은 나를 봐두 신기해하지 않고 자기네들하구 같은 처지라고 생각함다(정금화).

그가 가장 안타깝게 생각하는 것은 회사의 유럽 혹은 서양의 인재들과 자신을 비교했을 때 느끼게 되는 한계이다. 자신의 한계에 대한 인식은 생득적인 민족적 신분에 대한 원망과 민족적 운명에 대한 한탄으로 이어진다. 그는 "한족들의 5,000년 역사에는 조선족이라는 존재가 없고, 또 조선의 500년 역사를 우리 민족의 역사"라고 말할 수도 없는 '조선족'으로서의 민족적 기원을 찾아볼 수 없는 현실에 불만을 품는다.

> 한족 애들이야 자기네 5,000년 역사 있다구 떠들어댈 수 있어도 우리는 그렇다구 한국하구 관계있게 조선 500년 역사라구 이렇게 말할 수도 없고 그 한족들의 5,000년 역사에는 우리들의 존재가 없고 그렇잖아요. 그리구 조선족은 어떻다고 할까……. 미국애들처럼 막 창의적인 인재가 나오든가. 그렇지도 못하고. 그냥 방탕한 애들만 그런 "인재"들만 나오고…… 동양교육 의식 상태는 원래 서양하구 수평적으로 비길 수도 없는 거고. 만약 가정에서 부

모가 서양에 보내서 공부시킨다면 모를까. 자식 교육을 시키려면 서양에 보내서 교육시켜야 그곳의 교육 시스템이랑 받아들이고 그래야 애가 어려서부터 사고방식이랑 뇌 공간 구조랑 다르게 발달되겠는데……(정금화).

따라서 4년 동안의 회사 생활을 거쳐 그는 "자신의 머리에서 조선족이라는 개념"은 점점 사라지고 있다고 말하면서 스스로를 "3개국 언어를 구사할 줄 아는 국제인"으로 규정하고 있다. 또한 "자신은 이미 한국 국민보다 나은 존재이며, 그들과 평등한 위치에 있는 것이 아니라 그들보다 더 우월한 '국제인'으로 부상하는 존재"라고 인식한다. 그러면서도 그는 "중국인들이 보다 합리적이고 발전성이 강하고 건설적인 생각들을 하기에" 스스로를 "중국인으로 인식하고 정당화"하는 것을 통해 자신에 대한 이미지와 평판을 높이고자 한다.

또한 한국인들 앞에서는 자신을 "교포 혹은 이민 4세"라고 돌려서 말한다. 그러한 칭호를 사용하면 한국인들의 편견을 덜 받을 것이라고 생각하기 때문이다. 이러한 그의 행위는 중국이라는 국가적 소속을 도구화하여 자신에 대한 사회적 평판을 높이고자 하는, 또 (재미)교포나 이민 X세대라는 차별적 기제가 덜 작동하는 언어를 사용함으로써 자신에 대한 편견을 감소시키고자 하는 전략적 행위인 것이다.

> 내 머리에 이젠 조선족이라는 개념이 많이 사라진 거 같슴다. 그냥 세 개 나라 말을 할 줄 아는 어떤 국제적인 사람. 난 이미 한국 국민보다 더 낫다고 생각함다. 한국 사람들이 그렇게 부러워서 되고 싶은 상대는 아님다. 아무리 돈이 많고 지위가 높아도…… 회사에서는 거의 중국 사람이라고 생각하고 일함다. 나를 중국인이라고 생각하고 정당화함다. 왜냐하면, 중국 사람들이 더 합리적이

구 발전성이 있으니까. 한국 사람들은 좁은 땅에서 희망도 없이 사는 사람이 많은데 아무리 좋은 기업 다녀도 직원으로 잘 살 생각하지 창의성이나 독립성은 중국 사람보다 많이 뒤진다. 기술직이나, 전문직 하는 사람은 중국 사람들이 더 합리적이고 건설적인 생각 함다. 그리고 그 사람들하고는 그냥 조선족이란 단어를 잘 안 쓰고 교포라거나 이민 4세대라거나 좀 돌려서 말하긴 함다. 그럼 한국 사람들이 조선족이란 말 듣는 거보다 편견이 덜 생기는 거 같기도 하고(정금화).

그리고 그에게 있어서 '조선족 타운'은 '문화적 충격'의 장소로서 절대 다시 가고 싶지 않은 곳이며, 한국의 조선족 문제는 조선족 스스로가 해결해야 할 문제이다. 이러한 구술에서 그가 '조선족'이라는 민족 실체를 강하게 부정하고 있다는 것을 알 수 있다.

두세 번 대림동에 갔었는데 나는 그곳이 너무 싫습다. 처음에는 훈둔(混沌: 만둣국 비슷한 중국 음식)이 너무 먹고 싶어서 남편 같이 갔댔습다. 그리고 남편 친척들이 생일을 쇠면서 갔댔습다. 그런데 그때 나는 진짜 문화적 쇼크를 받았습다. 정말 가장 최하층 노동자들이 모여서 남편 이모들의 동창들인데 모여서는 아주 저질적인 대화를 하는데 나는 마치 인생의 가장 밑바닥 속으로 빠져 들어가는 느낌이 들었습다. 나는 열심히 지위상승을 위해 노력하는데, 이런 상황에 직면하니까 막 낭떠러지로 떨어지는 느낌을 받았습다. 진짜 완전 문화적 충격임다. 조선족의 현재 문제는 중국에 경제가 발전해야 연변 경제가 발전해야 근본적으로 문제 해결되지. 그래야 조선족들도 굳이 여기서 이런 대우 받으면서 일할 필요 없지 않습다. 한국 사람인데 백번 말해봐야 조선족이 소질이 낮구, 경제력이 딸리니까 그 부분을 존경해달라고 할 수도 없고 자체 해결을 해야지. 한국에 의지하기는 어려운 거 같습다(정금화).

아이러니한 것은 신분상승을 위한 노력의 한계에 대한 그의 인식이 남편의 무능력에 대한 원망으로 환원되면서 가족관계의 파산으로까지 그 영향이 드러나게 되었다는 점이다. 그는 회사의 유럽 혹은 미국에서 태어난 한국인들과 자신의 조선족 남편을 비교하던 끝에 결국에는 남편의 '무능력함'을 참지 못하여 이혼을 선택한다.

> 회사에는 미국 애들 유럽 애들이 많습니다. 개네들을 보면 머리가 영 다 총명하지만 노력을 또 아이하는 건 아이란 말입니다. 개네는 사유도 글로벌적인 사유를 하기 때문에 존경받을 만한 것 같습다. 그런 거 보면 자신도 빨리 흡수하고 싶고 빨리 발전되고 싶고 그런 생각이 많습다. 그런데 그기에 비해 조선족 남자들이 발전하는 걸 보면 바닥에서 기고 있다는 느낌이 듭다. 그래서 자꾸 오빠하구 비교를 하게 되구. 제일 처음에 한국에 석사 공부하러 들어왔을 때는 아무런 생각도 없이 아주 행복하게 들어와서 공부도 하고 그랬는데 졸업을 해서 회사에 들어가서 그런 사람들을 보니까 그리고 자신의 남편을 보니까 하……. 그냥 그렇게 같게 발전해라 하기보다 넌 아예 그렇게 될 수 없구나 하는 그런 생각을 가지게 됐습다. 그냥 나는 이렇게 우로 올라가고 있는데 그쪽은 그냥 바닥에서 기고 있었으니까. 내 발전에 도움을 주기는커녕 그냥 잡아당기고 있었으니. 내 2~3년 이래 가장 많이 한 생각이 어떻게 남편 되는 사람을 개조할 것인가, 거기에 대해서 많이 생각했는데, 어떻게 이 사람을 인도해야 하는가, 내가 원하는 방향으로 거기에 대해서 생각을 많이 했는데, 결국은 실패했습다(정금화).

요컨대, 이 유형의 실천 전략은 '조선족'이라는 생득적인 신분에 대한 혐오감, 무력감으로 표현되는 민족적 실체에 대한 강한 부정, 중국이라는 국가적 소속의 도구화 등 특징을 띤다.

2) 실천 전략들의 차이와 의미

지금까지 일상에서 전개되는 개별적인 행위 주체들의 실천 전략에 대해 살펴보았다. 구체적으로 그들이 어떠한 자원을 동원하여 자신을 둘러싼 법적·제도적·사회문화적 차별에 대응하고 있는지를 살펴보았다. 여기서는 재한 조선족의 실천 전략들의 차이와 의미를 알아보고자 한다. 이를 위해 먼저, 앞에서 살펴본 구체적인 실천 전략의 내용을 <표 9>과 같이 정리해보았다.

〈표 9〉 실천 전략의 유형

	특징		실천 전략
	'조선족' 정체성 유지	주류사회 진입의지·관계유지	
I	0-	0	사회적 위치 변화시키기
			적당히 드러내기
			'중국인' 강조하기
II	0	×	정책·제도 개선하기
			신분 감추기
			갈등 시 정면충돌하기
III	×	0	한국 국민 되기
IV	×	×	국제인 되기

먼저, I 유형의 구체적 실천들에서 보이는 차이에 대해 설명하고자 한다. I 유형에서도 '적당히 드러내기'로 요약되는 실천방식은 성별에 따라 다른 양상을 보인다. 구체적으로 말하자면, 여성의 실천방식이 남성에 비해 상대적으로 유연하다. 예를 들면, 여성은 주위의 사람들이 중국을 일정하게 알고 있다고 판단되는 상황에서는 '중국인' 정체성을 적당히 드러냄으로써 중국에서의 자원을 동원하여 자신의 존재가치를 드러내고 '조선족'으로서 인정받고자 한다. 그러나 남성들은 여성에 비해 내부로부터 조선족과 한국인의 경계를 긋는 경향이 강하다. 즉 그들은 우리와 한국인, 사회주의와 자본

주의 등 2분법적인 틀로서 자신과 한국인의 충돌을 해석하고자 하며 한국인들을 이해하려고 하는 대신 자신이 허용할 수 있는 범위 안에서는 참고 견디지만 참을 수 없을 때에는 직장을 그만두는 방식으로 한국 사회와 관계를 유지하고자 한다.

그뿐만 아니라 출신지에 따라 다르게 표출된다. 조선족 산거지역에서 살아온 조선족은 한족들과의 빈번한 상호작용 속에서 자신이 한족들과 다른 민족인 '조선족'이라는 소수민족 의식을 강하게 보유하고 있으며, '조선족' 정체성을 지키고자 하는 의지가 상대적으로 강하다. 스스로를 지키고자 하는 내면화된 실천방식들은 한국에 와서도 그대로 유지된다. 즉, 그들은 한국인과의 상호작용 속에서 조선족으로서의 '정체성'을 유지하고자 한다. 이러한 양상은 차별의 경험에 의해 강화되는 '정체성'이라기보다 중국에서 형성된 기존의 정체성을 유지하고자 하는 의지의 확장으로 볼 수 있다. 이러한 경험적 사실은 차별을 많이 받을수록 기존의 정체성이 강화되는 것이 아님을 말해준다. 스스로를 규정짓는 행위는 중국과 한국 두 국가를 거치는 사회적 삶에 영향을 받는 것이다.

또한 계층에 따라 차이를 보인다. 그러나 계층이 낮으면 낮을수록 더욱 많은 차별을 받기에 기존의 정체성을 유지하고자 하는 경향이 강하다는 것이 아니다. 조사를 통해 알 수 있듯이, 서비스업, 건설현장 등 직업에 종사하는 조선족이 많아짐에 따라 같은 업종에 종사하는 한국인들은 갈수록 조선족의 행위양식을 더욱 잘 이해하게 되었고 또 중국의 실정도 잘 알게 된다. 그 때문에 이러한 직종에 종사하는 조선족들은 초기에는 한국인들과 많은 충돌을 빚어내면서 스스로에게 "나는 누구인가"라는 문제를 제기하게 되지만 시간이 갈수록 한국인과의 갈등이 적어진다. 오히려 회사원, 학생 등 높은 계층에 속하는 한국인일수록 조선족과의 접촉이 빈번하지 않으므로, 조선족들에게 차별이라고 인식할 정도의 질문을 던질 때가 많다. 그리하여 그러한 질문을 받은 같은 계층의 조선족 회사원, 유학생들이 자신의 '민족적 소속'에 대해 더욱 심각하게 자문하게 되는 것이다.

다음으로, 각 유형별 실천 전략들의 차이에 대해 살펴보고자 한다. 앞 절에서 이미 기존 정체성 유지 여부와 주류사회 진입의지·관계 유지 여부에 따라 실천 전략들을 크게 네 가지 유형으로 구분하여 서술하였다. I유형의 사례들은 한마음 협회 등 단체결성을 통해 확장하는 집단 역량을 빌려 사회적 위치를 변화시키고자 하며 주류구성원들과 평등한 관계를 유지하고자 한다. 또한 '중국인' 혹은 '조선족'이라는 기존의 정체성을 적당히 드러내는 것으로서 한국인들과의 원활한 관계를 유지하고자 하거나 '중국인' 정체성을 강조하여 비대칭적인 위치를 극복하는 것으로서, 한국인과의 평형적인 관계를 형성하고자 한다. 이러한 실천들은 중국 주류사회에 진입하는 것을 목표로 삼고 '조선족' 정체성을 강화하는 것을 통해 스스로의 존재가치를 드러내며, 집단농성 등 방법으로 조선족에 대한 제도와 정책을 개선하고자 하는 연합회의 실천과 돈을 벌어 중국으로 돌아가는 것을 궁극적인 목표로 삼고 한국인과 모순이 생겼을 때 직접적인 갈등을 빚어내는 II유형의 실천방식과는 차이를 보인다. II유형의 사례들은 한국에서 정착하려 하지 않기에, 한국인과 정상적인 인간관계를 유지할 의향이 없으며 자신들이 실천에 대한 한국 사회의 평가와 반향을 신경쓰지 않는다. 그러므로 상대적으로 강력하고 극단적인 방식으로 자신들을 둘러싼 상황에 대처한다면, I유형은 한국 사회에 정착하고자 하거나 한국에서 안정적인 삶을 살고자 하기에 상대적으로 유연한 방식으로 한국인과의 모순을 최대한 감소시키고 한국 사회에서의 원활한 삶의 공간을 확보하고자 한다.

Ⅰ, Ⅱ유형과는 달리 Ⅲ, Ⅳ유형은 '조선족' 정체성을 부정한다. 이 두 유형은 완전히 '조선족' 집단으로부터 벗어나 한국 국민으로 살아가고자 하거나 혹은 '국제인'으로 살아가려고 한다. 또한 이 두 유형은 모두 탈공동체를 꿈꾸지만 재영토화하고자 하는 공간에 있어서는 차이를 보이고 있다. Ⅲ유형에 속한 사례는 한국에서의 재영토화를 시도하며 한국 사회에 통합되고자 하지만, Ⅳ유형은 '국제인'이라는 중국과 한국이 아닌 '제3의 공간'을 찾아가고자 한다.

앞의 분석을 토대로 재한 조선족의 실천 전략들이 지니는 의미를 살펴보도록 하자. 재한 조선족의 실천은 개별적 실천과 집합적 실천으로 나누어볼 수도 있다. 먼저 그들의 Ⅰ, Ⅱ, Ⅲ, Ⅳ유형의 개별적 실천에는 한국 문화에 대한 일방적인 적응이나 모방이 아닌 '조선족'으로서 주류집단 구성원들로부터 인정받고자 하는 욕구가 담겨 있다. 개별적 실천 주체들의 능동성은 그들의 개인적 자원의 적극적인 동원과 활용을 통해 수행하는 가시적 공간 혹은 비가시적 공간에서 포착되며, 이러한 실천에는 주류집단 간의 비대칭적 관계를 경험한 행위 주체들이 그러한 비대칭적 관계를 포착하고 그것에서 벗어나고자 하는 능동성이 작용한다.

다음으로, 사회적 위치를 변화시키고자 하는 Ⅰ유형의 집합적 실천에는 집단결성을 통해 형성되는 힘들을 자신들의 사회적 자본으로 확보함으로써 주류사회의 사회적 배제를 보완하는 전략적 구사 능력, 집단 간 경계의 틈새에서 자신들의 장소와 사회적 공간을 구성해가는 능동성, 자원봉사 방식을 선택하여 자신들도 한 사회를 구성해나가는 똑같은 시민을 보여주고자 하는 합리적 판단의 능력 등 실천 주체의 능동성이 발견된다. 동시에 법적·제도적·사회문화적 차별에 직면한 그들의 장벽 뚫기는 자신들의 틈새 찾기로 이어지며 그러한 틈새 찾기는 집단결성을 강화하고자 하는 의지로 확장된다.

이와 반면에, 제도, 정책을 개선하고자 하는 II유형의 집합적 실천은 조선족의 역사를 발굴하고 동원하여 그것을 자신들의 실천논리로 삼고 있다. 즉, 주류집단 구성원, 즉 '일반화된 타자(generalized others)'와의 상호작용을 통해 존재의 정당화와 사회적 위치를 개선하는 것이 아니라 '조선족'이라는 존재의 당위성을 그 실천논리로 삼고 있다. 또한 실천을 주도하는 주체들은 법적·제도적·사회문화적 차별에 대한 비판적 인식을 가지고 있으면, 그러한 비판적 인식은 구체적으로 재한 조선족을 둘러싼 정책과 제도의 불합리성에 대한 거부와 저항으로 드러난다. 따라서 실천 주체들의 변혁의 의지와 실천방식에는 '집단농성'과 같은 직접적이고 전투적인 방식뿐만 아니라, 「문화공연」의 방식으로 '중국의 조선족'으로서의 정체성을 강화함으로써 변화의 계기를 모색하는 유연적인 방식을 포함한다. 이러한 실천에는 법적·제도적·사회문화적 차별에 문제 제기를 하지 않는 개별적 실천과 I유형의 집합적 실천과는 구별되는 급진적인 능동성을 내포하고 있다고 할 수 있다.

이와 같이 실천 주체들은 실천목표와 방식에 있어서는 차이를 보이나 구체적인 차이에도 불구하고 스스로의 생존 공간을 확보하기 위해 또 한국 사회의 인정을 받기 위해 그들 나름대로의 실천 전략을 구사하고 있다. 현지조사와 참여관찰에서 만났던 조선족들은 기존의 차별 질서 속으로 포섭되면서도 동시에 그러한 장벽을 뚫고 나가거나 회유되어 가는 모습을 동시에 보여주었다. 그러한 주체들의 능동성의 면모들은 지금까지 이주 행위 주체들을 피해자나 수동적인 무기력자로 간주해왔던 인식 틀의 변화를 요하는 경험적인 단서라 할 수 있으며 공동체 구성원들의 공존 가능성을 보여주는 계기라고 할 수 있다.

재한 조선족들은 이주 초기 최저 생계의 경계에서 점점 벗어나고 있다. 그들은 생계욕구는 점점 다른 인간적 요구들, 즉 더 예리하게 자신들이 처한 열등한 사회적 위치를 느끼면서 자신들의 정체성을 인정받고자 하는 욕구로 이어진다. 그리고 자신들로 하여금 한국의 주류사회에 참여하기에 부족하다고 믿고 있었던 '조선족'이라는 신분에 대한 자각은 그들의 사고와 감정, 나아가 스스로를 새롭게 규정짓는 행위들을 추동함으로써, 다양한 실천 전략을 구사하면서 스스로의 삶의 공간을 확장해나가도록 하였다.

중요한 것은, 조선족들이 다양한 실천 전략을 구사하면서 살아간다고 하더라도 그들은 여전히 자신의 정서적 안정을 '조선족' 집단에서 찾으려 한다는 것이다. 그리고 그러한 행위들이 '조선족 타운'이라는 지역적 경계를 구축하게 되었고 지역적 경계 안에서의 조선족들의 단체결성을 촉진하게 되었다는 것이다. 따라서 '조선족 타운'의 확장, 조선족 단체결성의 활성화 등은 집단 외부인들이 조선족들을 게토(ghetto)화된 집단으로 생각하도록 만드는 가시적인 경계들이다.

'조선족 타운'의 지역적 경계는 실제로 조선족들 스스로에 의해 재생산되고 있다. 예를 들면, '조선족 타운'에서 수행되는 조선족들의 문화적 소비의 실천은 객관적으로 구성된 한 집단문화의 재현일 뿐만 아니라 그들이 자신의 존재가치를 부각시키기 위해 문화적 과소비를 행할 때, 그것은 집단 외부인들이 조선족에게 부과하는 공동체성이 되고 '미개한' 집단 문화로 자리매김하는 원인이 된다. 나아가 '조선족 타운'을 더욱 슬럼화된 지역으로 자리매김시킴으로써 한 도시의 지역적 경계를 재생산시킨다. '조선족 타운'에서 조선족들의 행위는 한국인들에게 조선족들의 강경한 태도, 사회적 부적응으로 인한 분출의 어쩔 수 없음으로 이해되면서 그들의 반감을 자아낸다. 현지조사를 통해 수집한 자료에 의하면 '조선족 타운' 내에서 조선족들이 술을 마시고 몸을 가누지 못하는 등 주정을 부리는 행위, 아무 곳에나 침을 뱉고 담배꽁초를 버리고 교통질서를 위반하고 음주와 폭행 등의 물의를 일으키는 것은 조선족들을 비위생적이고 폭력적인 존재로 인식하게 한다. 그리하여 '조선족 타운' 내에는 일종의 조선족에 대한 공포와 부정적 분위기가 조성되었고 한국인들은 조선족들의 행위를 자신들과 비교하면서 조선족 문화를 낙후한 문화로 규정한다.

조선족 단체결성도 조선족들만의 사회적 공간을 형성함으로써 한국 사회에서 어떠한 영향력을 행사하는 듯이 보이지만, 그것은 가시적으로 드러나는 '조선족' 집단의 결성으로 인해 오히려 집단 간 경계를 더욱 견고하게 구축시키는 결과를 가져왔다고 할 수 있다. 그들의 집합적 실천이 한국인 집단에게 활용 가능한 인적자본으로 취급되었을 때는 모든 경계가 금방 무너질 듯이 보이지만, 한 집단의 배타적인 응집력으로 취급되었을 때는 집합적 행위로 인한 집단 간 경계가 더욱 구축되며, 경계는 재생산의 구조 속으로 편입해 들어간다고 할 수 있다. 그리하여 주류사회로 진입하려는 그들의 목표는 점점 현실과 멀어지게 되며, 오히려 이미 형성된 한 집단-조선족 단체라는 울타리 때문에 집단 간 경계는 재구축된다.

그렇다면, 한국 사회에서 조선족과 한국인 집단 간의 경계가 재생산되고 있는 원인은 무엇인가. 조선족들은 한국인과의 정상적인 인간관계 확립에 어려움을 느낀 조선족들이 사회적으로 차별적 시선이 없고 위압감도 없고 고향의 정을 느낄 수 있는 '조선족 타운'으로 모여들며, 자신들의 공동체 속에서 정서적 안정을 찾고자 한다. 결과로 그들은 '우리'라는 '울타리', 즉 스스로 설정한 조선족 집단 경계 안에 자신들을 포함시키고 그 경계 안에서 집단 구성원끼리 어울리며, 어쩌면 한국 사회에서보다 같은 집단 내에서의 사회적 역할을 더욱 마음에 두게 되는 것이다.

이와 같이 집단의 외부인들에게 조선족들의 적응장애로 인식되는 행위들은 결국 상호작용을 하게 되는 한국인 집단과 조선족 집단 간의 사회적·역사적·문화적 차이 때문이라고 할 수 있다. 두 집단 간의 사회적·역사적·문화적 차이는 조선족들의 한국어 구사능력, 일정 정도의 문화적 동질성 등을 기반으로 한국인 집단 구성원과의 원활한 의사소통을 이루어냄으로써 해소할 수 있는 것이며, 아래로부터의 변화를 통해 한국 사회에서 평등한 성원이 되고 주류집단 구성원들과 공존할 수 있는 기반을 마련할 수 있는 것이다.

재한 조선족의 실천 전략에 대한 고찰을 통해 알 수 있듯이, 재한 조선족들이 지향하는 공간은 중국일 수도 있고 재영토화를 이루어 내고자 하는 한국일 수도 있으며 중국도 한국도 아닌 '상상의 공간'이 될 수도 있다. 그 때문에 한국 사회에 잘 적응해 살기를 바라는 일부 조선족들은 주류사회의 평등한 성원이 되기를 강력하게 원하고 있으며 한국 사회에 친밀감과 통합의 의지를 보이고 있다. 하지만 주류사회와의 구조적 장벽이 결국은 그들을 좌절하게 하고 끝내는 조선족 집단으로 귀속하게 함으로써 집단적 경계를 구축하도록 하는 것이다.

이러한 현상은 장기적으로 볼 때 한국 사회의 다문화 실천의 긍정적인 결과와는 거리가 먼 것이라고 할 수 있다. 집단 간의 다양한 내적 구조로 인해 발생하는 여러 차원의 문제는 한국 사회의 장기간의 정책적 포용과 정책적 실천에 따라 변형될 것이며, 그러한 '내적 구조의 변형'에 따라 한국 사회는 진정한 다문화 공생의 길에 들어서게 될 것이다.

2. 실천 전략별 귀속의식과 정체성 유형

1) 실천 전략별 귀속의식과 정체성

재한 조선족의 정체성 유형을 알아보기 위해서, 여기서는 앞 절에서 설명한 네 가지 유형의 실천 전략의 특징과 실천 전략별 귀속의식의 관계를 요약적으로 제시하고자 한다. 이를 위해 앞에서 살펴본 구체적인 실천 전략의 내용 및 귀속의식의 관계를 정리하면 아래의 <표 10>과 같다.

<표 10> 실천 전략과 귀속의식

실천 전략			특징		국적	귀속의식	지향 공간
			'조선족' 정체성 유지	주류사회 진입의지·관계유지			
I	안정적 실천 모색	사회적 위치 변화시키기	0	0	한국	경계인	한국
		적당히 드러내기			중국	경계인	중국
		'중국인' 강조하기			한국	중국인/ 중국 조선족	한국
II	기존 정체성 강화	정책·제도 개선하기	0	×	중국	중국 조선족	중국
		신분 감추기			중국	중국 조선족	중국
		갈등 시 정면충돌하기			중국	조선족	중국
III	한국 국민 되기		×	0	한국	한국인	한국
IV	국제인 되기		×	×	중국	제3의 존재	초국적 공간

첫째 I 유형은 한국 주류사회 진입을 원하는 사람들이다. 이들은 한국에서 '동포'로서의 지위를 확립하고 한국인과 동등한 사회 구성원이 되기를 목표로 하기에, 유연하고 안정적인 방식을 통해 한국 주류사회와 관계를 유지하고자 한다. 단체결성을 통해 확장되는 인적자본을 기반으로 안정적으로 사회적 위치를 변화시키고자 하며, 한국인들과의 차이를 한국인 스스로 받아들일 수 있도록 '중국인' 정체성을 적당히 드러내거나 강조함으로써 주류사회와 관계를 유지하고자 한다. 이에 반해, II는 중국 주류사회에 진입하는 것을 궁극적인 목표로 하는 유형이다. 그 때문에 한국 주류사회와 한국인과 원활한 관계를 유지할 의지가 없다. 따라서 기존 정체성의 강화를

통해 '동포'로서의 법적 지위를 인정받고자 하거나 한국인과 충돌할 경우 정면 대립하는 강력한 실천 전략을 구사한다.

Ⅰ과 Ⅲ의 실천 전략과는 달리, Ⅲ의 한국 국민을 지향하는 사례의 특징은 '완전한 한국인으로의 동화'라고 요약할 수 있다. 예를 들어, 이종구·임선일(2011: 64)에 의하면, 재한 조선족의 에스니시티 유형은 문화적 정체감과 주류사회와의 관계라는 두 개의 척도를 기준으로 구분되고, 재한 조선족의 에스니시티는 이주 초기 '신유목민형'에서 '현지 적응형', '귀소 지향형', '상황 선택형'으로 변용된다. 이 중 '신유목민형'은 출신국인 중국 조선족의 정체성을 유지하지 않고, 대신에 이입국인 한국 주류사회와 관계를 유지하려는 동화 전략이다. 세부적인 내용은 달리하나 위의 Ⅲ의 '한국 국민 되기'를 원하는 사례들이 이와 유사한 실천 전략을 보이는 유형이다. 즉 이들은 한국 국적을 취득하여 한국에 귀화함과 동시에 '조선족' 집단으로부터 탈리하고 완전한 한국인으로 살아가고자 한다. 하지만 외부로부터의 규정에 직면하여 '한국인'이라는 귀속의식은 '신분 감추기'라는 전략적 행위로 발현된다.

마지막으로, Ⅳ의 사례들은 '조선족' 집단으로부터 탈리하고자 하며 초국적 공간을 지향하면서 '국제인'으로 살아가기 위한 실천 전략을 구사한다. 그 과정에서 '중국인' 정체성을 자신의 이미지와 평판을 상승시키기 위한 도구로 활용하여 스스로의 삶의 공간을 확보하고자 한다.

다음으로는 지금까지 분석한 내용을 종합하여, 재한 조선족의 정체성을 다음과 같이 네 유형으로 정리하였다. 즉, 위의 <표 10>에서 제시한 실천유형별 '특징'을 별도로 구분하여 보았다. '특징'의 두 가지 내용인 '조선족 정체성 유지 여부'와 '주류사회 진입의 의지 및 관계유지'의 의향이 있는지의 두 가지 항목을 교차한 결과, 아래의 <표 11>과 같이 네 가지 유형으로 나뉘었다. 이 글에서는 이들 네 가지 유형을 각각 '동포 지향형', '조국 지향형',57) '귀화 지향형', '미래 지향형'으로 명명하였다(<표 11>).

〈표 11〉 재한 조선족의 정체성 유형

		기존의 '소수민족' 정체성을 유지하려고 하는가?	
		그렇다	아니다
주류사회와 관계를 유지하려 하는가?	그렇다	I. 동포 지향형	III. 귀화 동화형
	아니다	II. 조국 지향형	IV. 미래 지향형

위의 <표 11>에서 구분한 네 가지 정체성의 특징은 각 유형별 귀속의식 및 그 변화 양상에 의해 구분된다. 첫째, '동포 지향형'의 귀속의식은 국적 취득을 기준으로 변화되지 않으며 중국과 한국, 한민족(동포)과 조선족 등 국가와 민족의 경계에서 유동한다. 그들은 다른 유형에 비해 한민족 공동체 구성원으로서의 '한민족 정체성'을 상대적으로 강하게 보유하고 있으며, 국적 취득 이후 진정한 '한국인'으로 변화되고자 한다. 그러나 외부로부터의 규정에 직면하여 그들은 이전에는 '한국인'이 되고자 한 반면에, 현재는 '같은 민족', '동포'라는 귀속의식을 더욱 강화함으로써 한국에서의 사회적 위치를 확보하는 실천 전략들을 구사한다. 또한 중국 혹은 '중국인'이라는 기존의 국가적 귀속을 활용하여 스스로의 삶의 공간을 확보하는

---

57) 이 글에서는 '조상의 나라', '고국', '모국'이 한국이고 '조국'은 '중국'이라는 기존의 논의에 따르고자 한다. 따라서 '조국'은 '중국'과 같은 뜻으로 쓰겠다.

전략을 구사한다. 이처럼 '동포'로서 한국 주류사회와 관계를 유지하고자 하는 의지와 국가, 민족의 경계에서 귀속의식을 생존에 필요한 도구로 활용하는 전략적 행위의 불일치 속에서 '동포 지향형' 행위 주체들은 스스로를 사이에 끼인 존재로 규정하게 된다. 따라서 그들의 귀속의식은 어디에도 명확히 귀속되지 않는 '경계인'의 특성을 띤다. 실천 전략이 자기규정에 영향을 미쳤다면, 자기규정은 실천 전략의 밑거름이 된다.

둘째, '조국 지향형'은 '중국 조선족'이라는 확고한 귀속의식을 가지고 있다. 그들이 인식하고 있는 '중국 조선족'이란 구체적으로 중국 동북지역에서 역사적으로 형성된, 중국인들과도 다르고 한국인들과도 구별되는 중국의 '소수민족'임을 뜻한다. 이러한 '조국 지향형' 행위 주체들은 중국과 한국에서 성공적으로 살아남으려면 '중국 조선족'이라는 정체성을 확립하고 그것을 바탕으로 중국 주류사회에 진입해야 한다고 인식한다. 그러한 공동체를 구성해가는 과정에서 조선족의 '수난의 역사', 과거의 영광 등은 실천 전략의 정신적 지주(支柱)와 방편으로 작용한다. 이 유형의 귀속의식은 상대적으로 확고하기에 쉽게 유동되지 않으며 변화되지 않는다.

셋째, '귀화 동화형'의 귀속의식은 국적을 취득하고 한국에서 살아가는 과정에서 변화된다. 이 유형의 귀속의식은 법적으로도 '한국인'이고 심리적 차원에서도 '한국 국민'이며, 국적과 정체성은 일치된다. 국적 취득으로 인한 한국 사회에서의 생활의 편이함, 중국 사회 적응의 어려움 등이 그들로 하여금 '중국인', '조선족'이라는 귀속의식과 애정으로부터 점점 '한국', '한국인'이라는 귀속의식으로 변화하게 하였다.

넷째, '미래 지향형'의 귀속의식은 '국제인'이라는 '제3의 존재'의 특성을 띤다. 이 유형의 행위 주체가 규정하는 '국제인'이란 탈영토화가 진행되는 과정에서의 실체 없는 공간에 존재하며, 그것은 '조선족'이라는 생득적인 신분에 대한 혐오감과 무력감으로 표현되는 민족적 실체에 대한 강한 부정을 동반한다. 그럼에도 불구하고 '중국', '중국인'이라는 국가적 소속은 여전히 그들의 삶의 공간을 확보하는 도구이다.

2) 귀속의식의 유동과 도구화

지금까지 재한 조선족의 실천 전략의 특징과 정체성을 유형별로 살펴보았다. 이 장에서는 조선족의 실천 양상 및 정체성과 관련된 중요한 요소의 하나인 귀속의식에 대해서 생각해보려고 한다. 앞 장에서 살펴본 것처럼 재한 조선족의 실천 유형별 귀속의식 및 그 변화 양상은 서로 다르다. 예를 들어, 조국 지향형의 경우, '중국 조선족'이라는 확고한 귀속의식을 가지고 기존 정체성을 강화하는 것을 통해 한국 사회에 자신들의 지위를 확립하고자 한다. 그렇지만 조선족의 귀속의식과 관련하여 이 글에서 발견되는 특징적인 현상의 하나는 각 개인별 귀속의식이 반드시 고정적인 것이 아니라 공간과 상황에 따라서 유동하고 있다는 점이다.

일반적으로 한국에 체류하는 조선족은 한국 사회에서 차별과 갈등을 겪으면서 본인이 한국인과는 다른 민족이라고 생각하는 경향이 있다. 이러한 과정을 거치면서 한국에 이동한 조선족은 새롭게 정체성을 재형성하기도 한다. 즉, "나의 밖에 있는 경계와 내 안에 있는 다양한 경계를 스스로 만들고, 지우고, 가로지르면서 복합적인 민족 정체성을 만들어낸다"(임성숙, 2004: 77).

그렇다면, 실제 구체적으로 그들의 귀속의식은 어떻게 유동하고 있는 것인가. 재한 조선족의 민족 정체성이 복합적이고 유동적으로 형성되는 것이라면, 실제 어떠한 상황에서 어떠한 과정으로 형성되고 유동하는 것인가. 이 글의 분석결과 발견되는 귀속의식과 관련하여 특히 주목되는 것이 귀속의식의 도구화이다. 일례로, "조선족에게 있어 한국 국적은 다분히 실용적인 의미가 짙다. 일부 조선족에게 한국 국적 취득은 실용주의적이고 도구주의적인 동기에 기반을 두고 진행되고 있으며, 코즈모폴리턴적 사고를 지닌 젊은 층의 국적 취득도 지속되고 있다." 즉, "한국 국적을 취득하였다 하더라도 이들의 내면까지 바뀌는 것이 아니라, 내면적인 정체성은 중국인, 중국인과 한국인 혹은 여전히 조선족으로 남아 있기도 하다"(김현선, 2011: 176-178).

위와 유사한 맥락에서, 귀속의식 자체 또한 전략적으로 사용된다고 말할 수 있다. 즉 귀속의식이 전략적으로 활용된다는 것은 재한 조선족들이 자신의 '민족적 소속'을 자기 정체성과 동일시하는 것이 아니라 국가, 민족, 집단의 경계를 넘나들면서 귀속의식을 다르게 표출함으로써 현실에 대응하는 전략적 행위를 말한다. 아래는 박용문 씨가 스스로를 어떻게 규정하는가라는 질문에 대한 주관적인 귀속의식의 내용이다.

동포 사회에서나 한국 사회에서나 동포이지만 귀화했습니다라고 말을 했을 때 그들이 나를 대하는 태도는 완전 달라지고 대화 내용도 달라져. 그러나 굳이 물어보지 않으면 말하지 않고, 동포이지만 한국인입니다라고 말하면 동포 사회에서는 좋게 안 봐. 그래서 그냥 동포이지만 귀화했습니다라고 하는 거지. 혼란을 겪을 때가 많아(박용문).

박용문의 이야기에서 발견되는 것이 그가 법적으로 '한국 국민'임에도 불구하고, 한국 사회와 한국의 조선족 사회에서 '동포이지만 귀화'했다는 것을 강조한다는 점이다. 이러한 규정은 그가 자신을 향한 외부의 시선에 직면하여 자신의 귀속을 상대에 따라 다르게 규정하고 있음을 말해준다.

이처럼 자신을 향한 한국인의 태도와 시선을 피해가기 위해 자신을 귀속을 대상에 따라 다르게 표출하기도 하지만, 심리적으로도 고정적이지 않는 귀속의식을 경험하는 경우도 있다. 박용문 씨는 스포츠 경기 때 자신의 귀속의식이 중국과 한국 사이에서 유동하고 있음을 느끼게 된다.

헷갈릴 때가 있지. 예를 들자면 중국에서 우리는 축구를 차지는 않는데 구경을 되게 좋아해요. 축구 구경을 하면서 중국에 예전에 있을 때 우리는 한국을 남조선이라고 그때 불렀잖아. 남한하구 만약에 인도가 찬다면 남한을 막 응원했었어. 중국하고 차면은 막 설레. 누가 이길까. 편이 없거든. 중국이 이겨도 좋고 한국이 이겨도 좋고 그랬었어. 초창기에 한국에 왔을 때는 한국 생활에 알게 모르게 억압받던 게 있어가지고 중국하고 한국이 축구를 하면 중국을 응원하게 돼. 첨에 한국에 온 사람들은. 한국에 3, 4달 있었던 분들은 누구를 응원해? 하면 한국을 응원한다고는 하지만 유심히 관찰하면 중국을 응원하거든……. 중국 선수가 들어가야 할 꼴을 못 넣으면 막 아쉬워하고 그런 게 있어……. 슬슬 있어보면 못한 부분은 들어가고 좋은 부분들이 수면에 올라오거든. 교통도 간

편하고 통신도 잘 되어 있고 문화적이고 매너 좋고 깨끗하고 이런 것들이 자꾸 수면에 올라오는 거야. 그래서 지금은 나 같은 경우에는 뽈을 차면 한국을 응원해. 희한하게 사람이 그렇게 되더라고. 이런 얘기가 정체성도 움직이는 거에요(박용문).

박용문 씨뿐만 아니라, 자신의 귀속을 지역과 대상에 따라 다르게 표출하는 사례는 아주 많다. 중국과 한국에서 중국인과 한국인의 무시와 업신여김을 당한 경험이 있는 김화 씨는 자신이 받아왔던 무시와 억압에 보복하기 위해, 중국에서는 한국을, 한국에서는 중국을 응원하는 일치하지 않은 귀속의식을 표출한다.

나는 중국에 있으면 한국을 응원해. 막 중국 애들 욕하면서. 근데 한국으로 오면 또 중국을 응원해. 한국 사람들하고 싸우면서. 자존심보다두 그렇게 마음속으로부터 우러러나…… 난 큰 시내에서 자랐잖아. 큰 시내일수록 한족 애들이 조선족 깔봐. 농촌에는 다들 순박하니까 그렇지만. 그리구 예전에 95년도 그때는 한국 애들 눈에는 중국이 엄청 못살았거든. 그래서 중국을 깔보았잖아. 그래서 나는 중국에서 중국 애들이 있을 때는 한국을 응원하고 한국에서 한국 애들이 있을 때는 중국을 응원해(김화).

위의 사례는 이동 공간에 따라 귀속의식의 표현내용 또한 변화하는 양상을 보이고 있음을 말해준다. 이와 같은 재한 조선족들의 '이중성'-더 많을지도 모르겠지만-으로 위장된 행위, 즉 자신이 만약 중국에서 중국인을 만났다면 '한국인'과 '같은 민족'이라는 귀속의식을 표출하고, 한국에서 한국인을 만났다면 생득적인 '중국인'으로서의 국가적 소속을 표출하는 행위들은 어딘가에 귀속을 두는 듯이 보이지만 실은 '정체성'의 이름으로 자신의 전략적 위치를 찾고자 하는 유동하는 귀속의식의 양상들을 보여준다.

기존의 연구에서도 조선족 노동자 525명을 대상으로 '자신을 누구라고 생각하는가'라는 질문에 '중국에서는 한국인이고, 한국에서는 중국인'이라는 답이 가장 많은 비율인 30%를 차지하였다는 조사 결과를 얻었다(김명희, 2003). 이것은 조선족들이 자신의 존재감을 상승시키기 위해 국가와 민족의 경계를 넘나들며 귀속의식을 실용적 도구로 활용한 결과의 반영으로 생각된다.

실제로 대부분의 조선족들은 중국과 한국의 국가 간 경계에서 국가적 소속을 도구화하여 자신들의 존재감을 상승시키고자 하는데, 그것은 중국과 한국, 중국인과 한국인이라는 국가 및 민족의 경계를 넘나드는 귀속의식들의 경합으로 표현된다고 할 수 있다. 즉, 그들은 대체로 지금은 비록 한 푼이라도 벌기 위해 한국으로 왔지만 점점 강대해지는 중국의 일원이기도 한 존재로 생각하고 있다. 중국이 강대해지는 날이 오면 그때는 한국이 중국보다 못한 나라로 전락될 것이고 자신들도 한국에 다시 올 일이 없다고 생각한다. 따라서 그들은 중국이라는 귀속국가 또는 중국인이라는 힘을 빌려 자신들의 한국에서의 비대칭적 존재감을 보상받고자 한다. 비교를 통해 '조선족' 신분으로 인한 주류집단 구성원들과의 비대칭적 관계에서 심리적 평형을 이루려고 하는 것이다.

동시에 현재 한국의 생활에 일정하게 적응된 조선족들은 한국이라는 문화적 동질성을 띤 나라가 있음을 다행으로 생각한다. 조선족들은 한국에서 번 외화로 고향에 돌아가 '차를 사고 아파트 사서 살며 매일 흥청망청 돈을 다 쓴 다음 차 팔고 집 팔아 또 출국하여 외화벌이를 한다'(길림신문, 2006.10.12.). 그들에게 한국은 생명수와도 같은 존재이다. 그들은 중국에 돌아가 중국인들 앞에서 부자 행세를 하고 살아갈 자본이 없으면 마치 또 어딘가로 돌아갈 수 있는 자신들의 영토가 있는 존재들인 것처럼 행동한다. 이러한 행위 역시 한국인과 '같은 민족'이라는 귀속의식을 활용하여 중국에서의 자신들의 존재감을 더욱 부각시키고자 하는 전략적 행위라고 할 수 있다. 이처럼 귀속의식을 다르게 표출하며 자신의 편의와 이익을 도모하는 특성은 다음의 김국철 씨의 이야기에서도 잘 나타난다.

> 너무 엇갈려. 모순이 많을 때가 많고. 가장 간단한 거 예를 들면, 내가 지금 한국 국적이고 그렇지만 어디 가서 '난 한국 사람이다' 라고 소리치면 저 어디서 미친놈이야, 할 것이고, 또 '난 중국 사람이다'라고 하면 또 같은 민족인데 중국인 행세를 한다고 할 것이고. 또 동포 사회에서도 이상하게 볼 것이고. 마음상에서 정답이 없어. 헷갈릴 때가 많아. 그래두 한국에서 받아 아이 주면 중국에서는 받아주잖아. 그 정도지 머. 지금 우리가 이렇게 조선족으로 살아가도 한국에서 태어난 2세는 완전히 동화되어 당당하게 나는 한국인이다 하면서 살아가게 될 거야. 나는 그렇게 되는 게 좋아. 우리는 당당하게 한국인이라고 살아가고 싶지만 그렇게 안 되잖아(김국철).

김국철 씨는 법적으로 '한국 국민'임에도 불구하고 한국인 앞에서 '한국인' 혹은 '중국인'으로 자신을 명확히 규정할 수 없는 현실에 직면하여 "한국에서 받아주지 않아서 중국에 가면 중국은 그래도 우리를 받아준다"는 식의 귀속의식을 가지고 있다. 이러한 귀속의식은 재한 조선족들이 자신을 받아주는 국가, 정책, 공간을 우선적으로 지향하고 있음을 말해주며, 그들의 귀속의식은 생존공간을 확보하기 위한 도구적인 특징을 띠고 있음을 말해준다. 이러한 특징은 '동포 지향형'과 '미래 지향형'의 행위 주체들이 '중국인'임을 표출하면서 사회적 위치와 존재감을 상승시키고자 하는 실천 전략에서도 잘 나타난다.

이와 같은 사례에서 알 수 있듯이, 기존에 형성된 '조선족'이라는 '소수민족' 정체성과 한민족 정체성은 한민족과 '같은 민족'이라는 현실적 기대 속에서 스스로의 삶의 공간을 확보하는 수단과 자원으로 활용하는 기본적인 바탕이 된다. 즉 기존의 '경계인'이라는 객관적 사실은 그들이 '경계인'으로서의 귀속의식을 유리하게 편의적으로 활용하는 수단이 되며, 따라서 '경계인' 정체성은 그들 스스로의 전략적 행위에 의해 더욱 부각된다.

그렇다면, 재한 조선족들의 귀속의식이 가변적이고 유동적인 이유는 무엇인가. 앞에서도 서술했듯이 '동포 지향형'과 '귀화 동화형'의 행위 주체들은 한국 국적을 취득했음에도 '한국인'으로 살아갈 수 없음을 인지하고 '동포'로서의 지위를 확립하고자 하거나 '조선족'임을 숨기면서 살아간다. 이와 같이 국적이 정체성을 나타내는 표지가 될 수 없는 한국 사회에서 대상에 따라 자신의 귀속을 다르게 표출한 효과로 그들은 사회적으로 한국인과 대칭적이고 평형적인 관계를 유지하게 되며 그로 인해 정서적인 안정과 심리적 위안을 얻는다. 이러한 현실적 대응의 방식은 귀속의식의 도구화, 내면화를 통한 적응방식이라고 할 수 있다. 따라서 초국적 시대 이주행위 주체들의 삶의 전략은 하나의 정체성 표지가 아닌 다양한 정체성의 내면화를 통해 복잡하고 유동적인 이동과 상황에 대처하는 방식으로 표현할 수 있다.

조선족들은 일반적으로 "이것도 저것도 아닌 동시에, 또 이쪽에도 저쪽에도 속하는 복잡한 상황"(임성숙, 2004: 76)에서, "경계인적 정체성을 형성해간다"(김명희, 2003: 195)고 말해진다. 하지만 경계인은 다만 선천적으로 자신에게 주어진 객관적인 속성에 의해서 규정되고 지속되는 것이라고 말할 수는 없다. 왜냐하면 지금까지의 분석에서 알 수 있듯이, 재한 조선족의 '경계인'의 정체성은 객관적인 소속에 대한 규정에 의해 내부로부터 형성되는 것만이 아니기 때문이다. 오히려 조선족은 현실적 대응의 방식으로 국가와 민족의 경계를 넘나들면서, 다양한 귀속의식을 생활과 생존 등에 유리하도록 전략적으로 활용한다. 또한 귀속의식을 전략적이고 선택적으로 형성하고 표현해감에 따라 '경계인' 정체성은 그들 내부로부터 재생산되고 있다고 할 수 있다.

제5장
결론

1. 요약과 정리

이 글에서는 한국 사회에 체류하는 조선족의 구체적인 실천 전략과 개별적인 귀속의식을 고찰하였다. 고찰을 통해, 조선족의 초국적 이동이 지속 심화되고 있는 최근의 경향과 같은 맥락에서, 재한 조선족 각 개인의 실천양상과 정체성 또한 매우 상이하게 다양화되고 분화되고 있음을 알 수 있었다.

중국 동북지역으로 이주하여 다중적인 소속감으로 살아가던 재만 조선인들은 다민족 국가를 구성하는 중국의 정책에 포섭되면서 점점 '중국의 일원'으로 형성되어 갔고, '조선족' 신분 생득을 한 조선족들은 '중국'이라는 명확한 국가 정체성을 가진 중국의 '소수민족'-조선족으로 형성되었다. 그들에게서 '고국은 한국(혹은 북한), 조국은 중국'이라는 의미의 정체성은 찾아볼 수 없게 되었으며, '조선족'이라는 하나의 '소수민족' 집단은 이미 '중국'이라는 국가 그 자체를 말해주는 징표가 되었다.

이와 같은 민족 정체성을 가지고 살아가던 조선족은 한국에 입국한 후 민족 정체성을 재구성하게 될 사회적 현실에 직면하게 된다.

한국에서의 법적 지위와 사회, 문화적 차별 속에서 재한 조선족들은 사회주의국가의 가치 및 조상, 민족 영웅, 과거의 고난 등으로 구성되는 조선족 역사를 자신들의 실천논리로 동원한다. 국경을 넘은 관념, 관습, 규범, 행위양식 등은 이주 영역에서 의미의 원천이 되며 스스로의 삶을 만들어가는 전략적 도구가 되는 것이다.

또한 외부로부터의 규정화와 스스로의 내부적 규정화 속에서 재한 조선족들의 정체성은 상이하게 다양화되고 분화된다. 즉, 재한 조선족의 정체성은 기존 정체성 유지 여부, 주류사회에의 진입의지, 관계유지 여부를 기준으로 '동포 지향형', '조국 지향형', '귀화 동화형', '미래 지향형' 등 네 유형으로 구분할 수 있다. 한국 국적을 취득하고 자신을 한국인으로 규정하는 귀화 동화형은 국적과 정체성이 일치된다. 그럼에도 불구하고 국적은 자신의 정체성을 나타내는 표지가 될 수 없다. 귀화하여 국적과 정체성이 일치된다고 해도 그들은 여전히 '한국인'으로 살아가지 못하는 현실적 조건 속에 놓여 있다. '동포 지향형'은 국적과 정체성이 불일치하며 귀화 동화형과 마찬가지로 '한국인'으로 살아갈 수 없음을 인지하고 이동 공간, 대상과 상황에 따라 자신의 귀속을 다르게 표출한다. 동포 지향형에 속하는 사람들의 귀속의식의 변화양상과는 달리, '조국 지향형' 사례의 귀속의식은 '중국 조선족'의 기존 정체성을 강화하고 유지하려는 경향을 띤다. 그리고 '미래 지향형'의 사람들은 코즈모폴리턴적 사고를 지닌 젊은 세대에게서 주로 나타나며, 이들은 한국과 중국의 어느 한쪽에 귀속된 존재보다는 '제3의 존재'로서 자신을 규정하고 살아가기를 희망한다.

재한 조선족의 실천 전략 및 귀속의식에 대한 고찰에서 발견되는 것이 그들의 귀속의식이 구조적 차원에서 단일한 요소로 획일화되

거나 고정되어 있지 않고 공간과 상황에 따라 달리 표현되며 유동한
다는 점이다. 그것은 재한 조선족들이 국가, 민족, 집단 등의 귀속의
식을 자신의 위치설정에서 유리한 입장에 서게 하기 위한 전략적이
고 도구적인 것으로 활용하기 때문이다. 즉, 불가피한 어떤 구조와
패턴 속에서 조선족들은 국가, 민족, 집단 등 3중의 귀속의식을 상황
에 따라 자신의 생존과 존재감을 위한 도구적 전략으로 구사한다.
그 과정에서 귀속의식은 다양한 차원에서 균열을 이루기도 하고 때
로는 파열되기도 하는 미분화의 구조를 형성하며, 그것은 하나의 덩
어리를 이루기는 하지만 결코 고정적이지는 않다. 이와 같이 귀속의
식을 도구화하는 전략적 행위를 빌려 조선족들은 사회적 관계에서
의 수동적인 위치에서 벗어나고자 하며, 그 과정에서 정서적인 안정
과 심리적 위안을 얻고자 한다.

2. 한계와 과제

이 연구는 참여관찰, 심층면접 등 현지조사를 바탕으로 재한 조선
족 정체성의 양상을 심층적으로 보여주었다는 점에서 일정한 의미
를 갖는다. 그와 더불어 이 글은 많은 부족함과 미흡함을 보이고 있
다. 여기서는 앞으로의 연구의 진전을 위해 본 글의 한계와 과제를
제시해보고자 한다.

첫째, 이 글에서는 중국에서 형성하였던 기존의 정체성(관념, 관
습, 문화, 역사, 소속감)이 어떻게 한국에서의 사회적 상호작용 속에
서 스스로의 삶을 살아가는 생존 전략과 실천에 동원되는지를 고찰
하고자 했다. 하지만 어떠한 사회적 조건하에 놓인 사람이 어떤 상

황 속에서 기존의 정체성을 어떻게 동원하고 있는지를 구체적으로 드러내지 못했다. 앞으로의 연구는 그들의 내부적인 인식체계를 더욱 세밀하게 드러내고 그에 따른 실천 전략의 함의들을 면밀하게 분석하는 데 주력해야 할 것이다.

둘째, 이 연구에서는 실천 전략 및 귀속의식에 대한 고찰을 통해 재한 조선족의 정체성을 유형화하고자 했다. 하지만 귀속의식 그 자체가 유동적인 것이기에 어디까지가 보여주기 위한 전략이고 어디까지가 그들의 실제적인 소속과 귀속인지 정확히 분간하기 힘들다. 영원히 고정불변한 정체성이란 존재하지 않는 것이므로 심층면접 때의 귀속의식을 그 시기의 특징으로 간주하고 분석한다 하더라도 이 글에서는 스스로를 규정짓는 과정에 영향을 미치는 변수들을 구체적으로 제시하지 못했다. 이러한 한계는 그들에 대한 사회사적 분석과 함께 그들의 실천까지 포함하는 전체를 종합적으로 파악함으로써 보완되어야 한다.

셋째, 본 연구에서는 재한 조선족들의 일상적 실천을 고찰함으로써 실천 전략과 귀속의식의 관계를 조망하고 실천 전략들의 차이와 의미에 대해 살펴보고자 했다. 연구를 통해 알 수 있듯이 재한 조선족들의 일상적 실천은 복합적이고 중층적인 경험 속에서 진행된다. 이러한 경험적 사실은 젠더, 세대 등 주제별 측면에서의 장기적이고 학제 간적인 접근을 요하며, 재한 조선족의 삶의 현장에 대한 장기간의 고찰과 심층적인 인터뷰를 기초로 각 주제별로 심도 있는 연구를 진행할 것을 필요로 한다. 이와 같이 각 주제별로 깊이 있는 연구가 진행되어야 이주 영역에서의 이주민 공동체의 실천의 양상들과 그것이 내포하는 다양한 의미들을 제대로 포착할 수 있을 것이다.

제2부

귀환하는 조선족들과
고향에서의 재정착

제1장
서론

1. 문제 제기

1920~1930년대 이주에 관한 초기 사회과학 연구들은 주로 이주자의 거주국 내에서의 적응과 사회적 배제의 과정에 집중되었다 (Messy et al., 1993). 하지만 21세기 들어 국제적인 이동은 더 이상 단일한 방향이 아닌 다방향성과 유동성의 특성을 띠게 되었으며, 따라서 모국(혹은 고국)과의 지속적인 관계하에서 트랜스내셔널한 사회적 공간을 만들어가고 있는 이주민들의 행위가 주목받기 시작했다. 실제로 세계 각 지역에서 다양한 이주자 집단들이 일회적 이주가 아닌 '다중적' 이주를 경험함에 따라 나아가 전 지구화의 특징인 사람, 자본, 문화적 특성들의 전 지구적 순환관계가 확대되면서 이주 현상 역시 '고향'과 '거주국'이라는 양극단으로 간주되던 기존의 시각에서 벗어나 일종의 순환 과정(circular process)으로 파악되고 있다(Allahar 2006: xiii; Rouse 2004[1991]: 30).

1992년 한중 수교 이후, 중국의 조선족들도 국제이주의 흐름을 타게 되며, 크게 변화된 세계경제 구조하의 초국적인 다방향성 이동을 경험하고 있다. 예를 들면, 초기 한국으로 돈벌이를 떠났던 조선족들 일부분은 한국에 귀화 혹은 정주하였고 일부분은 귀국하여 북경, 상해 등 대도시 혹은 청도, 위해, 연태 등 연해도시로 이주하였으며, 또한 일부분은 제3의 국가로 이주했고 그 외 일부분의 조선족들은 고향으로 돌아가 재정착하였다. 이와 같은 현재 조선족 국제이주의 초국가성, 다방향성의 특징을 감안했을 때, 조선족 이주에 관한 연구는 더 이상 일회적 이주를 전제로 해서는 안 된다. 따라서 본 연구에서 다루고자 한 대상이 바로 고향으로 귀환한 조선족 이주자들이다.

한국 법무부의 통계에 의하면, 2019년 9월까지 재한 조선족의 총 인구수는 712,637명에 달하며 지금도 단기 거주 혹은 장기 거주를 목적으로 한국으로 입국하는 조선족들이 있다. 반면에, 해내외 이주 25여 년간의 역사가 지난 현재, 자신의 고향으로 귀환하여 정착하려고 하는 사람들이 늘어나고 있다. 일찍이 2003년도에 장춘에서 있었던 제8회 중국조선족지성인 세미나에서는 이미 "4년 이상 한국에 체류했던 조선족 노무자들이 이제 대량 귀국하면서 그들의 성공적인 재정착 문제가 조선족 사회의 시급한 과제로 나섰다"는 지적을 하고 있다. 왜냐하면, "외국에서 땀 흘려 번 돈이 귀국해서 얼마 안 되면 홀쭉해져서 또다시 출국의 길을 선택하는 것"이 사회적 현상으로 대두되었기 때문이다. 2005년 11월, 장춘에서 열린 전국조선족과학기술자협회 제5차 이사회 및 제1차 조선족여성과학자학술회의에서 조선족 사회가 안고 있는 문제점들을 가지고 회의에 참가한 조선족 과학자, 전문가, 교육자 64명을 상대로 설문조사를 진행한 결과, 조선족 사회문제 가운데서 재출국의 외길에만 몰려드는 문제가 제4위, 귀국 후 재정착과 재창업을 하지 못하는 문제가 제7위를 차지하였다.

이런 현상에 주목하여 현재 동북3성의 각 정부에서는 조선족 이주
노동자들의 '귀국귀향 정착사업'에 각별한 중시를 돌리고 있으며,
2015년 10월 14일 연변주위 조직부 인재부에서는 기자회견을 열어
『연변주 노무인원들의 귀향 창업을 인도 고무 격려할 데 관한 의견』
을 규정함으로써, 유입정책, 산업정책, 토지정책, 양성정책, 노동력
사용정책, 금융정책, 보조정책, 세무정책, 격려정책 등 9개 정책을 규
정하여 정부 차원에서 조선족 귀환이주자들의 창업활동을 지지하고
있다. 유관 통계에 의하면, 2015년 10월 13일까지, 연변주에 국외 혹
은 타 도시에서 귀환한 이주자들이 10,082명에 달하며, 그중 이미 창
업한 사람이 4,046명에 달한다(길림성현성망, 2015.10.14일 자).

국가 차원에서의 중시 및 조사와 맥락을 같이하여, 그동안 연변조
선족의 '귀환' 이주동향과 재정착 문제에 대한 연구가 간헐적으로 진
행되어 왔다(김종국, 2004; 리예화, 2008; 장문성, 2009; 왕민, 2013;
이홍우, 2014). 이러한 연구들에서는 연변조선족들이 귀환하게 되는
원인에 대해 분석하였고, 창업 등 경제활동을 비롯한 전반 재정착 과
정에서의 문제점들에 대해 설명했으며, 귀환 이후 그들의 생활 방식
과 가치관념의 변화에 대해 서술함으로써, 연변조선족의 재정착 실태
및 문제점들에 대해 파악했다는 점에서 의의가 있다. 하지만 귀환이
주자들의 창업활동에 대해 구체적으로 파악하지 못하고 있으며 초국
가주의 시각에서 그들의 사회경제 활동 특히 그들의 창업 활동이 가
지는 의미에 대해 충분히 분석하지 못하고 있다.

이에 본 연구에서는 연변지역의 조선족 '귀환' 이주자들을 대상으
로 그들의 창업활동에 대해 구체적으로 살펴보며 초국가주의 관점

에서 그들의 창업활동을 분석하고자 한다. 이를 위해 먼저, 그들의 '귀환' 배경에 대해 고찰하고 귀환의 유형에 대해 분류하며, 다음으로 그들의 창업, 운영과정에 대해 고찰하였다. 고찰을 통해 귀국창업활동 과정에서 직면한 현실적 문제, 실제적 대응 및 그 효과 등을 밝혀냈다. 끝으로, 그들의 초국적 네트워크의 양상 및 경제활동의 역할 등에 대해 고찰함으로써, 귀환이주자 경제활동이 가지는 경제, 문화적 역할에 대해 논의하였다.

2. 기존 연구 검토

모든 이주의 흐름에는 반대 방향에서 흘러 들어오는 대응 흐름이 있지만, 그동안 국제이주에 관한 학계 전반의 지배적 관심사는 이주자들이 송출국에서 유입국으로 이주한 뒤, 유입국의 상황-적응, 배제, 통합, 동화 양상-에 있었으며, 본국으로 귀환한 후에 발생하는 일들에 대해서는 별로 관심을 기울이지 않았다. 여러 학문 분야에서 다양한 접근을 하고 있지만, 공통적으로 다루고 있는 사항은 왜 사람들이 이주하는가, 누가 이주하는가, 그리고 이주한 이후에 무슨일이 발생하는가 하는 문제들이다(Brettel, 2000). 이는 기존 연구가 과거 이주의 단일성·일회성·영구성에 전제하고 있으며 이주를 귀환이 없는 일방적인 과정으로 간주해왔기 때문이라고 할 수 있다.

그러나 모든 이주의 흐름에는 순류·역류가 동시에 존재한다. 특히 21세기 들어서는 국제이주가 다방향적이고 유동적인 것이 그 특징이다. 실제로 세계 각 지역에서 다양한 이주자 집단들이 일회적 이주가 아닌 '다중적' 이주를 경험하고 있는 상황임에도 불구하고 귀환이주자에 대한 연구는 아주 미흡한 실정이며 학문적으로 관심을 보인 경우도 대개 초기 이민자 집단의 귀환이주에 대한 연구에 한정되었다. 1970년대에 들어 제2차 세계대전 이후 국가 간 노동인구 이동이 활발했던 서구에서 귀환이주에 대한 논의가 체계적으로 진행되기 시작했다(King and Christou, 2011: 451).

기존의 귀환이주에 대한 논의는 주로 '귀환'에 대한 정의와 분류, 귀환이주의 동기, 귀환 후의 적응과 재조정의 문제, 귀환 후 고국에 미치는 영향 등 문제들을 둘러싸고 진행되었다(이창호, 2012: 155-160).

귀환이주 연구를 위해 우선 검토해야 할 부분이 용어의 사용이다. '귀환'이주란 일반적으로 "재정착하기 위해 고향으로 돌아오는 이주자들(emigrants)의 이동"(Gmelch 1980: 136)을 가리킨다. 이러한 개념과 맥락을 같이하여 최근 귀환이주에 관해 연구된 한국의 몇 편의 논문들(박정석, 2007; 채수홍, 2007; 한건수, 2008)에서는 '귀환'을 단순히 해외이주자의 조국으로의 되돌아감의 의미로 사용하였다. 이에 김명희(2003)는 동포로서의 조선족들의 모국행, 즉 '귀환'은 자발적인 경제적 이민자로서 국외로 떠났다가 국내에서의 '재정착'을 목적으로 돌아오는 이들의 보편적 귀환과는 구별되어 분석되어야 할 개념이라고 지적하면서, 상기 의미의 귀환 용어가 한국 내의 조선족 이주자들에게 적용될 경우, 조선족 이주자들에게 정체성의 문제를 불러일으킨다고 주장하고 있다(김명희, 2003: 114-115). 따라서 조선족들의 한국행을 장기간 조상의 나라를 떠나, 한국의 입장에선 한인계 '외국인'으로, 법적인 조국에 해당되는 영구정착지 국가의 입장에선 한민족계 국민, 즉 '내국인'으로 살아왔던 사람들의 민족적 모국으로의 경제적 이주로 정의하였다(김명희, 2003: 116).

이와 같은 지적은 19세기 후반부터 한반도에서 중국 동북지역으로 이주하여 중국의 '소수민족'으로 점차 형성된 조선족들의 민족 정체성 및 국가 정체성을 염두에 둔 지적으로, 실제로 그들이 자신들의 모국을 한국(혹은 북한)으로 간주하는지의 여부는 논란의 여지가 존재한다. 하기에 '귀환'이라는 용어를 한국의 입장에서 사용하는지 아니면 중국의 입장에서 사용하는지에 따라 그 의미가 상당히 달라진다. 한국의 입장에서는 동포 차원 혹은 민족적 관점에서 출발하여 조선족들의 한국으로의 이주를 보편적 귀환이 아닌, 그들 이주의 역사성을 고려한 '귀환'- '모국으로의 경제적 이주'로 규정할 수도 있을 것이다. 그러나 중국 입장에서 조선족들의 '되돌아옴', 즉 국외로 이주했다가 자신의 고향 혹은 기타 도시로 이주하는 행위는 보편적 귀환의 의미를 가지는 행위인 것이다. 왜냐하면, 조선족은 19세기 후반부터 한반도에서 중국 동북지역으로 이주하여 중국의 '소수민족'으로 형성된 조선인 및 그 후손들로서 그동안 그들은 중국의 소수민족으로서의 정체성과 자신의 국가는 '중국'이라는 국가 정체성을 형성해왔기 때문이다. 물론 자신의 조국 혹은 모국을 한국으로 간주하는 이주 1세대 혹은 2세대가 있을 경우 그들의 한국 이주에 대해 보편적 귀환의 의미를 사용할 수도 있다. 본 연구에서는 현재 고향에 돌아와 정착하고자 하는 조선족들의 국가 정체성을 염두에 두고 '귀환'을 "재정착하기 위해 고향으로 돌아오는 이주자들(emigrants)의 이동"으로 사용하도록 하겠다.

　다음으로, 용어와 관련하여 귀환이주의 유형도 논의의 대상이다. 다양한 귀환이주의 유형을 분류하기 위해 그멜치는 이주자들의 국외 거주기간, 귀환 이유 등 변수를 적용하였으며(Gimelch, 1980:

137), 킹은 고향과 거주국 간의 거리, 시간, 의도라는 변수를 사용하였다(King, 1986: 9). 위에서 언급했듯이, 세대별, 연령별, 계층별에 따라 분석을 요하는 조선족들의 정체성을 고려했을 때, 자신의 모국(고향)을 한국(혹은 북한)으로 인식하는 세대일 경우는 한국의 이주를 보편적 의미의 귀환이주로, 자신의 모국을 중국으로 간주하는 세대일 경우는 다시 중국으로 되돌아옴을 귀환이주로 분류할 수 있다. 그 때문에 귀환이주의 분류방법은 그 분석 단위를 하나의 국민국가로 설정(小井土彰宏, 2005: 387-395)할 것이 아니라, 한 국민 국가 내의 한 민족 집단으로 설정하여야 한다.

그다음으로, 귀환이주의 원인 혹은 동기도 중요하게 검토되어야 할 부분이다. 귀환이주의 원인은 일반적으로 배출-흡인 이론으로 설명된다. 배출 요인으로는 유입국의 비우호적인 경제적 상황과 조건들, 민족적 혹은 인종적 차별과 배제 등이 있으며, 흡인 요인으로는 가족, 친구와의 상봉, 부모에 대한 책임, 경제적 원인, 향수(乡愁) 등이 있다(Gmelch, 1980: 139-142). 연변조선족 귀환이주자들의 창업 활동에 대한 이홍우(2014)의 연구에 따르면, 2008년 국제금융위기 및 그로 인한 한국 경제의 침체, 조선족에 대한 차별과 배제 등을 조선족들이 귀환하는 유입국의 배출 요인으로 지적하였고, 고향에 대한 향수, 귀환이주자들 창업을 지지하는 연변주 정부의 각종 정책 등을 조선족들이 유입국에서의 상대적으로 높은 수입을 포기하고 귀환하는 흡인 요인이라고 설명하였다. 따라서 그들의 귀환이주의 유형을 자본을 축적하여 창업하고자 돌아온 "주동형 귀환", 불법 혹은 경제적 자유를 얻기 힘들어 귀환한 "피동형 귀환", 2007년 방문취업제 실시 후 비자가 끊기지 않은 상황에서 에너지 축적을 위해

귀환한 "임시형 귀환" 등으로 분류하였다. 이는 귀환이주의 동기가
유입국과 송출국의 경제사회적 상황에 따라 변화될 수 있음을 보여
주는 사례들이다. 하지만 『출입국‧외국인정책본부(외국인정책통계
월보)』에 따르면, 2019년 9월까지 한국에 거주하고 있는 조선족들은
712,637명으로서 70만 명을 넘으며, 설사 이주 초기 부의 축적을 목
적으로 한국에 입국했다 하더라도 현재 그 목적을 달성했음에도 불
구하고 귀환하지 않는 조선족들이 많다. 또한 여전히 경제적 어려움
을 겪고 있지만 귀환을 선택하는 조선족들도 증가한다. 그렇기 때문
에 귀환이주의 다양한 이유들을 파악하기 위해서는 단순히 배출-흡
인 이론을 적용하기보다는 유입국과 거주국의 시대적 변화 및 경제
적 상황을 고려해야 할 뿐만 아니라, 현실 상황에 대한 개별적인 귀
환이주자들의 구체적 인식을 파악하는 것이 바람직하다고 본다.

　네 번째로, 귀환이주 이후의 적응과 재조정의 문제이다. 귀환이주
자의 재정착 성공 여부는 그 사회의 경제적‧사회적 환경 및 스스로
가 처한 조건에 대한 인식과 만족도와 관련된다. 한국의 일부 연구
에서는 이주노동자들은 국제이주 경험 이후 초국가적 경계인으로
전환되며 한국에서의 삶이 귀환 후 정착하는 과정에 많은 영향을 미
친다고 주장하고 있다(채수홍, 2007; 한건수, 2008). 이와 같이 이주
하여 몇 년간 한국에서의 삶을 살아온 조선족들도 귀환한 이후, 과
감한 소비를 행하면서 "출국하여 돈을 벌어와서 대담히 소비하고 소
비할 돈이 없으면 또 출국하여 돈을 버는" 반복적인 순환이주의 패
턴을 형성하였다(왕민, 2013: 16). 그뿐만 아니라, 자본을 축적하여
고향으로 돌아와 창업을 시작한 귀환이주자들 가운데는 창업에 실
패하여 다시 돈벌이를 목적으로 출국한 사례들이 적지 않다. 반면에

창업을 통해 성공적으로 재정착에 성공한 사례들도 많다. 이와 같이 정착에 성공한 사례와 실패한 사례가 동시에 존재할 경우, 귀환이주자들의 적응과 정착의 문제는 연변 지역사회 및 국제적 경제, 사회적 환경에 대한 거시적 차원의 분석을 통하여 파악하는 것만으로 부족하며, 고향에서의 상황과 조건에만 국한되지 말고 초국적 공간에서 행해지는 그들의 실천 과정을 함께 분석함으로써 그러한 실천이 어떻게 재정착의 성공 여부와 맞물리는지를 살펴보는 것이 바람직할 것이다.

마지막으로 검토되어야 할 부분이 귀환이주가 국가에 미치는 영향이다. 귀환이주자가 습득한 노동기술, 저축액의 투자, 새로운 아이디어, 가치관의 유입, 사회적 네트워크 등은 고향의 공동체 및 사회구조에 다양한 영향을 미친다(Gmelch, 1980: 146-155). 연변조선족들의 귀환이주에 대해 서술한 장문성(2009)에서는 조선족들의 귀환은 국내의 실업률을 증가시켰고 취업 압력을 가중화시켰으며 임대했던 토지를 되찾고자 하는 귀환 농민들에 의해 농민들의 수입을 증가시키고자 한 국가의 노력이 효과를 보지 못하도록 저해했으며, 사회의 불안정한 요소를 확대시키는 등 부정적인 영향을 끼쳤다고 지적했다(장문성, 2009: 7-8). 그러나 조선족들의 귀환이 부정적인 영향을 미치는 것만은 아니다. 앞에서 언급했듯이, 조선족 귀환이주자가 축적한 자본, 이주 경험을 통해 습득한 기술, 자영업 혹은 기타 항업에 대한 투자, 사회적 연결망 등은 창업에 유리한 조건으로 작용하며, 그들의 창업은 연변 지역 경제 발전을 촉진하고 사람들의 물질적 조건을 개선하는 데 중요한 역할을 한다. 따라서 현재 확대되는 귀환이주의 영향을 보다 구체적이고 세밀하게 조사하고 분석하는 것이 중요하다고 본다.

요컨대, 그동안 연변조선족의 '귀환'이주에 관한 연구는 간헐적으로 진행되어 왔다(김종국, 2004; 리예화, 2008; 장문성, 2009; 왕민, 2013; 이홍우, 2014). 이러한 연구들에서는 연변조선족들이 귀환하게 되는 원인에 대해 분석하였고, 창업 등 경제활동을 비롯한 전반 재정착 과정에서의 문제점들에 대해 설명했으며, 귀환이주가 연변 지역사회에 미치는 영향에 대해 서술함으로써, 연변조선족의 재정착 상황 및 문제점들에 대해 파악했다는 점에서 의의가 있으나, 초국가주의 시각에서 그들의 사회경제 활동 특히 그들의 귀환 창업 행위가 미치는 영향에 대해서는 체계적으로 분석하지 못하고 있다.

본 연구에서는 귀환이주에 대한 기존의 논의에 주목하면서, 연변조선족 귀환이주자들에 대한 현지조사를 통해 다양한 자본, 정보, 상징, 문화적 특성들의 전 지구적 흐름 속에서 그들은 어떻게 귀환이주를 하게 되며 귀환 이후 어떠한 사회경제적 상황 속에서 창업을 시도하게 되는지 그 과정에서 초국적 네트워크의 작용은 무엇이며, 그들의 경제활동이 어떻게 초국적 공간을 넘나들며 지역 나아가 국제적 차원에서의 경제, 사회, 문화에 영향을 미치고 있는지에 대해 분석하고자 한다.

3. 연구방법과 연구대상

1) 연구방법

　본 연구에서는 연구주제에 접근하기 위해 질적 연구방법을 사용했다. 본 연구는 중국 사회의 개혁개방 이후 도시화 과정에서 1980년대 말부터 2016년 현재까지 조선족들의 도시, 해외 이주, 취업, 귀환, 재정착 등을 포함한 이주의 전반 과정과 변화를 포함하기에 한편으로는 역사적 접근을 필요로 한다. 또한 중국과 한국의 경제, 정치, 제도적 변화 등 조선족들의 이주, 귀환, 재정착의 정치, 경제, 사회적 맥락에 대한 이해와 그 맥락 속에서 조선족들의 이주 및 재정착의 움직임을 살펴보는 것이 필요하기 때문에 맥락화된(contextualized) 연구가 필요하다. 조선족들의 이주와 노동, 귀환과 재정착 과정이 거시적으로는 중국, 한국의 정책 및 노동시장의 변화, 미시적으로는 가족구조의 변화 및 행위 주체로서의 조선족 개개인의 삶의 선택 등과 역동적으로 맞물리는 상황 속에서 이루어져 왔기 때문에 모든 것이 맞물려 변화하는 역동성 속에서 각종 변화 및 양상들을 분석해내야만 한다. 그 외 본 연구주제에 관한 선행연구가 미흡한 탓으로 본 연구는 이미 제기된 가설들을 검증하기보다는 탐색적인 연구를 통해 본 연구주제와 관련된 다양한 가설들을 세우는 것이 필요하다.

　이러한 점들을 고려할 때, 본 연구에서 질적 연구방법을 사용하는 것이 불가피했다고 할 수 있다. 연구기간이 길었더라면, 연구대상자를 더욱 확보한 기초 위에서 인터뷰 내용을 토대로 설문지를 작성하여 좀 더 체계적인 조사를 할 수 있었겠으나, 길지 않은 기간 내에 연구를 수행해야 했기에 샘플의 수가 제한될 수밖에 없고, 일정한 편향을 벗어나기 어려운 한계점을 가지고 있다.

또한 현실적으로 전체 창업을 한 조선족 귀환이주자들을 무작위로 표집하기 어려운 점을 고려하여, 본 연구에서는 눈덩이표집방법(snowball sampling)을 사용하여 면담대상자를 선정했다. 본 연구를 수행하기 위한 자료는 주로 면담대상자에 대한 인터뷰를 통해 수집하였다. 선정된 면담대상자들은 자영업에 종사하는 자들이므로, 그들의 일정에 맞추어 영업지점으로 직접 가서 1시간 내지 1시간 반 정도 인터뷰를 진행하였다. 면담은 주로 반구조화된(semi-structured) 질문서를 이용하여 응답자의 나이, 고향, 학력, 이주 시기, 이주 후의 노동과정, 귀환 등 기본 사항을 파악하되 과거의 일 경험, 창업 계기, 창업과정에서의 어려운 점, 해결 방법, 사회적 관계 등을 중심으로 파악하였으며, 질문지의 질문 외에도 자유롭게 이야기할 수 있도록 개방형 질문으로 유도했다.

2) 연구대상

본 연구의 연구대상은 이주경험이 있는 연변지역 조선족, 즉 연변지역에서 중국의 북경, 상해 등 대도시나 청도, 연태, 심수 등 연해 개방도시 혹은 기타 도시 나아가 한국, 일본, 미국 등 해외로 이주했다가 연변지역에 돌아와서 창업한 조선족들이다. 연변지역을 제외한 동북3성의 기타 조선족 집거지 혹은 산재지구에도 귀국하여 창업한 조선족들이 있겠으나 본 연구에서는 연변지역의 조선족들을 대상으로 삼았다. 연변지역으로 연구의 대상을 한정한 것은 연변지역이 가장 큰 조선족 집중거주지역이고, 따라서 도시 혹은 해외로 이주했다가 귀환한 조선족들이 가장 많은 수치를 차지하고 있기 때문이며, 더욱이 조선족자치주라는 지역성으로 인해 '귀환'이주의 지역적 특성을 잘 보여줄 수 있기 때문이다.

3) 면담대상자

본 연구의 면담대상자들은 귀환이주 하여 창업한 연변지역 조선족 특히 연길시와 용정시에서 창업한 자들이다. 원래 연구대상은 전 연변지역으로 선정했으나, 대부분의 '귀환' 조선족들이 도시발전, 소비수준, 고객확보 등 요소들을 고려하여 성공의 가능성이 가장 큰 연변 조선족자치주의 수도 연길 및 그 위성도시인 용정에서 창업했기에, 본 연구의 면담대상자들도 대부분 연길시와 용정시에서 창업한 자들에 집중되었다. 면담대상자의 선정에 있어서는 눈덩이표집방법으로 선정하되 가게유형이 중첩되지 않는 한에서 선별적으로 선택하였다. 2015년 10월의 통계에 따르면, 연변지역의 '귀환' 창업자들은 4,000여 명을 넘는다. 창업자들에 대한 전반적이고 체계적인 조사는 시간, 비용, 인력 등 요소로 인해 불가능하므로, 본 연구에서는 조사 가능한 한에서 수집된 자료를 통해 '귀환' 창업자들의 기본적인 상황들을 그려내고자 했다. 그리고 북한, 러시아를 오가며 무역을 진행하는 사례도 면담대상자에 포함시켰다. 왜냐하면, 그들도 이주의 경험이 있으며, 외국에 장기간 거주하고 있는 것이 아니라, 주기적으로 국외와 고향을 오가며 상업에 종사하기 때문이다. 그 외에도 귀국자창업협회 회장, 연변주노동국 귀국자창업취업정책부 행정인원 등 유관 부문의 책임자들을 면담하였으며, 면담을 통해 '귀환' 창업자들의 경제, 사회활동, 정책 혜택의 활용 양상 등에 대해 파악하고자 했다. 면담대상자의 기본사항은 다음과 같다(<표 12>).

4) 면담대상자의 특성

본 연구에서는 총 20명 '귀환' 조선족 창업자에 대해 면담을 진행하였다(면담자의 성명은 모두 가명임). 피면담자들은 출신 도시별로 보면 연길 8명, 용정 6명, 화룡 4명, 철령 1명, 왕청 1명이다. 그러나 귀환하여 창업한 도시는 대부분 연길과 용정이다. 창업자들의 창업 지역을 보면, 연길에서 16명, 용정에서 3명, 북한 라진에서 1명이 창업하였다. 연령별로 보면, 20대 1명, 30대 12명, 40대 4명, 50대 3명으로서 30대가 가장 많다. 성별 및 혼인 여부로 보면, 여성이 7명, 남성이 13명이며, 혼인 유무로는 미혼 2명, 기혼 18명이다. 학력을 살펴본다면, 초졸 4명, 고졸 5명, 전문고 1명, 전문대 1명, 대졸 8명, 대학중퇴 1명으로서 대졸이 가장 많고 그다음으로 고졸이 많은 수를 차지한다. 그들의 이주했던 국가 및 도시를 보면, 한국이 6명, 일본이 5명, 북한 2명, 뉴질랜드 1명, 상해 2명, 계림 2명, 심수 1명, 해남도 1명으로 해외에서 돌아온 조선족이 12명, 국내 기타 도시에서 돌아온 조선족이 6명이다. 그리고 북한 2명은 북한에 장기적으로 거주했다가 돌아온 자인 것이 아니라, 북한을 오가며 수산물 도매 등에 종사하는 사람이다. 거주기간은 짧게는 1년, 길게는 14년으로 대체로 3년 이상을 거주하다가 돌아와서 창업한 자들이 많다.

면담대상자들의 영업 유형을 보면, 차술집, 피자가게, 이발소, 양고기꿰점, 불고기가게, 심리자문소, 의류도매, 홈쇼핑, 자동차수리, 커피숍, 가든, 룸살롱, 수산물공장, 수산물도매, 인터넷가게, 유치원, 복사부, 조기교육센터, 문화촌 등 19가지이다. 이러한 개별적 유형들은 다시 음식업, 도매업, 가공업 등 분류에 따라 음식업 6개, 주류 2개, 도매업 2개, 가공업 1개, 오락업 1개, 기계류 1개, 정보통신업 2개, 교육업 3개, 서비스업 1개 등으로 나뉘는데, 그중 음식업이 가장 많은 비중을 차지한다. 실제로 '귀환' 창업자들 중에는 음식업에 종사하는 자들이 가장 많은데, 그것은 음식점을 개업하는 데 필요한 기술을 배우는 것이 상대적으로 용이하며 경영방식도 상대적으로 간단하기 때문이다. 그리고 투자액 상황을 살펴보면, 적게는 8만 위안 많이는 100만 위안 정도 되며 보편적으로 40~70만 위안 정도를 투자하였다. 연매출액으로 보면 가장 적은 경우 8만 위안, 많은 경우는 700만 위안이다. 창업 유형 가운데서 가장 많은 비중을 차지하는 음식업에서는 일반적인 경우 70~100만 위안의 연매출액을 올리고 있다.

〈표 12〉 면담대상자의 기본사항

번호	성명	성별	출생연도	학력	고향	이주국가	이주연도	비자	귀환연도	가게유형	개업도시	개업연도	개업자본	연매출액
1	이희자	여	1973	대졸	화룡	일본	1997	유학생	2011	술집	연길	2012	40만	50~60만
2	김지은	여	1979	고졸	연길	한국	2000	C-3	2012	피자가게	연길	2013	25만	70만
3	방영호	남	1984	고졸	용정	한국	2014	H-2	2015	이발소	용정	2015	8만	20만
4	박영애	여	1975	고졸	용정	한국	2001	C-3	2010	양고기꿰점	용정	2011	70만	100만

5	김일선	남	1978	초졸	용정	한국	2001	C-3	2015	불고기가게	연길	2015	40만	30만
6	김춘수	남	1975	대졸	용정	일본	2000	유학생	2009	심리 자문소	연길	2011	40만	8만
7	황연희	여	1981	대졸	연길	일본	2001	유학생	2004	의류 도매	연길	2009	5만	200만
8	최미아	여	1981	대졸	연길	뉴질 랜드	2008	영주권	2010	홈쇼핑	연길	2011	30만	700만
9	김길태	남	1979	대학 중퇴	용정	한국	2008	H-2	2012	양고기팸점	연길	2013	15만	100만
10	연훈이	남	1969	대졸	연길	일본	1999	유학생	2007	자동차오일	연길	2015	20만	200만
11	이상군	남	1982	전문고	화룡	계림	2000	-	2008	커피숍	연길	2009	8만	240만
12	태진수	남	1989	초졸	화룡	상해	2008	-	2012	가든	연길	2014	100만	30만
13	박호철	남	1980	초졸	연길	계림	1997	-	2007	술집	연길	2015	40만	100만
14	김지호	남	1982	대졸	연길	북한	2013	-	--	수산물공장	북한	2013	50만	20만
15	김미영	여	1958	고졸	화룡	북한	1990	-	--	수산물도매	연길	1990	10만	100만
16	이수철	남	1959	대졸	용정	일본	1994	유학생	2000	복사부	연길	2001	3만	4만
17	김학수	남	1953	초졸	왕청	한국	1996	C-3	2005	마을 건설	연길	2010	200만	--
18	박철수	남	1980	고졸	연길	상해	2000	-	2008	인터넷가게	연길	2010	100만	70만
19	김호철	남	1981	대졸	철령	심수	2000	-	2009	유치원	용정	2013	130만	40만
20	김매화	여	1981	전문대	연길	해남도	2003	-	2006	조기교육센터	연길	2009	60만	100만

제2장

'귀환'이주의
배경 및 선택과정

1. '귀환'이주의 배경

1) 미국의 서브프라임 모기지론 위기로 인한 해외 송출노 동력의 취업난

미국의 서브프라임 모기지론 위기는 전 지구적인 금융위기를 불러 일으켰으며 특히 한국의 금융체계에 커다란 충격을 가져왔다. 2008 년 금융위기 폭발 이후, 한국 주식시장은 급속한 하락세를 보여 61.4% 하락되었다. 그뿐만 아니라, 금융자본시장을 일찍 개방하여 달러의 영향을 많이 받아오던 한화 가치는 달러의 가치가 평가절하 됨에 따라 급하락되었다(장문생, 2009: 6). 이와 같이 서브프라임 모 기지론 위기는 금융체계에 큰 충격을 주었을 뿐만 아니라, 부분적인 국가의 경제적 실체에도 커다란 영향을 미쳤다. 특히 수출을 위주로 하던 한국 기업들은 약 30% 정도 되는 한화의 절하율 때문에 이윤이 대폭 감소되고 중국 등 국가로부터 원재료를 수입하던 기업들도 한 화의 절하로 인해 생산자본이 대폭 증가되었다. 이러한 상황에서 중소기업들은 하나둘 생산을 정지하거나 반정지하지 않으면 파산의 변두리에 직면하게 되었으며 장기간 휴업상태로 들어갔다. 게다가 살아남기 힘든 중소기업들은 회사직원을 감원하지 않으면 월급을 감소하거나 지급불가의 정도에까지 이르렀다. 이와 같은 상황에서 당연히 해외 노동력들의 취업은 갈수록 힘들었고 따라서 경제적 수입이 불안정하였기에 생활이 보장받을 수 없게 되었다. 이러한 유입국의 경제적 상황은 송출노동력으로 하여금 귀국하게 하는 요인으로 작동하였다.

2) 이중의 환전손실과 환율의 불안정으로 인한 경제적 수입의 대폭 감소

금융위기의 충격으로 인해 달러, 한화, 엔의 가치는 평가절하 되었으며 특히 달러 대 한화의 환율은 근 8년의 최저점을 찍었다. 반면에 인민폐 가치는 상승하여 해외 노동인원들의 수입을 감소시켰다. 특히 한국으로 이주한 노동력들의 수입은 이중의 환전 손실로 하여 그 이전 해 수입의 50%로 하락되었다. 즉 인민폐와 한화는 직접 환전할 수 없기에 한국의 노무인원들은 한화를 달러로 환전해서 중국 국내로 송금한 다음 달러를 다시 인민폐로 환전한다. 2008년 12월 초 달러 대 한화의 환율은 1:1000좌우였으나, 같은 해 12월 말 1:338로 되어 한화의 가치는 30% 하락되었다. 반면에, 달러 대 인민폐 환율은 1:7.29에서 연말 1:6.81로 되어 인민폐 대 달러의 상승폭은 7%에 달하였다. 이러한 환율 변화로 인해 한국 노무일꾼들의 수입은 38% 정도 감소되었다(장문생, 2009: 7). 이와 같은 환율의 하락세에 직면하여 많은 조선족들은 귀국을 신중히 고려하게 되었으며, 이는 조선족들의 귀환 추동을 일으키게 된 계기가 되었다.

3) 중국 내 도시에서의 정착의 어려움 및 생활의 불안정 요소 증대

중국 조선족 다수는 중국의 개혁개방정책 이전에는 농촌에서 논농사 중심의 농사를 짓다가 이미 1980년대에 한족들보다 더 빨리 도시로 대규모로 이주해가서 그 당시에 성행하던 김치장사 등 자영업을 했다(황유복, 2012, 10.7). 1990년대까지 중국 농촌인구의 전출률이 전국 평균이 9% 수준이었는 데 비해 조선족은 17~20%나 되었다(金成子, 2007: 114).

중국 조선족이 연안도시와 대도시로 대량 이주한 배경에는 무엇보다도 중국의 산업화와 더불어 본격화된 다수 한국 기업들의 이들 도시 진출이 있다는 점이다. 중국 조선족들이 대련, 청도, 연태, 위해, 소주, 이우, 광주, 심수 등 연해도시와 북경, 상해, 천진 등 대도시에 대량 진출할 수 있었던 것은 그들을 필요로 하는 일자리 수요가 있었기 때문이다. 중국에 진출하기 시작한 모든 한국 기업, 그리고 대련, 심수, 광주 등의 일본 기업들에서는 중국의 교육받은 통역, 총무, 대외관계 그리고 노무관리 등 사무직이나 전문직의 일을 할 수 있는 이중 언어에 능란한 인재가 조선족 노동력에 필요했다.

그러나 도시로 이주한 조선족들에게 주어진 기회는 시대에 따라 상이하였다. 1998년 대학 입학생이 대규모로 증원이 되기 전에 졸업했던 조선족 청년들은 마침 중국의 산업화, 도시화 그리고 한국 기업들의 중국 대량 진출이라는 기회를 맞았고 당시에는 수요에 대비 대학 졸업생 수가 매우 적어 좋은 직장에 취직할 수 있었다. 이 세대들이 산업도시나 대도시에서 취업할 때는 아직 부동산 값이 오르기 전이어서 이들은 낮은 가격에 집을 장만할 수 있었고, 좋은 직장에 다니면서 다양한 방법으로 대도시의 거주호구를 얻을 수 있었다. 이들에게는 취업기회, 부동산 매입기회, 호구 취득기회가 비교적 열려 있었다. 따라서 대도시에서의 정착이 상대적으로 용이하였다. 그러나 1998년 이후 대학입학생이 대량 증가함에 따라 대도시로 진출한 조선족 청년들의 기회의 창은 점점 좁혀져갔다. 그리하여 취업 나아가 대도시에서의 정착은 그 이전 세대에 비해 상대적으로 힘들었다. 게다가 여러 가지 요인으로 인해 많은 한국 기업이 중국의 대도시에서 철수했으며 조선족들도 따라서 직장을 잃게 되었다.

그뿐만 아니라, 조선족 기업인이든 직장인이든 거의 대부분이 새롭게 정착한 도시에서 호구의 부재, 주류인 한족과의 관계 취약, 인맥의 부족, 소수민족이라는 점 때문에 주류사회로 진출하는 데 어려움을 겪고 있다. 출신지역을 떠난 조선족들은 출신지역에서 형성된 네트워크를 떠나 새롭게 정착한 지역에서 낯선 사람과 새로운 인적 네트워크를 구축해야 하는데, 이미 해당 지역에서 긴밀한 네트워크를 구축하고 있는 사람들 사이를 뚫는 일이 쉽지 않다. 대도시, 연해도시에 이주한 조선족들도 나름대로 정보, 협력을 주고받을 수 있는 조선족 네트워크를 구축하고 있으나 한족들의 관계(꽌시)망에 비해서 그 위력은 훨씬 작다고 할 수 있다.

이와 같은 요인들로 인해 대도시로 진출했던 조선족들은 경제적 보장, 사회적 지위 등이 확보되지 않은 상태에서 한 도시에 정착하지 못한 채, 여러 도시를 돌아다니다가 결국 고향으로 귀환하게 되며, 고향에서의 재정착을 위해 창업의 길에 들어서게 되는 것이다.

4) 연변지역의 창업추진 정책 및 재정착 지원사업의 실시

연변주취업복무국의 조사수치에 의하면, 2008년 9월부터 2009년 1월 말까지, 연변지역에 돌아온 이주노동자들은 21,807명으로서, 연변지역에서 송출했던 총 노무송출인원의 7.44%를 차지한다. 그중에서 해외로부터 귀환한 귀환자 수는 13,256명으로서 총 노동자 귀환자 수의 60.8%를 차지한다. 그리고 귀환자들 중 창업하고자 하는 자가 3,816명, 취업하려는 자 2,906명으로서 각기 총 귀환인 수의 17.5%, 13.3%를 차지한다(연변주취업복무국, 2009). 이와 같은 수치에서 귀환한 조선족 가운데서 약 30% 좌우가 재정착하고자 함을 알 수 있다. 그 가운데서도 스스로 창업을 하여 경제적 보장을 얻고자 하는 조선족들이 절반을 넘게 차지한다. 그로부터 6년이 지난 2015년 10월 13일까지의 유관 통계에 의하면, 연변주에 국외 혹은 타 도시에서 귀환한 이주자들이 10,082명에 달하며, 그중 이미 창업한 사람이 4,046명에 달한다(길림성현성망, 2015.10.14일 자).

이처럼 귀환한 조선족들이 증가함에 따라 연변주 정부에서는 그들의 성공적인 재정착을 위해 창업, 취업과 관련된 일련의 우대정책들을 제정하였다. 사실 동북3성에서 해외 혹은 도시로 이주했던 조선족들이 귀환하는 현상은 일찍이 2000년대 초부터 있었다. 귀환한 조선족들의 재정착 문제는 2000년대 초부터 시종 해당 정부가 해결해야 할 시급한 문제였다. 왜냐하면, 돌아온 조선족들은 "차를 사고 아파트 사서 살며 매일 흥청망청 돈을 다 쓴 다음 차 팔고 집 팔아 또 출국하여 외화벌이를 하는 삶"을 반복하고 있으며(길림신문, 2006.7.15일 자), "새집을 사고 장식을 하고 나니 남은 돈이 없어서 창업을 못했다거나 출국하기 전에는 돌아와서 창업을 하려 하였으나 돌아와서 뭘 했으면 좋을지 몰라서 아예 포기하는 경우가 다반사"였기 때문이다(길림신문, 2006.9.9일 자). 또한 "해내외 진출 20여 년간의 세월은 당년에 끌끌하던 장정들로 하여금 노동의 한계를 느끼는 노년에 접어들게 하였고, 당년에 혈기 왕성하던 젊은이들은 가족과 친지, 고향 그리운 중년에 접어들게 하였으며 많은 조선족들은 귀향하고 싶지만 고향에 돌아와 정착할 방법을 찾지 못하여 오도 가도 못하고" 있는 실정이기 때문이다(료녕조선문보, 2010.6.4일 자).

이러한 현상에 직면하여 길림성 서란시에서는 일찍이 5,700명의 귀향노무일꾼들의 신상자료를 장악하고 개개인의 특징과 실제에 부합되는 창업안내 동태관리를 하고 있었다(길림신문, 2008.11.8일 자). 2015년 이래, 길림성, 연변주당위의 인솔하에, 연길시에서도 귀환 창업의 "회인공정(回引工程)"을 전개하고 있으며 우대정책, 인성화된 서비스, 훌륭한 발전환경으로 귀환한 조선족들의 창업을 추동하고 있다. 구체적으로 말하자면, 연길시 공청단시위, 부녀연합회, 장애인연합회, 공신국, 취업국, 농업국, 상무국, 시장감독관리국, 세무국 등 각 부문에서 부문별로 귀환 창업에 관한 각종 서비스를 제공하고 있다. 예를 들면, 직업기술 배양, 정책자문, 법률상담, 시장개척, 관리자문, 심리자문, 사무대리, 정부기술, 사이트건설, 기술응용, 창업지도, 투자융자 등 서비스이다. 우대정책으로는 주로 취업국복무국, 공청단시위, 세무국에서 실시하는데, 취업복무국에서는 60세

미만의 실업자에게 10만 위안의 무이자 대출금을 제공해주고 기업을 세울 경우에는 최대 400만 위안까지 대출해준다. 그리고 공청단 시위에서는 만 18세부터 45세의 창업 의향이 있는 자에게 5만 내지 10만 위안의 창업대출을 해준다. 그 외 세무국에서는 세금을 면제하는 우대정책을 실시하고 있다.

2. '귀환'의 과정

1) 목적 귀환형: 창업을 위한 이주와 '귀환'

본 연구의 면담대상자들 중 한국에서 돌아온 조선족 총 6명 가운데서 4명이 연수생비자로 출국했으며, 나머지 2명은 방문취업비자를 받고 한국에 입국했다. 2008년, 2014년에 한국에 입국한 피면담자들은 모두 30대이며, 그들은 출국하기 전부터 고향에서의 창업을 목표로 한국에서 1년 내지 3년 번 돈을 자본으로 삼아 창업을 시작한 자들이다. 그들의 출국은 '귀환'을 위한 출국이며 '귀환' 창업에 대한 목적이 뚜렷한 이주행위이다. 33세 방영호 씨는 2002년에 청도 등 도시에서 일을 하다가 월급이 낮고 돈을 축적하기 어려운 등 원인으로 인해 2012년에 고향 용정으로 돌아오게 된다. 그리고 우연한 기회에 지인의 소개로 미용미발학원에서 몇 개월가량 배우고 미용미발원에서 일하다가 고향에서 돈을 버는 것이 좋을 것이라고 생각하고 2013년에 한국에 돈벌이를 목적으로 입국하게 된다. 1년가량 한국에서 창업 자본 8만 위안을 번 후 돌아와서 바로 이발소를 꾸리게 된다. 비슷한 사례로 38세 김길태 씨도 창업을 위한 자본의 축적으로 2008년 가족이 함께 한국에 가서 4년 동안 번 돈 그리고 일부는 대출하고 일부는 친지에게서 꾼 돈으로 양고기 펨점을 오픈했다.

내 같은 경우에는 옛날에 고중 졸업해가지구 청도 쪽에 가서 생활하고 했는데, 청도에는 조선족들이 많습데다. 조선족들이 많으니까 한국 기업이 많다 하지만, 조선족들이 월급이 낮습니다. 특히 조선족들은 기술일이 아니구 반공실에서나 일을 하니까 크게 월급이 높은 사람이 없습다……. 기껏해야 2,000, 2,500원 받았습다. 조선족들이 너무 많기 때문에. 그래서 하다가 나와가지구 연변에 왔습다. 계속 거기 있으니까 돈을 모으지 못하겠습데다. 월급도 낮거니까 소비도 높고…… 여기 와가지고 한국에 가자 했단 말이다. 뜻밖에 거리에서 아는 형님을 만났단 말이다. 형님이가 이 직업에 대해서 안다고 배우겠냐고 하니 배우겠다 했습다. 외지에서 고생하다 보니 배우는 것도 또 영 빨리 배웠습다. 한 몇 개월 동안에 다 배우구. 여기서 한 1년 정도 일하다가 보니까 내 보기에는 여기서 벌어도 좋을 같습데다. 그런데 주로 돈이 없쟁까. 그래서 한국 가서 돈을 인차 벌어가지구 와서 이거 했지(방영호).

2008년도에 한국에 가서 4년 반 있다가 왔습다. 그래가지고 옛날에 우리 장모님 하시던 첼땐(양고기 펨젬)…… 창업하다 보니까 자본이 없지. 그래서 밴새껍질(만두껍질)가공 그것도 한 3년 했습다. 대학 2년 반 다니가가 첼땐 하다가 사회일을 하다가 밴새껍질가공 하다가 가족이 같이 한국에 갔습다. 경기도 이천 제일 유명한 마포갈비라고 있습다. 거기서 1년 9개월 일했습다……. 그리고 얼마간 돈을 모아서 돌아와서 바로 이 가게를 꾸렸습다(김길태).

이러한 영세 자영업자 외에 현재 11개 회사를 소유하고 있는 연훈이 씨는 1999년 유학생 비자로 일본으로 입국하게 되며, 미국을 거쳐 창업을 목적으로 연길에 돌아오게 된다. 그는 돌아오기 몇 년 전부터 앞으로의 창업에 대한 계획을 면밀히 세웠으며 현 단계는 그러한 구상들을 실현해나가는 과정으로서, 더 큰 사업목표의 준비단계라고 설명한다. 그 역시 미국에서 구상했던 기획을 고향으로 귀환하여 바로 실천한 사례로서 목적의식과 주체의식이 강한 사례 중의 하나이다.

> 그럼 내가 미국에서 올 때 자기가 해야 할 일이 있어요. 제 와이프가 미국에서 임신했어요. 그럼 대부분 사람들이 임신했으면 남는 게 당연하다. 임신한 와이프를 두고 제가 왔어요. 맹목적으로 오는 거 아니잖아요. 자기의 어느 정도의 파악이 있다고 생각했기 때문에. 미국에서 꾸린 회사도 잘나갔어요. 하청업 회사. 그러나 나는 계획을 세운 게 있어요. 40살 전에는 돌아간다……. 내가 이 땅에서 연변에 돌아가야 내게 나라가 세 개 생긴다. 나라 세 개 생겨서 뭐 하는가. 미국이나 일보이나 한국의 선진적인 나라의 선진적 이념과 기술을 가져다가 무슨 기술이 있어도 꼭 노동력이라는 게 필요하거든요. 인건비라는 게 굉장히 중요한 거거든요. 이 세상에 유일하게 낮을 수밖에 없는 북조선의 인력을 가져다가 최고의 상품을 만들어서 어디다 파는가 하는 거예요. 13억 6천만 있는 중국 이 사람들에게 팔자. 이게 바로 연변조선족자치주 자원이다. 우리 자꾸 부정하지 말고. 이것이 최고의 자원이다. 이게 바로 내가 연변으로 돌아간 이유다. 연변으로 돌아가야만이 내가 세 개 나라를 소유할 수 있고……(연훈이).

본 연구의 사례에서 알 수 있듯이, 귀환이주자들 중 30대는 보통 2007년 방문취업제 이후 고향에서의 창업 자본을 마련하기 위해 한국으로의 이주를 선택했으며, 이주의 동기가 뚜렷했기에 창업에 필요한 자금이 마련되면 바로 귀환하였다. 그들의 이주 및 '귀환'은 강한 목적성을 띠며 그러한 목적성은 그들의 창업에서의 성공의 의지와 맞물린다. 즉 그들은 꼭 창업에서 성공하여 재정착할 수 있기를 바라며, 중도에서 자영업을 접을 생각이 전혀 없다.

2) 주동 귀환형: 기존의 불안정한 삶에 대한 거부와 주동 적 귀환

한국으로 이주한 조선족들은 이주 초기부터 대부분 한국인들이 거부하는 서비스업, 건축업 등 3D 업종에 종사해왔다. 초기 브로커를 통해 6만 위안 내지 8만 위안 정도를 지불하고 한국에 입국한 조선족들은 먼저 출국하기 위해 빚내서 온 돈을 갚아야 했기에 방을 세 맡아 거주할 여건이 안 됐으며, 보통 일하는 가게 혹은 건축현장에서 잠자리를 만들어놓고 밤을 보내는 경우가 대부분이다. 그렇기 때문에 그들은 한국에서 일하는 동안 내내 '집 없음'을 경험하게 되며, 그들의 여가는 주중에 쌓인 '잠'을 자는 시간들로 채워진다. 2006년도부터 조선족 단체가 활성화됨에 따라 조선족 단체에 가입하여 봉사, 배구, 축구, 등산 등 여가활동을 하는 조선족들도 있지만, 그래도 대부분 조선족들은 돈 버는 일 외에 충분한 수면으로 채워진 일상을 보내는 경우가 대부분이다. 따라서 한국에서 똑같은 일상을 일정 기간 동안 반복해오던 조선족들은 어느 한 시점에 이르면, 한국에서의 그러한 불안정한 생활에 거부감을 느끼기 시작하며 스스로의 삶에 대해 성찰하기 시작한다. 10년 동안의 타향살이를 지속해오던 용정의 한 양고기 뀀점의 주인 박영애 씨와 그의 남편은 집 없고 불안정한 이주노동자의 삶을 더 이상 살아가기 힘들다고 느끼며 무작정 고향으로 돌아오게 된다.

> 26살 그때 한국으로 나갔슴다. 원래 출근하다가 그때는 결혼도 안하고 지금 남편하고 연애를 하다가 남편이 석유공사에서 나와가지고 둘 다 한국에 나가게 됐슴다…… 그때는 정말 힘들었슴다.

처음에는 말을 잘 모르쟁까. 우리는 여기서 야챌 하지만 거기서는 요지, 이건 또 무슨 말인가 막 달아가서 주방이모들과 물어보고…… 집은 대림동에 맡고 남편은 현장 노가다 뛰고, 나는 그냥 복무원 하고 그런데 어째 돈은 나머지 없습데다. 그때는 결혼도 아이 했쟁까. 그래도 집은 있어야 결혼할 게 아잉까……. 나는 갈 때 한국 가면 돈이 하늘에서 뚝뚝 떨어지겠는가. 근데 가보니까 이게 생각하고 180도 다르더란 말임다. 어마, 이거 내가 살 데 맞냐. 일단 돈 벌러 왔으니까 참고 돈을 벌어야 되는데, 3년에 본전 다 뽑으니까 한국 사람들과 돈 쓰는 게 똑같게 되더란 말임다. 돈도 모아 않 지고 하니까 우리 신랑이 마지막에 도저히 못 있겠다고 살 수가 없다, 나는 집 가겠다, 내가 참자, 좀 더 벌어가지고 가자 해도 아니, 나를 죽여도 이제는 여기서 못 살겠다. 회사에서 일하고 와서 저녁에 하늘을 떡 올려다보메 우리는 언제 비행기 타고 집 가겠는가. 맨날 비행기만 보면 그랬단 말임다. 근데 불법이니까 이제 돌아가면 못 온다 하는 생각에, 그런데 여기 와서 머할 거 생각 안 한 이상은 겁이 나더란 말임다. 그랜데 우리 신랑 오자 해서 홀 왔는데 와서 후회했단 말임다. 어마 이거 오는 게 맞나구……(박영애).

중국의 도시로 이주한 조선족들은 한국에 이주한 조선족들처럼 서로 다른 체제에서의 경제, 사회, 정치 생활에 새롭게 적응할 필요가 없다. 하지만 그들의 삶 역시 유동적이며 어느 한 도시에 쉽게 정착되는 것이 아니었다. 앞서 언급했듯이, 그 원인은 다양하다. 주로 안정적인 직장을 구하기 힘들고 월급이 적으며 도시 삶의 절주가 빠른데다가 마음의 안정을 도모할 수 있는 연결망의 부재로 인해 조선족들은 도시에서 안정적인 삶을 보내지 못하고 있다. 설사 이상군 사례와 같이 가이드 등 수입이 많은 일에 종사하는 사람이라 할지라도 그러한 직업 또한 장원한 직업이 아니기에, 스스로의 안정적인 미래에 대한 성찰을 통해 결국 원점인 자신의 출신지역으로 돌아와서 미래를 구상하게 되는 것이다.

그때는 고향 돌아오기 싫은 이유가 그게란 말임다. 여기 돌아오면 발전성이 없을 것 같고, 내가 뭐 해야 되는지, 나는 전업이라는 것도 없단 말임다. 그래서 무작정 고향을 떠나고 싶더란 말임다. 때마침 형이 계림에 있었는데, 나는 계림이 어딘지도 모르는데 나를 데리고 가면 안 되겠냐 해서 그 형을 따라 계림으로 처음 외지로 나가게 되었습다. 그때는 19살밖에 안 됐으니까 갈 때 닥치는 대로 일을 해보자 결심하고 갔는데 약방에서도 해보고 한국 단체 비디오를 찍어주는 일도 하고. 그런데 보니까 주위 사람들이 가이드라는 거 하더란 말임다에. 그랲게 가이드를 딱 해보고 싶더란 말임다. 때마침 그때 계림이가 한국에 널리 알려져가지고 무작정 한국인들이 들어올 때란 말임다. 그래서 했는데 어린 나이에 손에 돈을 엄청 많이 져보게 됐습다. 1년에 50만. 그래서 나이가 어리고 하니까 또 많이 썼습다. 고소비를 했죠. 쉽게 들어온 돈이니까 또 쉽게 나갑데다. 그래서 맨날 그런 생활 반복했습다. 많이 벌어서 많이 쓰고. 흥청망청 정말 질서 없고 안정되지 않은 생활을 했습다. 그러던 어느 한순간 내 살아온 인생을 돌이켜보며 아, 그냥 이렇게 살면 안 되겠다 해서 연변에 와서 머 좀 해보자 해가지고 돌아오게 됐습다(이상군).

요컨대, 본 연구의 면담대상자들 중 이 유형에 속하는 사례들은 모두 비교적 젊은 나이에 한국 혹은 중국의 도시로 이주하게 되며 거의 10년이 되는 시간 뒤에 지나온 자신의 삶에 대해 성찰하기 시작하면서 자신의 고향으로 돌아와 안정적인 미래를 도모하기 위한 계획을 세우게 되며 모두 자신의 고향에서 창업을 하게 된다.

3) 피동 귀환형: 이주지역에서의 부적응으로 인한 귀환

중국 조선족 청년들은 한국, 일본 등 동아시아 국가뿐만 아니라, 미국, 영국, 독일, 호주, 뉴질랜드 등에도 상당수 진출해서 유학을 하거나 유학 후 그곳에 체류를 하고 있다. 러시아에만 5만여 명이 진출해 있으며, 미국과 유럽, 동남아시아, 중동, 호주, 남미 등 지역에 진출한 청년들도 상당수 되는 것으로 알려졌으나, 정확한 숫자가 얼마가 되는지는 믿을 만한 통계가 없다(배규식 외, 2013: 77).

외국에 이주하여 생활하는 조선족들의 본 지역에서의 사회, 문화, 정치적 생활에 대한 적응 양상은 다양하다. 외국 생활 적응에 있어 가장 중요한 요소가 언어이다. 조선족에게 있어 같은 모국어를 사용하는 한국에서의 적응은 상대적으로 용이하나, 영어, 독일어, 일어, 러시아어를 사용해야만 하는 국가일수록 원활한 사회생활을 이어가는 데 어려움을 겪으며 적응이 쉽지 않다. 또한 문화적 동질감을 느끼는 한국에 비해, 모든 방면이 생소하기만 한 서양 국가에서는 배우고 터득하고 적응해야 할 부분이 많기에, 적응에 어려움을 겪는 조선족들이 많다. 본 연구의 면담대상자 중 뉴질랜드로 이주했던 한 쌍의 부부는 북경에 있는 대학을 졸업한 후, 북경에서 4년간 일하다가 신부 부모가 거주하는 뉴질랜드로 이주하게 된다. 그러나 하루하루 알바로 생활을 영위해가던 어느 하루, 쓰레기를 줍는 일을 하던 남편이 자신에게 "내가 왜 여기서 이렇게 살아야 하는지"를 되묻으며, 출국하기 전과 질적으로 다른 자신의 삶에 대해 성찰하게 된다. 뉴질랜드로 가기 전에는 북경 삼성회사에서 기술원으로 일했지만, 뉴질랜드에 가서는 언어 등 여러 가지 원인으로 인해 정상적인 취직이 어려웠으며, 결국 질적으로 달라진 외국에서의 생활에 적응하기 힘들어 다시 고향으로 돌아오게 되었던 것이다.

이와 같이 외국에서 잘 적응하지 못하여 돌아오는 사례가 있는가 하면, 설사 중국의 도시라고 해도 여러 가지 요인으로 인해 적응에 어려움을 느끼며 결국 고향으로 돌아와서 창업의 길을 선택한 사례도 있다. 주지하다시피, 중국은 면적이 크고 지역별로 기후와 풍토가 다양할 뿐만 아니라, 언어, 문화도 각기 다르다. 그 때문에 한 도시 생활에 적응하려면 그 지역 언어부터 잘 배워야 하며, 문화도 잘 습득해야 한다. 또한 위에서 언급했듯이 조선족들은 대도시에서 한족 사회와 다양한 네트워크를 구성하기 어려우며 따라서 주류사회와의 관계에서 '소외감'을 느끼게 된다. 이와 같은 요인으로 인해, 위의 사례에서처럼 도시에서 살아가는 데 외로움, 고독감을 느끼며 도시 생활에 적응하지 못하고 귀환하는 사례들도 많다. 그러한 사례들은 대부분 배우자가 없거나, 부부 양방 모두 조선족이거나 혹은 모두 같은 도시로 이주해간 타 지역 사람들로서 이동이 비교적 쉬운 사람들이다. 만약 부부 양방 중 어느 한쪽이 그 도시가 출신지역인 배우자에게 시집 혹은 장가를 갔을 경우에는 상대적으로 잘 적응해 나간다. 왜냐하면, 자신의 배우자가 이미 그 지역에서 태어나 견고한 사회적 네트워크를 구성했기 때문이며 협소한 연결망 등으로 인한 정서적인 안정감 부재로 인한 부적응의 요소들이 감소되기 때문이다.

요컨대, 조선족들의 귀환을 추동하는 요소는 다양하다. 본 연구에서 세 가지 유형으로 나누어 귀환의 유형을 살펴보았지만, 사실 이 세 가지 유형을 완전히 독립적으로 보기는 힘들다. 그것은 자신의 삶에 대한 성찰은 언제까지나 이주 도시 혹은 국가에서의 부적응 및 그로 인한 삶의 불안정성의 결과이며, 그 과정에서 고향은 새로운 삶을 고민하고 시작하기 위한 원점이자 출발점이자 쉼터가 된다. 현재 귀환한 조선족들은 유동적인 삶을 마치고 고향에서의 재정착을 위해 귀환했으며, 재정착을 위한 방법이 바로 스스로의 창업이다.

제3장

'귀환'이주자의 창업,
운영과정 및 어려움

1. '귀환'이주자의 창업과정

1) 항목선택

연변지역은 지정학적으로 산이 많고 분지가 위주인 변경지대로서, 중공업 등 큰 기업을 발전시키기에는 교통이 상대적으로 발달되지 못한 지구다. 따라서 많은 노동력을 수용할 수 있는 기업이 적기에 취직이 어렵고 공무원, 교사, 의사 등 사업편제도 제한되었기에 대부분 청년들은 일자리를 찾아 중국의 다른 도시 혹은 외국으로 이주한다. 마찬가지로 당시 이주했던 청년들이 현재 다시 돌아와서 새로운 삶을 시작하고자 해도 취직할 만한 직장은 여전히 부족하거나 마땅치 않다. 그 때문에 대부분 귀환이주자들은 재정착의 방법으로 창업을 선택한다.

그렇다면, 귀환이주자들이 창업을 함에 있어서 가장 중요한 것은 항목선택이다. 조사에 의하면, 귀환이주자들의 항목선택은 그들의 기존의 경제활동과 밀접한 관계가 있다. 즉 한국에서 돌아온 이주자들은 귀환하여 창업할 것을 미리 대비하여 일했던 가게에서 기술을 배운 뒤, 그 기술을 바탕으로 불고기, 피자 등 가게를 개업한다. 15 년 만에 연길로 돌아온 김일선 씨는 주로 강남의 불고기 가게에서 주방장으로 일하면서 배워온 기술을 바탕으로 불고기 가게를 오픈 했고, 12년 만에 연길로 돌아온 김지은 씨 남편은 피자 가게를 오픈 하기 위해 다시 한국으로 입국하여 미스터피자에서 기술을 배워온 뒤 피자가게를 오픈했다. 그 외 박영애 씨도 한국 대림동에서 양꼬 치집을 운영하고 있는 지인한테서 양고기 양념소스 등 관련 기술들 을 배워서 용정에 자신의 가게를 오픈했다.

그리고 국내 도시에서 돌아온 조선족들 가운데는 위 사례들처럼 기술을 비용을 들여서 배운 것이 아니라, 한국에 있는 가족, 친지로 부터 손쉽게 기술을 전수받아 음식점을 꾸린 사례도 있다. 면담대상 자들 중 김호철 씨는 2016년 10월 용정에 족발 가게를 개업했는데, 그 기술이 바로 한국에서 족발 가게를 운영하고 있는 자신의 둘째 누 나에게서 배워온 것이다. 주요한 기술은 배우고 양념소스 등은 한국 에서 직접 배송해온다. 이러한 사례는 조선족들의 창업에서 가족 중 심의 초국적 네트워크가 중요한 역할을 하고 있음을 시사하고 있다.

이와 같이 창업을 위한 기술을 바탕으로 항목을 선택하는 사례들 도 있지만, 자신의 경험, 기술 등과는 관계없이 연변지역에서 잘 되 고 있는 항목을 선택하여 자금을 투자하는 조선족들도 많다. 김길태 씨가 2013년 양꼬치집을 오픈하여 대박난 이래, 그 양꼬치집의 단골 손님이었던 귀환이주자는 그 부근의 양꼬치집을 임대 맡아 운영하 고 있다. 그것은 양꼬치 가게가 워낙 투자가 10만 위안 내지 15만 위안 정도밖에 안되는데다가, 대박 난 양꼬치집의 상황을 목격하고 자신도 양꼬치 가게를 꾸리면 잘 될 것이라는 예상에서 비롯된 행위이다. 이처럼 기술, 경영방식, 사업정신 등이 밑받침되지 않은 상황에서 많은 자금을 투자했으나 1년을 버티지 못하고 그만두는 가게가 허다하다.

요컨대, 귀환이주자들의 항목선택은 주로 자신이 기존에 습득한 기술을 바탕으로 이루어지며, 여기서 자신의 일 경험 혹은 가족 중심의 초국적 연결망이 중요한 역할을 한다. 중요한 것은, 설사 창업을 위한 기술을 장악했다 할지라도 연변지역의 음식문화적 특성, 시장발전 상황 등 여러 가지 요소를 충분히 검토하지 않고 섣불리 창업한 탓으로 오래 버티지 못하고 실패하는 경우가 허다하다.

2) 자금조달

연변지역의 귀환이주자들은 보통 30만 내지 100만 위안의 자금을 축적하고 돌아온다. 이 정도의 인민폐로 예전 같으면 규모가 상대적으로 크고 인테리어도 호화로운 영업장소를 개업할 수 있었지만, 지금은 인민폐의 하락 등 원인으로 자신의 의욕에 따라 부족함이 없이 창업을 시작하기 어렵다. 하기에 자신이 벌어온 한에서 제한적으로 창업을 시작할 때는 상관이 없으나, 일정한 규모와 인테리어, 품위를 갖추고자 하는 경우라면, 투자액이 부족한 상황에 직면하게 된다.

이러한 상황에서 조선족들은 여러 경로를 통해 자금을 조달한다. 이 과정에서 가장 중요한 경로가 바로 친인, 친지, 친구 등 가족 네트워크, 사회적 네트워크를 통한 자금조달이다. 면담대상자들 중 태진수 씨는 2014년에 친구와 함께 100만 위안의 자금을 투자하여 불고기 가든을 오픈하게 되는데, 투자액 중 50만 위안은 미국에서 일하는 어머니가 꿔준 것이다.

그 외 일부 조선족들은 몇몇이 자금을 모아 함께 투자하는 경우도 있고, 사업가와 합작하여 투자는 사업가가 하고 경영은 자신이 하여 이윤을 반으로 나눠 가지는 경우도 있다. 이상군 씨는 커피숍을 운영하기 이전 이미 스스로 주스, 커피 가게를 운영했던 경험이 있고 또 그것을 바탕으로 한국에 가서 6,000만 한화의 비용을 들여 기술과 경영지식을 습득했다. 그리하여 자본을 직접 투자해서 가게를 운영하는 것이 아니라, 자신의 경험과 기술을 자본으로 경영으로만 이윤을 창출하는 경우도 있다.

그리고 일부 조선족들은 자신이 쌓아온 사회적 자본을 활용하여 은행으로부터 규정 이상의 현금을 대출하여 투자한 경우도 있다. 뉴질랜드에서 돌아온 최미아 부부는 은행으로부터 150만 위안을 대출하여 홈쇼핑에서 나이키, 아디다스 등 브랜드를 판매하며 투자 초기에는 700만 위안의 연매출액을 올렸다. 그러나 현재는 나이키, 아디다스 회사에서 물건을 공급하지 않는 등 이유로 매출액이 대폭 감소되었다.

앞서 언급했듯이, 현재 연변주 정부 측에서는 '귀환 창업'을 크게 지지하면서 관련 정책들을 실시하고 있다. 정책 가운데는 창업 자금을 마련하는 데 도움을 주는 정책, 즉 개업해서 3개월 운영한 업체는 일련의 수속을 거쳐 10만 위안을 무이자 대출받을 수 있는 정책을 실시하고 있다. 그러나 면담대상자들 중 본 정책의 혜택을 받은 자는 한 명도 없다. 그것은 그러한 정책이 있는지에 대해 잘 모르는 사람들이 많아 정책의 홍보 효과가 낮은 데 그 이유가 있다. 하지만 더욱 중요한 원인은 창업을 하는 사람들은 보통 창업을 시작하기 전에 자본이 부족하여 어려움을 겪는 경우가 많으며, 시작한 다음에는 재투자하거나 하는 경우가 적기에 본 정책은 창업자들의 현실적 요구를 잘 반영하지 못한 데 그 이유가 있다고 할 수 있다.

이와 같이 가족, 사회적 연결망을 바탕으로 자금을 조달하는 경우가 대부분으로서 자금조달에 있어 가족, 친지, 친구의 인적 사회자본이 큰 역할을 한다. 귀환이주자들의 창업활동에서 우리는 조선족 사회가 해체 위기를 맞이하고 있는 것이 아니라 다양한 국가를 넘나드는 초국적 네트워크를 기반으로 새로운 형식의 공동체를 재건하고 있음을 알 수 있다.

3) 개업도시 및 장소선택

연변지역으로 돌아온 조선족들은 대부분 연길시 혹은 위성도시 용정에서 창업을 시작한다. 물론 기타 도시에서 창업한 조선족들도 있지만, 경제발전, 인구규모, 유동인구, 소비수준 등 여러 가지 요소를 고려했을 때 연길시에서 창업하는 것이 이윤창출에 유리하기에 기타 도시 출신의 조선족들도 귀환하여 연길에서 창업을 시작한다.

흥미로운 것은, 면담대상자들 중 용정시 조선족들은 귀환하여 연길이 아닌 용정에서 창업한다는 것이다. 그것은 용정이 연길의 위성도시이고 현재 자가용 승용차를 소유하고 있는 가정들이 많기에, 음식이 맛만 있으면 연길에서 자가용으로 용정으로 가기 때문이다. 용정에서 개업한 창업자들은 모두 하나같이 자신의 고향에 대한 애착심이 강하며 용정으로 돌아오는 것이 당연한 것이고 그곳에서의 삶을 행복하게 생각한다.

조사에 따르면, 그들은 용정시라는 도시에 대해 대단히 큰 자부심을 가지고 있다. 그들에게 있어 용정은 조선족 문화가 가장 유구하고 또 가장 많이 보류된 도시로서 고향에 돌아오는 것은 그들에게 당연한 것으로 인식되었다.

장소 선택에 있어서 면담대상자 대부분은 축적한 자본으로 상가를 구매하고자 하며, 그럼으로써 이윤을 더 많이 확보하고자 한다. 상가를 구매하는 데 보통 50만 내지 100만 위안의 추가자금이 필요하며 그러한 자금은 위에서 언급했듯이, 가족, 친지, 친구 연결망을 통해 조달한다.

2. '귀환'이주자의 운영과정

1) 고객 내원

연변지역의 조선족 귀환이주자들은 앞서 언급했듯이, 한국 음식업에서 배워온 기술을 바탕으로 음식점을 경영하는 경우가 많다. 현재 연길시에서 개업한 치킨 가게, 족발 가게, 불고기 가게, 낙지전골 가게, 칼국수 가게, 해물전골 가게 등 음식점들은 대부분 한국에서 돌아온 조선족들이 음식 만드는 기술을 배워온 뒤 오픈한 것이다. 그렇다면, 연길에서 이러한 음식 가게를 찾는 고객들은 한국에서 그러한 음식을 즐겨 먹었던 조선족들이다. 특히 치킨, 족발 등 음식은 한국의 대중음식으로서 언제 어디서나 배달해서 쉽게 먹을 수 있는 음식이다. 한국 음식의 맛에 습관이 든 조선족 귀환이주자들은 돌아와서도 이런 음식을 찾아다닌다. 1차에 술을 마시고 2차 치킨에 호프를 먹는 문화에 익숙해진 조선족들은 회식 때 이러한 음식점을 즐겨 찾으며, 또 평소에 TV를 보면서 잘 배달시켜 먹는다.

그러나 연길에서 치킨 한 마리 가격은 한국의 일인당 국민소득과 연길시 주민의 일인당 국민소득을 비교했을 때, 한국에 비해 비싼 편이다. 구체적으로 말하자면, 한국에서의 치킨 한 마리 가격은 보통 1만 2천 내지 1만 5천 정도이며 연길에서의 치킨 한 마리 가격은 평균 70원 위안이다. 2015년 한국 일인당 국민소득이 27,340달러에 비해, 연길시 시민의 일인당 국민소득이 3,214.5달러(延边州2015年国民经济和社会发展统计公报)라는 점을 고려했을 때, 한국에서의 치킨 한 마리의 가격 대 일인당 월 국민 소득은 1:217인 데 비해, 연길시 경우는 1:27로서, 연길시 치킨 한 마리 가격이 한국의 8.35배 되는 격이다. 치킨뿐만 아니라, 다른 음식도 마찬가지 경우이다. 이러한 상황에서 다른 음식에 비해 소비하는 차수가 상대적으로 적다고 할 수 있다.

하기에 더 많은 고객을 확보하기 위해서 업주들은 반드시 자신의 사회적 연결망을 동원한다. 가족, 친척, 친구, 지인 등 가족, 사회적 네트워크를 통해 자신의 가게를 홍보하며, 업주의 친척은 물론 친구들은 친구의 안목을 봐서 회식할 일이 있을 때면 일부러 자신의 친척 혹은 친구의 가게에 가서 매출을 올려준다. 그리고 업주가 사회적 연결망이 넓을수록 또 그리고 친구들이 사회적 연결망이 넓을수록 다른 사람에게 소개하고 위챗에 올려 광범하게 가게를 홍보해주기에 가게 매출액이 증가된다.

하지만 음식업일 경우, 지속적으로 고객을 확보하기 위해서는 똑같은 맛을 유지하고 일정한 서비스를 제공하는 전략을 통해 고객을 끌어야 하며, 연변지역의 고객들의 심리, 문화적 특성을 잘 파악하여 고객의 수요를 만족시켜 줌으로써 고객 내원을 확보해야 한다. 본 연구의 면담대상자들 중 이상군 씨는 연변대학 앞에서 주로 대학생을 대상으로 커피숍을 운영하고 있는데, 커피 가격이 비싸서 손님이 거의 단절되는 상황에서 가격을 최저 가격대로 낮추고 대학생들의 문화에 맞는 장소로 만드는 전략으로서 고객을 확보하고 있다.

이처럼 음식업에서 고객 내원을 확보하기 위해, 여러 가지 전략을 동원하는 데 반해, 현재 시대적 특징을 반영하고 있는 홈쇼핑 가게일 경우는 면대면 만남, 의사소통 등 인간관계를 맺지 않고 직접 인터넷 고객서비스 제공을 통해 고객과 소통하고 있다. 이 같은 경우에는 고객서비스 대화창(阿里旺旺)에서의 고객에 대한 친절한 태도, 제품가격 할인, 고객 요구 만족 등 원활한 소통과 서비스를 통해 고객을 확보하고 있다. 따라서 실체로서의 고객을 대하는 음식점에 비해, 인터넷을 통한 고객과의 의사소통이기에 다양한 고객을 접하게 되며 고객의 요구 또한 단일하지 않고 천차만별하다. 고객확보를 위해서는 때로 도저히 받아들이기 힘든 요구를 제기하는 고객도 친절하게 대해줘야만 하는 상황들이 홈쇼핑을 운영하는 자들의 가장 큰 현실적 어려움이다.

2) 경영방식

자영업을 운영함에 있어서 그 성공 여부는 어디까지나 운영자의 경영방식에 달렸다. 연변지역의 조선족 귀환이주자들의 창업도 마찬가지이다. 자신의 독특한 경영철학이 있고, 경영방식이 시대적 발전,

지역적 특징에 얼마만큼 부합되는가에 따라 창업의 성공 여부가 결정된다.

먼저 한국에서 돌아온 귀환이주자들이 자영업을 운영함에 있어 일반적으로 한국에서의 경영모식을 적용한다. 2013년에 피자 가게를 오픈한 김지은 씨는 한국의 맛집 성공비결을 통해 경영방식을 습득한다. 그뿐만 아니라, 위챗을 통해 이벤트를 진행함으로써 더욱 많은 고객을 확보하는 방식도 중요한 경영방식의 하나이다. 위챗으로 상업을 하는 것이 보편적인 현상으로 되었기에 이러한 방식은 성공 여부에 큰 영향을 미친다.

> 거의 한국 시스템을 가져다가 이용함다. 어떤 시스템인가 하면 운영시스템이란 말임다. 한국에서 보면 특색이 있는 음식, 잘되는 음식점들을 보면 사장들이 많이 힘쓰잼까. 보통 1달 해봐가지고 어느 메뉴가 제일 못 팔렸다 하면 다음 달에 가서는 그 메뉴를 위주로 머 가뜩 내놓는단 말임다. 내가 지금 많이 보고 있는 게가 한국의 잘나가는 가게들, 어떻게 돼서 이 가게들이 잘나가게 되는가, 이 사람들의 비결 이런 거 보게 되면, 모든 메뉴를 해보고 해본 게 이 메뉴가 잘 안 나갔다 하나도 안 팔리면 안 되잼까. 그럼 어떻게 하는가. 어떤 집들은 이 메뉴에다 포스터 같은 거 붙여놓고 아~ 오늘에는 기분이 어떤데 떡볶이로 기분 전환해보자. 이런 광고 메뉴 같은 거 놓으면 손님들이 메뉴를 정하다가 보게 되잼까, 아~ 그럼 한번 먹어보자, 해서 먹고, 이게 매출이 엄청 많이 오름다. 그리고 지금 무슨 시스템을 들여왔는가면, 지금 위챗을 보통 많이 하잼까. 위챗에 사람이 거의 500명 됨다. 그럼 이 회원들에게 매일마다 월요일부터 금요일까지 이벤트를 한다. 매일 오전 10시 되면 홍빠우(红包)를 뿌려가지고 환관이 된 사람한테 공짜로 피자 하나씩 준다. 이런 식으로 다 한국에서 하는 시스템식으로. 그럼 이런 이벤트를 하면 친구소개로 회원에 가입해서 맛을 보고 싶다. 우연하게 당첨돼가지고 피자를 먹었는데 맛있더라. 하면 다음에 또 시켜 먹게 되잼다. 이렇게 우리는 매주마다 하는 이벤트도 틀리고(김지은).

이와 같이 젊은 세대들의 경영방식은 새롭고 즉시적이고 시대의 발걸음과 절주를 같이 할 뿐만 아니라, 자신의 인생철학과도 관계된다. 현재 연변대학 앞에서 커피숍을 운영하고 있는 이상군 씨는 자신의 20대를 헛되이 보낸 인생으로 간주하며, 커피숍을 학생들에게 꿈과 희망과 안겨주고 앞으로의 방향을 제시하는 매개자 역할을 하는 장소로 경영하고자 한다.

> 나는 학생들을 위주로 학생들의 작업장으로 되겠지만 서로 교류하여 사회에 나오기 전에 나처럼 이렇게 허망 20대를 보내지 말고 꿈 없이 보내지 말고 애들이 불안하게 걱정되는 것이 내가 1년 뒤에 2년 되어 사회에 나와 내가 뭘 해야 될지 내 전업으로 먹힐지 이게 고민이라더란 말임다. 내가 20대를 보내보니까…… 정말 바보 같은 짓을 했고, 정말 그때 누가 나한테 귀띔해주고 내 가는 길을 인도해주고 방향만 잡아주면 나는 그런 생활을 안 했을 건데. 그런 생각을 가지고 이 학생들에게 나는 뭔가는 꿈과 희망, 아니면 방향이라도 주자, 이런 좋은 쪽으로 가고 싶단 말이다. 남들처럼 커피숍에 가서 도박 치고 이런 것이 아니라, 학생들과 어떻게 교류를 할 수 있는 환경을 마련해주자는 데 있슴다. 여기 사장님도 이전에 도박 노는 사람이 있으면 다 쫓았슴다…… 현재 이러한 구상은 주로 연변대 동아리들이 자기 작품을 이름을 써서 여기 가져다가 전시를 하게 하고, 또 한 가지는 심리상담협회라고 있는데, 이분은 교장인데, 그분을 초청해서 30분씩 학생들에게 강의를 해준다든지, 아니면 동아리들끼리 여기서 만남의 기회를 만든다든지, 그리고 학생들이 사회 나오고 사회에서 인재를 구할 때 우리가 다리 역할을 할 수 있게. 여기서 회의를 해도 좋고, 영상에 담아가도 좋고, 이 안에 것을 활용해도 좋다는 겜다. 그런데 제공은 공짜(이상군).

다음으로, 국내 도시에서 돌아온 조선족들도 경영방식을 배움에 있어 가까운 나라인 한국으로 입국하여 상당한 비용을 지불하고 필요한 경영방식을 배워온다. 이상군 씨는 2008년 주스 가게를 개업하게 되는데, 당시 장사가 잘되어 11개 체인점을 받아들이게 된다. 그러나 경영에 관한 지식이 전혀 없는 상황에서 체인점을 확대하였기에 관리가 제대로 진행되지 못하였으며 결국 2012년에 다른 사람에게 임대하고 한국으로 기술과 경영을 배우러 가게 된다.

> 내가 목격한 거는 2011년도에 다방문화가 핸즈커피가 나오면서 커피문화로 바뀌더란 말임다. 그때부터 나는 주스를 하면서 커피 쪽으로 넘어가야 되겠다 이런 생각을 1년 전부터 하면서 와이프와 같이 한국에 가서 나는 커피, 경영, 마케팅을 하고 커피는 빵과 배합이다 해서 아내는 제빵을 배우자 해서 1년 동안 가가지고 강남에서 돈을 내면서 배웠단 말임다. 그때 당시 돈 6,000만 들어 갔습다. 그래 가서 배우니까 프랜차이즈가 머이고 경영이 머이고 하는 게 눈에 들어오더란 말임다. 내가 전에 했던 것과 비교해보니 이래서 안 됐구나, 이래서 안 됐구나, 다 눈에 들어오더란 말임다(이상군).

그다음으로, 여러 개 회사를 소유하고 있는 규모가 큰 사업체를 운영하고 있는 경우, 회사 경영방식은 전문성이 매우 강하다. 현재 11개 회사를 경영하고 있는 연훈이 씨는 미국에서 경영학 분야를 전공했으며, 2015년 미국 ○○윤활유회사와 전략적인 동반자 관계를 확립함으로써 자동차 오일 가게를 개업했는데, 자신의 독특한 경영철학을 바탕으로 앞으로 연변에서 30개, 길림성에서 300개, 전 동북3성에서 1,000개를 꾸리는 것을 목표로 하고 있다. 그에게 있어 자동차 오일 가게의 운영시스템은 하나의 계통(구체적인 것은 여기서 언급하지 않기로 함)이고 프로그램이다. 그가 구상하고 실천에 옮기고 있는 이 계통은 대단히 체계적이고 인간적이고 동태적인 것이다.

요컨대, 귀환이주자들의 경영모식은 주로 한국, 미국 등 선진 국가에서 습득한 것이며 각 항업마다 시대와 지역에 맞는 경영모식을 채택함으로써 창업의 성공을 모색하고 있다. 하지만 선진적이고 새로운 경영모식이라 하더라도 연변지역의 지역적 특징에 걸맞지 않으면 역효과를 냄으로써 실패를 보는 사례들도 있다.

3) 기술습득

연변지역 귀환이주자들은 창업하기 이전 한국 혹은 기타 국가에 거주하고 있는 가족, 친구, 지인 등과의 초국적 네트워크를 활용하여 기술을 배운 뒤 창업을 시작하는 경우가 많으며, 운영과정에서도 자신의 초국적 네트워크를 통해 필요한 기술을 습득한다. 피자 가게를 운영하는 김지은 부부는 피자 가게를 오픈하기 전에 미스터 피자에 가서 기술을 배워오게 된다. 미스터 피자에서 배울 수 있게 된 것은 한국에 있을 때, 그 가게의 책임자와 친분이 있었기 때문이다. 그리고 가게를 오픈한 뒤에도 식당에 메뉴가 많아야 장사가 잘된다는 연변의 특성을 파악하고 또 한국에 가서 치킨소스를 만드는 기술을 배워온다. 그뿐만 아니라, 미스터 피자에 있는 책임자와 위챗으로 정기적으로 교류하면서 새 메뉴가 출시될 때마다 필요에 따라 또 한국에 입국하여 새로운 메뉴 기술을 습득한다.

이와 같이 귀환 창업자들의 초국적 이동이 빈번하고 필요에 따라 직접 한국으로 입국하여 기술을 배워올 수 있는 것은 제한적이던 한국의 출입국 정책, 재외동포 정책이 출입국 대상을 무연고 동포로 확장함에 따라 이동이 편리했기 때문에 가능한 것이다. 귀환이주자들의 창업 및 운영에 한국의 정책적 환경이 중요한 역할을 했다고 볼 수 있다.

또한 여러 국가, 지역, 도시로 확산된 가족, 친지 등 가족 중심의 초국적 네트워크, 한국인, 중국인 등 지인과 쌓아온 인맥관계는 귀환이주자들의 창업과 운영과정에 필요한 기술을 습득함에 있어 중요한 역할을 담당한다.

3. 창업, 운영과정에서의 어려움 및 해결방식

1) 행정수속의 번잡함 및 행정인원의 비우호적 태도

귀환이주자들이 창업을 시작할 때 일반적인 창업과 마찬가지로 일련의 행정 절차를 거쳐야 한다. 예를 들면, 영업장소를 선택한 다음 임대등기 합동서, 신분증을 가지고 공상국에 가서 영업 등록을 한 뒤, 영업 허가서를 발급받아야 하여 영업 허가서를 받은 후에는 조직기구인증을 받고, 지역세무와 국가세무등기를 해야 하며 사회보험에 가입하는 등 일련의 행정수속을 밟아야 한다.

외국이나 타향에서 금방 돌아온 조선족들은 창업을 함에 있어 행정수속의 번잡함에 어려움을 겪는 경우가 많다. 오랫동안 타지 생활에 자신을 적응시키다가 고향에 돌아온 조선족들은 이주하기 이전에는 고향의 문화, 규범 속에서 아무런 불평이 없이 살아갔음에도 불구하고 귀환한 뒤, 고향의 생활 문화와 절주와 풍토를 단번에 받아들이기 힘들어하는 경우가 많다. 그것은 서로 다른 문화 간의 충돌이라 할 수 있으며, 서로 다른 사회 문화적 공간에서 살아왔던 조선족들의 가치관 변화의 표현이라 할 수 있다.

구체적으로, 귀환 조선족들은 유관 부서를 방문하며 창업에 필요한 수속을 할 때, 행정인원들의 거칠고 비우호적인 태도를 받아들이기 힘들어한다. 워낙 수속이 간소화되지 못하고 번잡한데다가 수속을 접수하는 창의 행정인원들이 규정에 따라 유관 자료를 요구하기만 하고 어떤 문제가 있는지에 대해서는 자세히 설명해주면서 우호적으로 문제를 해결해주고자 하는 자세가 아닌 데 대해 귀환 조선족들은 울분을 토한다. 특히 한국 생활 경험이 있는 조선족들은 한국에서의 행정서비스체계, 행정인원들의 상냥한 태도와 비교하면서 창업 시 연변지역 행정체계와의 상호작용 속에서 어려움을 겪는다.

이처럼 행정수속이 번잡하고 행정 요구에 따라 수속을 진행하는 과정에서 조선족들은 자신들이 행정수속을 진행할 때 이러한 어려움을 겪는 이유는 장기간 연변지역을 떠나 생활하다 보니 연변에서의 인맥이 끊기고 정부 혹은 사업단위에 아는 사람이 없기 때문이라고 생각한다. 이러한 인식 위에 그들은 동원할 수 있는 인맥을 모두 동원하여 행정기관에 친분이 있는 사람을 소개 받은 뒤, 수속을 손쉽게 끝내는 등의 해결방식을 취한다. 이러한 현상은 현재까지 연길 등 3급 도시에서의 행정체계가 규범화되지 못하고 순리로운 행정절차의 진행을 위해서는 여전히 인맥이 중요하다는 것을 말한다.

이러한 사회적 현실 속에서 기존의 인맥이 끊기고 새로운 사회적 네트워크를 구축해야 하는 귀환 조선족들은 다양한 인맥의 부족으로 인해, 창업 및 운영 과정에서 어려움을 겪고 있다. 따라서 그들은 연변지역에서의 정착을 위해서는 사회 여러 분야의 사람들과 친분을 쌓고 인맥을 늘려가는 것이 고객확보, 지속적인 이윤창출을 위한 중요한 방법 중의 하나로 인식하게 된다.

2) 장기 노동력의 부족

현재 연변지역의 인구수는 총 2,101,387만 명이며 그중 조선족은 757,238명으로서 총 인구수의 36.03%를 차지한다(연변통계연감, 2018: 59). 조선족들은 한 가정에 한 명 혹은 두세 명꼴로 한국 혹은 기타 국가, 도시로 이주하여 그곳에 정착하여 살고 있다. 특히 2007 년 한국에서 무연고 동포를 정책대상의 범위에 포함시키면서 조선 족들의 출입국이 용이해졌으며 더욱 많은 조선족들이 한국으로 입 국하였다. 연변지역에서 취직이 어려운 조선족들은 큰 고려가 없이 돈벌이를 목적으로 한국을 선택했으며, 설사 연변에서 취직할 수 있 어도 더 많은 수입을 위해 한국으로 가는 경우가 많다.

이러한 현상은 연변지역에서의 장기 노동력의 감소를 초래하였다. 이는 또한 현재 귀환 창업자들이 운영과정에서 겪는 어려움의 하나 이다. 인력은 기업이든 회사든 자영업체든지를 막론하고 사업체를 유지하고 번영시키는 데 없어서는 안 되는 가장 중요한 요소이다. 아무리 기술이 새롭고 창의적이라 할지라도 만약 인력이 부족하다 면 그 사업체는 살아남을 수 없는 것이다.

조사에 의하면, 귀환 창업자들은 모두 운영과정에서 겪는 어려움 중에서 가장 큰 어려움이 바로 인력이 부족한 것이라 말한다. 현재 연변지역에서 조선족 홀서빙은 아예 초빙할 수가 없고 초빙했다고 해도 몇 달 정도 하다가 다른 곳으로 가야 된다는 등 이유로 그만두 는 폐단이 있다. 하기에 대부분 업체에서는 한족 인원을 채용하는데,

한족들도 얼마 일하지 않고 그만두는 경우, 그동안 영업하면서 영업과 음식에 관련된 기술 및 방법을 배워준 것이 헛되이 되고 새 인원을 받아들이면 또다시 배양해야 하는 상황이라서 인력 초빙 및 배양에 많은 정력과 시간을 소모해야 하는 상황이다. 이러한 현실 문제에 직면하여 조선족들은 될수록 한족 인원을 채용하되 가능한 한에서 채용인원에게 높은 보수를 준다거나 명절이나 특별한 일이 있을 때마다 보너스를 주는 등 방식으로 채용된 인력의 장기적인 노동을 기대한다.

3) 연변지역 문화와 업체의 기술 및 경영방식의 불일치

연변지역 귀환 창업자들은 대부분 자신만의 음식기술이거나 창업하고자 하는 분야의 기술과 지식을 일정하게 요해하거나 습득한 상황에서 창업을 시작하게 된다. 창업을 시작하고자 하지만 어떤 분야에 투자를 해야 할지 확신이 서지 않을 때에는 대개 음식업에 투자하는 경우가 많다. 왜냐하면, 음식업은 의류업처럼 투자자금이 깔리지 않고 즉시적으로 식자재를 음식으로 만들어 팔아야 하기에 자금유통이 원활하다. 또한 음식업은 다른 분야에 비해 특별한 기술을 필요로 하지 않으며, 음식만 맛이 있고 고객 내원만 잘 확보하면 유지될 수 있기 때문이다.

그러나 귀환하여 음식점을 꾸린 조선족 가운데는 실패한 조선족들도 상당 부분 존재한다. 그것은 그들이 비록 음식 기술과 경영방식은 새롭고 독특하나 연변지역의 상황을 잘 파악하지 못하고 지역특성에 맞게 즉시적으로 업체의 메뉴, 경영방식 등을 변화시키지 못했기 때문이다. 그 때문에 귀환하여 창업한 조선족들은 업체를 운영하고 지속시킴에 있어서 연변의 문화와 자신들의 기술, 경영모식을 접목시키는 데 어려움을 겪고 있다. 만약 양자를 잘 접목시킬 방법을 찾아내고 합리적으로 실천해나간다면 성공적으로 살아남을 가능성이 있으나, 비록 기술이 선진적이고 경영모식이 독특하다 하더라도 일단 연변지역 문화를 탈리한다면 모두 실패로 종말을 고하게 되는 것이다.

연변지역 음식문화 특성의 하나로 연변은 한국과 달리, 음식점을 경영할 경우 다양한 메뉴를 작성해야 한다. 즉 한국에서는 불고기집이라면 불고기만 맛있게 만들면 되지만 연변에서는 설사 불고기집이라 할지라도 다양한 한식, 중식 메뉴도 겸해서 해야 한다. 본 연구의 피면담자 중 불고기집을 경영하는 김일선은 개업 초기 한국의 모식대로 불고기 메뉴만 작성했으나, 손님들이 중식도 찾고 한식도 찾고 별의별 음식을 요구하는 상황에서 할 수 없이 여러 가지 메뉴를 추가하게 된다. 문제는 추가된 음식을 만들 요리사 한 명을 더 구함에 따라 인건비가 증가되고 이윤이 감소되며 따라서 업체의 지속적인 운영에도 영향을 미치게 된다는 것이다.

또한 음식을 만들 때에도 한국의 맛 그대로 만들면 연변지역의 주요한 고객을 이루는 조선족과 한족의 입맛에 잘 맞지 않다. 한국의 맛은 대체로 달고 담백하고 순하지만 연변지역 조선족 혹은 한족은 너무 단맛을 선호하지 않으며 강하고 향료가 섞인 맛을 선호한다. 현재 피자집을 운영하는 김지은 씨도 이와 같은 상황을 파악하고 현지인의 입맛에 맞게 즉시적으로 피자 맛을 변화시켰으며, 현재 온정적인 수입을 올리고 있다. 이러한 경우와 달리, 연변지역 주민들의 입맛을 고려하지 않은 채, 한국의 맛 자체를 그대로 유지할 경우 파산의 변두리에 이르게 되며, 연변지역 주민들의 음식문화 특성을 파악하지 못하고 고객확보에 어려움을 겪다가 결국 문을 닫고 마는 사례들도 허다하다. 연변대학 부근에 개업했던 한 커피숍은 개업해서 몇 개월 만에 문을 닫게 된다. 비록 부부간 둘이서 한국에서의 커피 만드는 기술을 전문적으로 배워온 뒤 자그마한 커피숍을 오픈했지만, 연변지역 주민들의 규모가 크고 호화로운 인테리어를 선호하는 상황을 파악하지 못한데다가, 연변대학 앞에 이미 크고 작은 커피숍이 허다하게 들어앉은 상황을 고려하지 않았기에, 작은 규모의 간단한 인테리어로 운영을 하다가 결국 실패하게 된다. 이는 또한 조선족들의 고추장 맛보기 등의 문화적 특성을 보여주는 사례라 할 수도 있다. 어떠한 가게든 오픈해서 1년 정도의 적응기는 겪기 마련이며, 기술, 경영방식이 뒷받침하는 상황에서 끈질긴 의지로 살아남을 방법을 지속적으로 모색한다면 많은 커피숍 가운데서도 살아남았을 가능성도 없지 않다.

> 그런데 한국에 꺼 그대로 가져와도 여기와 틀립데. 예하면 피자는 양념 맛이잼까. 그래서 한국의 양념을 그대로 가져다가 했는데, 여기 분들이 그 맛을 그다지 선호하지 않더란 말임다. 조선족들도 그렇다, 한족들도 그렇고. 특히 달달한 맛을 안 좋아합데. 달고 싱겁단 말임다. 한국에는 달고 맵고 이런 쪽으로 많이 하는데, 한족들은 짜고 이런 걸 좋아합데. 한국은 순하고 연하고 원 자체 자료를 많이 선호하는데, 여기는 강하고 마(麻)하고 그런 걸 좋아해서 처음에 그대로 가져왔다가 하마트면 망할 뻔했슴다(김지은).

요컨대, 귀환이주자들은 선진적인 기술을 습득하고 경영모식도 새로우나 연변지역 문화와 자신의 기술, 경영방식을 접목시키는 데 어려움을 겪게 된다. 만약 지역적 특성을 잘 파악하고 해결해나간다면 위기를 피면할 수 있으나, 그렇지 못한 경우 대개는 운영을 유지하지 못하고 문을 닫게 되는 경우가 많다.

제4장

'귀환'이주자의
경제활동 및 역할

1. '귀환'이주자의 초국적 네트워크 양상

한중 수교 이후 약 25년이라는 이동을 거쳐 조선족은 전통적인 지역적 집단으로부터 초국적 이동의 구성원으로 탈바꿈하였다. 그 과정에서 조선족들은 이동과정에서 개개인으로 분산된 것이 아니라, 혈연, 지연에 기초한 초국적 네트워크를 형성함으로써 그들의 초국적 생활세계에서 중요한 기능을 수행하고 있다(박광성, 2009). 박광성에 따르면, 조선족들의 초국적 네트워크는 "집거지-친목단체-사이트 결합형", "친목단체-사이트 결합형", "친목단체 중심형" 등 유형으로 나뉘며, 조선족은 여러 유형의 '파생적 공동체'를 만들어가면서 개인 단위가 아닌 집단 단위로 현지 사회에 접목하여 적응해가고 있으며, 현재의 조선족 공동체는 기존의 지역 공동체가 아닌 대도시에서의 '타운' 중심의 공동체로 변화되고 있다(박광성, 2009: 366-367).

그렇다면, 연변지역으로 귀환한 조선족들은 어떠한가. 고향으로 귀환했다고 해서 기존의 이주 국가 및 도시와 단절되어 살아가고 있는가, 아니면 자신이 이주했던 지역과 지속적인 연계를 맺고 있는가.

조사에 의하면, 현재 연변지역에서 창업한 귀환 조선족들은 연변지역으로 돌아왔음에도 불구하고 여전히 외국 혹은 기타 도시의 가

족, 친지, 친구들과 지속적인 연결을 가지면서 자신의 창업에 필요
한 자본을 축적 및 확대해가고 있다. 그리고 그들의 초국적 연결망
은 여전히 혈연, 지연을 기초로 한 연결망이라는 특징을 띠며, 초국
적 사회자본의 확립 및 지속이라는 특징도 보이고 있다. 앞서 언급
했던 김지은 부부는 한국에서 쌓아온 사회자본을 활용해 현재 가게
를 운영하고 있다. 또한 연훈이 씨도 현재 대학생들을 한국 대학의
골프전업에 유학을 보내는 중개인 사업을 하고 있는데, 그러한 사업
도 한국의 지인과 쌓아온 사회자본을 기반으로 진행하는 것이다.

2. '귀환'이주자 경제활동의 역할

1) 경제적 역할

연변지역의 노무송출로 인한 재정수입의 증가가 연변주 경제와
사회발전에 커다란 작용을 발휘하고 있을 뿐만 아니라, 귀환이주자
들의 경제활동 역시 연변지역의 경제, 사회, 문화에 커다란 영향을
끼치고 있다.

> 먼저, 귀환이주자들의 제3산업에 대한 투자는 제3산업의 쾌속적인
> 발전을 추동하고 있다. 연변주 통계연감의 수치에 의하면, 2014년
> 연변주 제3산업의 국민생산총액은 3,468,737위안에 도달했으며,
> 국민총생산액의 40.9%를 차지한다(연변통계연감, 2015). 연길시
> 상황을 놓고 볼 때, 1995년부터 제3산업은 벌써 제2산업을 초과
> 하여 비중이 가장 높은 산업으로 되었으며, 그 뒤 10여 년간 지속
> 적인 증장세를 보여 2005년에는 연변지역 국민경제에서 차지하는
> 비중이 가장 높아 56.5%를 차지하게 된다. 투자항목으로 볼 때,
> 제3산업 가운데서도 음식업이 가장 빨리 발전하여 2000년의 317

개로부터 2008년의 2,229개로 되어 7배로 증가되었다(관연강, 2012: 110-112).

그뿐만 아니라, 귀환 창업자들 중 많은 비중을 차지하는 사람들이 한국의 치킨, 불고기, 족발, 해물전골, 오삼불고기, 삼겹살 등 음식 기술을 배워 음식점을 개업하였는데, 이는 제3산업 가운데서도 음식업의 종류를 다양화시키는 데 중요한 역할을 하였다.

또한 한국에서 배워온 경영 마인드가 제3산업의 지속적인 발전을 확보하는 데 기여한다고 할 수 있다. 구체적으로 말하자면, 음식점을 꾸려서 실패로 끝나기까지 음식의 변함없는 맛, 새로운 경영모식 등이 큰 영향을 미친다. 연변지역의 많은 음식점들은 개업 초기에는 음식의 맛을 보장하고 각종 서비스를 제공함으로써 고객을 확보하는 데 주의를 돌리지만 돈을 벌고 일정한 시기가 지나면 음식의 맛이 변하고 고객도 점점 줄어들어 결국 문 닫고 마는 가게들이 많다. 그러나 귀환 창업자일 경우는 음식의 맛을 보장하는 데 가장 큰 심혈을 기울이며 설사 높은 이윤을 창출하는 가게라 할지라도 맛을 보장하고 고객들에게 신임을 주는 것을 성공의 가장 큰 요소로 생각하고 있다. 따라서 귀환이주자들이 습득해온 국경을 넘은 경영 마인드들이 제3산업의 발전을 질적으로 추동한다고 할 수 있다.

> 식당 마인드가 영향이 미친 같다. 여기 사람들처럼 장사가 잘되거나 이러면 벌써 질부터 틀려지잼다. 나두 요즘 가끔 가다가 주방 아이 들어가면 질이 틀릴 때 있단 말임다. 그램 내가 직접 다시 들어가서 맛을 조절하지(김길태).

그 외, 연훈이 씨의 경영철학은 시대를 앞장서 가는 것으로서, 그는 미국에서 습득한 경영모식으로 현재 11개 회사를 건립하여 원활하고 선진적인 운영시스템으로 자신의 사업을 확장해가고 있다. 그러한 국경을 넘은 경영철학, 경영모식 역시 연변주 제3산업의 지속적인 발전과 확장에 커다란 영향을 미친다고 할 수 있다.

> 거기서 공부할 때 우리 교수님이 이런 말을 한 적이 있어요. 세상의 모든 일들을 두 번 발생한다. 한 번 속에서 한 번은 현실 속에서. 나는 내 나가서 발견할 때 대단히 많은 사람들이 골속에서 성숙안 되는 거에요. 현실 속에서 더는 비전에 없는 것을 발견하게 될 것이다. 지금 봤을 때 거의 모든 사람들이 창업이거든요. 와서 항목을 찾아요. 어느 게 잘 되겠는가. 그럼 과연 사업가가 하는 일은 내일 발생할 일을 오늘에 하는 거지. 절대 잘되는 거 하는 것이 아니거든요. 그건 장사거든요……. 한 개 계획은 1, 2년 해서 나올 게 아니거든요……. 그럼 지금 이 가게를 꾸리기 전까지는 준비과정이잖아요. 그럼 현재까지 꾸린 회사는 내 어떤 하나의 목적을 위한 준비과정이거든요(연훈이).

다음으로, 정부의 재정수입을 증가하고 취업 압력을 감소시키는 데 일조하고 있다. 유관통계에 의하면, 1998년부터 2003년까지 해외 노무인원들이 노무수입은 1.1억 위안에 도달했으며 연변주에는 46명의 귀환 창업자들이 창업함으로써 연 수입을 1,000만 위안으로 끌어올리고 있다(길림일보, 2004.11.12일 자). 그뿐만 아니라, 귀환이주자들의 창업으로 인한 제3산업의 발전은 연변주의 잉여 노동력의 취업을 해결하는 데 큰 역할을 하였다. <표 13>은 1992년부터 2014년까지 경제유형에 따른 연변주 취직인원을 통계한 것이다. <표 13>에서 보면, 1992년부터 국유기업이나 집체기업 등 제1산업이나 제2산업에 취직한 인원은 부단히 감소세를 보여왔으나, 2014년 향진자영업자와 향진사영기업에 취직한 노동력은 각기 303,336명, 185,464명으로서,

2000년도의 78,914명, 31,854명에 비해, 3.8배, 5.8배로 증가되었다. 이는 노무송출로 인한 자본의 증가로 제3산업에 투자한 귀환한 이주자들이 증가되었으며, 따라서 그러한 제3산업에 취직한 인수가 증가되었음을 말한다.

〈표 13〉 연변조선족자치주 경제유형에 따른 취직인원 통계표(1992~2014)

연도	취직인원							
	취직인원 총수				향진 자영업자	향진사영 기업노동자	농촌취직 인원	기타취직 인원
		국유기업	집체기업	기타				
1992	1132835	636780	463818	169401	3561	47312	5032	442126	1585
1993	1141613	634696	471949	151523	11224	55556	8014	431818	11529
1994	1147074	616680	460421	137802	18457	85365	13469	428824	2736
1995	1128541	605922	453538	123946	28438	93732	13852	411520	3515
1996	1119466	596494	450282	110698	35514	101789	18238	399668	3277
1997	1098472	575233	440264	99998	34971	105665	20690	391242	5642
1998	915820	408157	321975	47579	38603	102163	25930	371901	7669
1999	885645	370863	277184	40027	53652	83820	27634	397232	6096
2000	854385	347485	257080	33918	56487	78914	31854	390091	6041
2001	824840	321683	235314	30206	56163	76275	36325	384629	5928
2002	820248	303508	213986	23868	65654	83713	36904	388390	7733
2003	818214	285884	200350	19977	65557	94110	36509	393750	7961
2004	842299	280433	195887	18462	66084	95783	49074	409096	7913
2005	828410	254972	175674	12449	66849	104278	48175	415366	5619
2006	835782	250325	168850	10453	71022	109533	63315	404831	7778
2007	862951	240156	161197	8892	70067	145755	66634	401958	8448
2008	910949	231224	156448	6857	67919	177605	89738	403713	8669
2009	939197	229353	157072	6120	66161	179874	109436	411610	8924
2010	947441	230686	158915	5905	65866	180294	104422	419696	12343
2011	1034491	237941	155400	7177	75364	229210	134833	414355	18152
2012	1047920	243136	155361	7922	79853	233294	143184	405310	22996
2013	1084625	243721	145616	5082	93023	276601	146927	390740	26636
2014	1147463	237744	136732	4832	96180	303336	185464	393042	27877

2) 문화적 역할

2010년 도문시 백룡촌에는 '조선족 백년부락'이 건설되었다. 이 백년부락은 모두 13개의 건물로 구성되었고, 그중 133년 전에 건축한 조선족 전통가옥이 있으며 백년부락에는 조선족들이 살았던 가옥들을 재건했을 뿐만 아니라, 가마, 식기 등 고물들도 보존했으며 전시관 벽에는 22미터의 길이, 1.7미터의 너비에 백룡촌의 기원, 혼례, 환갑, 항일투쟁, 항미원조 등 백룡촌의 역사적 사실들을 그림으로 보여줬다. 특히 전시관에 배열된 일제 시기 조선으로부터 청해온 조선인 교사의 사진, 교복 등 140여 장의 사진들은 당시의 역사를 현실적으로 재현하는 데 중요한 자료를 제공해주었다.

현재 중국 정부의 각별한 중시를 받고 있는 이 '조선족 백년부락'은 바로 2005년 한국에서 돌아온 김학수(64) 씨가 10년 동안 한국에서 벌어온 돈 200만 위안을 투자하여 재건한 것이다. 2010년에 대외로 개방한 이래, 국가 건설부 간부들이 참관했으며, '역사문화촌'으로 명명되어 2013년 100만 위안의 인민폐를 지원받았으며 2014년부터 매년 80만 위안씩 지원받기로 결정되었다.

이러한 '역사문화촌'의 재건 이후 많은 국내외의 관광객들을 불러들였으며, 1년에 일인당 20위안인 입장권으로부터 수입을 150만 위안 정도 올릴 것으로 예정되고 있다. 그뿐만 아니라, '백년부락'을 둘러싸고 씨름, 그네, 널뛰기, 혼례, 환갑, 부채춤, 장구춤, 농악무 등 각종 전통 민족문화를 연출함에 따라, 그리고 또 단기 여행객이 증가함에 따라 도문시 시민들의 취업도 해결해주고 있다. 따라서 이와 같은 문화산업은 제1, 제2 산업 특히 농업을 위주로 하던 산업구조를 변화시키는 데 큰 역할을 담당한다.

중요한 것은, '백년부락'은 현재 문화적으로 민족문화를 보급, 전파, 계승하며, 민족의 역사를 살리고 재현함에 있어 중요한 기능을 담당한다고 할 수 있다. 먼저, '백년부락'은 현재 연변지역 학생들의 중요한 문화탐방지로 되었는데, 학생들에게 민족의식, 전통문화, 민족역사를 전수, 전파함에 있어서 중요한 문화적 매개자의 기능을 수행한다. 다음으로, 전형적인 전통문화 기지로서 대내외 여행객들에게 조선족 민족 집단의 역사, 문화, 전통을 전파하는 데 문화적 역할을 담당한다. 그다음으로, 조선족 인구 이동의 심화로 인해 마을의 해체가 지속되고 있는 현재, 마을의 문화적·역사적 자원을 동원하여 마을 공동체를 건설함에 있어 중요한 모범적 역할을 한다.

제5장

결론

1. 요약과 정리

　연변지역 귀환 창업자들의 창업은 제3산업에 집중되어 있고 투자 규모가 상대적으로 작다. 그것은 그들의 투자자금이 투자의 수요를 충족시키지 못하고 자금조달이 원활하지 못하기 때문이다. 비록 국외에서 돈을 벌고 있는 가족, 친지 등 초국적 연결망을 이용하여 자금을 조달한다고 하지만 그 경로가 매우 제한적이다. 그리고 정부의 창업우대정책, 예를 들면 소액담보대출 정책은 그 액수가 10만밖에 안 될 뿐만 아니라 창업을 시작한 3개월 이후에 신청할 수 있는 것이어서 투자자들의 자금상의 어려움을 해결하는 데 그다지 효과적이지 못하다.

　또한 시장의 작동논리를 파악하고 새로운 경영모식을 흡수하며 연변의 지역 형세에 맞추어 경영 위기를 즉시적으로 해결해나가는 등 면에서 창업자들의 종합적인 소질이 비교적 낮다. 그것은 시장 동태를 파악하는 안목과 국외에서 배워온 선진기술을 연변지역의 특징 및 문화적 속성과 접목시켜 변형시키는 경험, 직관력 등이 여전히 부족하고 또 어려움 속에서 사업을 지속적으로 끈질기게 견지해나가면서 어려움을 타개하는 끈질긴 정신이 부족한 민족적 특징과도 연관이 있다.

이와 같은 연변지역 귀환이주자들의 경제활동의 한계에 주목하면서 앞으로의 귀환 창업은 우선 먼저 국가정책, 연변지역 경제사회발전 시장경제의 수요를 잘 파악하고 연변지역 특성에 맞는 항목을 잘 선택하여 이미 배워온 기술과 경영방식을 지역의 특성에 맞게 영활하게 운용하는 것이 바람직하다고 본다. 또한 장기간 고향을 떠남으로 인해 단절된 사회적 연결망을 건립, 확대, 유지함으로써 정보량을 확보하고 따라서 물적·인적 사회자본 등 각종 자본을 활용하여 시대적 특징에 맞는 업체로 부단히 업그레이드시키는 것이 중요하다고 본다.

본 연구를 통해 연변지역 귀환이주자에 대한 창업정책에 대해서는 다음과 같이 제언해볼 수 있을 것이다. 먼저, 정부는 투자자금이 많은 항목, 큰 사업에만 중시를 돌릴 것이 아니라, 영세자영업자들의 창업 상황을 잘 파악하여 그들의 실정에 맞게 정책을 제정하는 것이 중요하다. 현재 정부의 편향적인 정책은 영세자영업자들의 창업이 실패로 끝나는 폐단을 완화시키고 성공으로 이끄는 데 큰 역할을 담당하지 못했을 뿐만 아니라, 정책 제정 또한 실제 창업자들의 고충을 헤아려 제정한 것이 아니기에 정책 효용성이 떨어진다. 예를 들면, 소액담보대출은 창업 초기 자금이 부족한 상황에 맞춰 제정한 것이 아니라서 실제 정책적 혜택을 본 창업자는 극소수이다.

다음으로, 정부 차원에서 창업자들에게 경제적 안목, 경영지식, 경영철학 등을 배워주는 전문 기구를 설치하여 그들로 하여금 절주가 빠른 시장 형세에 직면하여 어떻게 다양한 방법으로 위기를 모면하고 성공으로 나아갈 것인가 하는 것을 잘 터득할 수 있도록 하는 것이 중요하다.

그다음으로, 장기적 인력의 부족을 해결하는 방법을 모색할 필요가 있다. 현재 귀환 창업자들이 운영을 지속함에 있어 가장 어려움을 겪는 부분이 바로 장기적 인력의 부족이다. 그렇기 때문에 정부에서는 현재 연변지역에서 취직하고자 하는 노동력을 대상으로 우대정책이나 경제적 기회, 사회적 보장 등 정책을 제정하여 일정한 혜택을 제공하는 방법으로 노동력을 유치하는 것이 바람직하다고 본다.

마지막으로, 정부 차원에서 귀환이주자를 중심으로 하는 단체를 결성하여 그들의 상황에 대해 세밀하게 조사하고 파악하여 개개인들의 상황에 맞게 창업지도를 해주는 자문 집단을 결성하는 것이 필요하다고 본다.

2. 한계와 과제

본 연구에서는 현지조사를 통해 귀환을 추동하는 경제, 정치 등 거시적 구조하에서의 개별적인 행위 주체들의 귀환의 선택 과정에 대해 고찰했으며, 창업, 운영과정에서 그들이 직면한 어려움 및 해결방식에 대해 미시적으로 파악했다. 나아가 초국가주의 관점에서 귀환이주자들의 경제활동 과정에서의 초국적 네트워크 양상을 고찰하였고, 초국적 네트워크의 구축 등을 통해 이동한 기술, 기업문화, 이념 등이 연변지역에서 담당하는 역할에 대해 살펴보았다. 그런 점에서 본 연구는 기존 연구에 부분적으로 의존하면서도 현재 이주연구에서의 중요한 시각-초국가주의 관점하에서 조선족 귀환이주자들의 초국적 네트워크에 연구의 초점과 주제를 진전시켰다는 점에서 연구의 의의가 있다.

하지만 본 연구의 연구기간이 짧고 연구대상의 범위가 넓은 등 원인으로 말미암아 귀환이주자들의 초국적 네트워크의 양상을 성별, 연령별, 계층별, 학력별로 고찰함으로써 조선족 귀환이주자들의 초국적 네트워크의 특징을 도출해내는 등 학술적 논의의 단계까지 이르지 못했다. 귀환이주자에 대한 연구는 향후 초국적 네트워크의 특성, 사회자본의 구축, 사회적응 등 주제를 둘러싸고 논의가 더욱 활발히 진행되어야 할 것이다. 이 부분에 대한 연구는 연구자의 지속적인 연구를 통해 더욱 심화시키고자 한다.

참고문헌

1. 한국문헌

강수돌, 2002, 「한국의 이주노동자-이웃인가, 이방인인가」, 『민족발전연구』 7, pp. 93~109.

강재식, 2000, 「중국 조선족 사회의 변화와 민족정체성에 관한 연구」, 『경희대아태연구』 7, 경희대학교아태지역연구원, pp. 192~212.

강진웅, 2012, 「디아스포라와 현대 연변조선족의 상상된 공동체」, 『한국사회학』 46(4), 한국사회학회, pp. 96~136.

고민경, 2009, 「초국가적 장소의 형성」, 『한국지역지리학회 학술대회』, 한국지역지리학회, pp. 91~93.

고스기 야스시 외 엮음(황영식 역), 2007, 『정체성: 해체와 재구성』, 파주: 한울.

구지영, 2006, 「중국 칭다오시 한인사회의 서비스 자영업층의 형성: 칭도오시 시남구 H화원의 사례를 중심으로」, 『日·韓차세대학술회정체성: 해체와 재구성FORUM 제3회 국제학술대회 발표문』.

구지영, 2011, 「이동하는 사람들과 국가의 길항관계: 중국 조선족과 국적에 관한 고찰」, 『동북아문화연구』 27, 동북아시아문화학회, pp. 15~39.

국가보훈처, 1996, 『해외의 한국독립운동사료』 XVI, 일본 편 4, pp. 41~44.

국성하, 1996, 「중국 조선족의 한국문화적응에 관한 연구」, 연세대학교 교육학과 석사학위논문.

권태환, 2005, 『중국 조선족 사회의 변화: 1990년대를 중심으로』, 서울대학교출판부.

권향숙, 2007, 「조선족의 이동과 정체화: 한·중·일 조선족의 정체성에 관한 고찰」, 『중국 조선족 인구문제와 그 대책』(김병호·류춘옥 편), 민족출판사, pp. 44~58.

김강일, 2001, 「한민족공동체 형성을 위한 중국조선족의 역할」, 『지방행정연구』 15(1), pp. 1~29.

김경일 외, 2004, 『동아시아의 민족이산과 도시: 20세기 전반 만주의 조선인』, 역사비평사.

김도형 외, 2009, 『식민지시기 재만 조선인의 삶과 기억』, 도서출판 선인.

김명희, 2003, 「한국 내 조선족 정체성과 한국관」, 『계간 사상』 15(3), pp. 183~201.

김명희, 2003, 「1990년대 이후 국민국가 독일의 재러 독일계 동포 이주자에 대한 정책고찰: 한국 내 조선족 이주자에 대한 새로운 이론적 정책적 접근의 모색을 위하여」, 『재외한인연구』 14, 재외한인학회, pp. 111~132.

김용범, 1992, 「중국 내 조선족의 국적과 이중정체성」, 『북한』 250, 북한연구소, pp. 168~173.

김원, 2005, 「한국 사회 이주노동을 둘러싼 담론 분석」, 『정신문화연구』 28(2), 한국정신문화연구원, pp. 295~322.

김진균・조희연, 1995, 「분단과 사회상황의 상관성에 대하여」, 『분단시대와 한국사회』, 까치.

김춘선, 1998, 「'북간도'지역의 한인사회의 형성연구」, 건국대학교 국사학과 박사학위논문.

김태국, 1998, 「중국 조선족 역사의 上限線 문제」, 『전주사학』 6, 전주대학교 역사문화연구소, pp. 193~203.

김해란, 2009, 「중국과 한국의 조선족정책이 조선족정체성에 미친 영향」, 전남대학교 세계한민족네트워크협동과정 석사학위논문.

김현미, 2008, 「중국 조선족의 영국 이주 경험: 한인 타운 거주자의 사례를 중심으로」, 『한국문화인류학』 41(2), 한국문화인류학회, pp. 39~77.

김현미, 2009, 「방문취업 재중 동포의 일 경험과 생활세계」, 『韓國文化人類學』 32(2), 한국문화인류학회, pp. 35~75.

김현선, 2010, 「한국 체류 조선족의 밀집거주 지역과 정주의식: 서울시 구로・영등포구를 중심으로」, 『사회와 역사』 87, pp. 231~261.

김현선, 2011, 「귀화 조선족의 정체성과 국적의 탈신성화」, 『이주민의 에스티시티와 거주지역분석』, 이담북스.

김혜진, 1989, 「韓國社會의 反共이데올로기에 관한 硏究: 1961~1979의 對北韓認識을 중심으로」, 숙명여자대학교 정치외교학과 정치학 석사학위논문.

김혜진, 1990, 「한국사회 반공이데올로기에 관한 연구: 1961~79년의 대북한 인식을 중심으로」, 『중국연구』, 건국대학교 중국문제연구소, pp. 177~223.

김화선, 2012, 「조선족 농민의 비농화와 국제이주: 연길시 M마을을 중심으로」, 『중앙사론』 36, 한국중앙사학회, pp. 149~186.

노고운, 2001, 「기대와 현실 사이에서: 한국 내 조선족 노동자의 삶과 적응전략」, 서울대학교 인류학과 석사학위논문.

吉原直樹(이상봉・신나경 역), 2010, 『모빌리티와 장소: 글로벌화와 도시공간 의 전환』, 심산.

라셀 살라자르 파레냐스(문현아 역), 2009, 『세계화의 하인들』, 여이연.

리예화, 2008, 「조선족 유동인구의 귀향 '잔치': 연변 음식문화의 생산과 소 비에 관한 연구」, 서울대학교 인류학과 석사학위논문.

림금숙, 1994, 「중국의 시장경제 체제의 도입과 여성취업」, 『女性問題研究』 제 22집, 대구효성가톨릭대학교 사회과학연구소, pp. 139~151.

문형진, 2008, 「한국 내 조선족 노동자들의 갈등사례에 관한 연구」, 『국제지 역연구』 제12집 제1호, 한국외국어대학교 외국학종합연구센터, pp. 131~155.

박경태, 2005, 「이주노동자를 보는 시각과 이주노동자 운동의 성격」, 『경제와 사회』 67, 한국산업사회학회, pp. 88~112.

박경화・박금해, 2015, 「민족과 국민 사이: 조선족의 초국가적 이동과 민족 정체성의 갈등」, 『한국학연구』 39, 인하대학교 한국학연구소, pp. 449~482.

박경환, 2007, 「초국가주의 뿌리내리기: 초국가주의 논의의 세 가지 위험」, 『한국도시지리학회지』 10(1), 한국도시지리학회, pp. 77~88.

박광성, 2006, 「세계화시대 중국조선족의 노동력이동과 사회변화」, 서울대학 교 사회학과 박사학위논문.

박광성, 2010, 「초국적인 인구이동과 중국 조선족의 글로벌네트워크」, 『재외 한인연구』 21, pp. 357~374.

박규찬, 1991, 『중국 조선족 교육사』, 동북조선민족교육출판사.

박금해, 1993, 「中國史敎科書에 나타난 韓國史敍述」, 『역사교육』 54, pp. 167~171.

박금해, 2009, 「20세기 초 間島 朝鮮人 民族敎育운동의 전개와 중국의 對朝鮮人 교육정책」, 『한국 근현대사 연구』 48, 한국근현대사학회, pp. 79~ 114.

박금해, 2010, 「1900년대 초~1920년대 日帝의 在滿朝鮮人교육정책 연구」, 『 史學研究』 99, 한국사학회, pp. 223~260.

박노자, 2001, 『당신들의 대한민국』, 한겨레신문사.

박명규, 2005, 「북경의 조선족」, 『중국조선족 사회의 변화: 1990년대를 중심 으로』(권태환・박광성 편), 서울대학교출판부.

박세훈・이영아, 2010, 「조선족의 공간집적과 지역정체성의 정치: 구로구 가 리봉동 사례연구」, 『다문화사회연구』 3(2), 숙명여자대학교 다문화통합연구소, pp. 71~101.

박아청, 1993, 『아이덴티티의 세계』, 서울: 교육과학사.

박우, 2009, 「재한 중국 유학생의 이주현황과 특성에 관한 연구: 한족, 조선족 유학생 비교를 중심으로」, 『재외한인연구』 19, 재외한인학회, pp. 155~181.

박우, 2011, 「한국 체류 조선족 '단체'의 변화와 인정투쟁에 관한 연구」, 『경제와 사회』 91, pp. 241~268.

박우, 2011, 「한국의 "재한조선족" 연구 현황」, 『재외한인연구』 25, 재외한인학회, pp. 207~228.

박정군 외, 2011, 「중국 조선족 정체성의 결정요인: 사회인구학적 특성을 중심으로」, 『동북아연구』 26(1), 조선대학교 동북아연구소, pp. 149~174.

박정군, 2011, 「중국조선족 정체성이 한국과 중국에 대한 태도에 미치는 영향」, 경희대학교 사회학과 박사학위논문.

박창욱, 1991, 「조선족의 중국 이주사 연구」, 『역사문제연구소』 17, 역사문제연구소, pp. 179~197.

방동광, 2011, 「한국 언론의 '조선족'담론 변화와 정체성의 정치학」, 충남대학교 대학원 언론정보학과 석사학위논문.

방미화, 2013, 「재한 조선족의 실천전략별 귀속의식과 정체성」, 『사회와 역사』 98, 한국사회사학회, pp. 227~257.

방미화, 2013, 『이동과 정착의 경계에서: 재한 조선족의 실천전략과 정체성』, 이담북스.

배규식 외, 2013, 『중국 조선족 청년의 이주와 노동시장진출연구』, 한국노동연구원.

변혜정, 2007, 「조선족 여성의 몸일 경험과 여성성의 변화가능성」, 『여성학논집』 24(1), 이화여자대학교 한국여성연구원, pp. 111~150.

서호철, 2008, 「국민/민족 상상과 시민권의 차질, 차질로서의 자기정체성」, 『韓國文化』 41, 서울대학교 규장각 한국학연구원, pp. 85~112.

설동훈, 1997, 「외국인노동자와 한국사회의 상호작용」, 『노동연구』 13, 고려대학교 노동문제연구소, pp. 131~158.

설동훈, 2000, 『노동력의 국제이동』, 서울대학교출판부.

설동훈, 2002, 「외국인 노동자, 현대판 노예인가 외국인 용병인가」, 『당대비평』 18, 생각의 나무, pp. 53~68.

설동훈, 2003, 「한국의 외국인 노동운동, 1993~2003: 이주노동자의 저항의

기록」,『진보평론』17, pp. 246~269.

성유보, 1994,「분단, 사회, 인간: 제3세계적 입장에서 분단의식을 극복해 보려는 한 시도」,『실천문학』5, 실천문학사, pp. 146~182.

손은록, 2004,「국제결혼 가정의 부부갈등요인과 갈등대처방안에 관한 연구: 한국인과 결혼한 중국조선족 여성을 중심으로」, 강남대학교 사회복지전문대학원 사회복지학과 석사학위논문.

신의기, 1998,『재중동포에 대한 범죄와 대책』, 한국형사정책연구원.

악셀 호네트(문성훈・이현재 역), 2011,『인정투쟁』, 사월의책.

안명철, 2011,『이주・이민과 만주지역사회의 형성』, 한국학중앙연구원 사회학과 박사학위논문.

안병삼, 2009,「초국가적 이동현상에 따른 중국 조선족의 가족해체 연구」,『한국동북아논총』52, 한국동북아학회, pp. 153~177.

안재섭, 1995,「九老工團의 産業構造와 工團周邊地域의 人口 및 住宅 變化에 關한 硏究」, 서울대학교 지리학과 석사학위논문.

앤더슨 저(최석영 역), 1995,『민족의식의 역사인류학』, 서울: 서경문화사.

에드워드 렐프(김덕현 외 역), 2005,『장소와 장소상실』, 논형.

연변통계국, 2018,『연변통계연감』, 중국국제도서출판사.

염인호, 2008,「중국 연변 조선족의 민족정체성에 대한 일고찰(1945, 8~1950, 말)」,『한국사연구』140, 한국사연구회, pp. 125~151.

예동근, 2009,「공생을 만드는 주체로서의 조선족-'제3의 정체성'형성에 대한 논의: 재한 조선족의 현실과 전망」,『재외한인연구』19, 재외한인학회, pp. 127~154.

예동근, 2009,「글로벌시대 중국의 체제 전환 과정하의 종족 공동체의 형성: 북경 왕징(望京) 코리아타운을 중심으로」, 고려대학교 사회학과 박사학위논문.

예동근, 2011,「조선족 3세들의 서울 이야기」, 백산서당.

오상순, 2000,「개혁개방과 중국조선족 여성들의 의식변화」,『민족과 문화』9, pp. 81~117.

우국희 외, 2010,「중고령 이주노동자들의 특성 및 죽음불안: 중국국적 동포를 중심으로」,『노인복지연구』50, 한국노인복지학회, pp. 95~122.

유명기, 2002,「민족과 국민 사이에서: 한국 체류 조선족들의 정체성 인식에 관하여」,『韓國文化人類學』35(1), 한국문화인류학회, pp. 73~100.

유명기, 2002,「외국인 노동자, 아직 미완성인 우리의 미래」,『당대비평』제18권, 생각의 나무, pp. 12~35.

윤영도, 2011, 「조선족 초국적 역/이주와 포스트국민국가적 규제 국가장치에 관한 연구」, 『中語中文學』 50, 한국중어중문학회, pp. 185~216.

윤인진, 2004, 『코리안 디아스포라: 재외한인의 이주, 적응, 정체성』, 고려대학교출판부.

윤휘탁, 2005, 「변방 공간 속에서의 삶과 역사: 침략과 저항(抵抗)의 사이에서: 일·중 갈등의 틈바귀에 낀 재만조선인(在滿朝鮮人)」, 『한국사학보』 19, pp. 299~326.

이광규, 2002, 『격동기의 중국 조선족』, 서울: 백산서당.

이동진, 2008, 「조선족의 자영업 활동: 심양시의 두 조선족 집거지경제를 사례로」, 『한국지역지리학회지』 14(5), 한국지역지리학회, pp. 507~520.

이명민 외, 2012, 「중국 조선족의 트랜스이주와 로컬리티의 변화 연구: 서울 자양동 중국음식문화거리를 사례로」, 『Journal of the Korean Urban Geographical Society』 15(2), 한국도시지리학회지, pp. 103~116.

이미애, 2008, 「가리봉동 중국거리에서의 조선족 여성의 위치성에 대한 문화·지리학적 연구」, 중앙대학교 문화연구학과 석사학위논문.

이민주, 2007, 「재중동포의 상업활동과 정체성 형성: 가리봉동 현장연구를 중심으로」, 연세대학교 문화학협동과정 문화학 석사학위논문.

이배용 외, 1994, 「재중국 조선족의 한국사 인식과 한국관 조사연구」, 『梨大史苑』 27, 이화여자대학교 사학회, pp. 5~53.

이용일, 2009, 「"트랜스내셔널 전환"과 새로운 역사적 이민연구」, 『西洋史論』 103, pp. 315~342.

이정문, 1985, 「20세기 초 조선족의 사립학교 교육」, 『조선족백년사화』 1(현용순 외), 요녕인민출판사.

이정은, 2012, 「'다문화'와 '동포' 사이의 성원권: 재한조선족사회의 지위분화와 한국인식」, 『한국사회학회 사회학대회 논문집』, 한국사회학회, pp. 175~190.

이종구·임선일, 2011, 「재한 중국동포의 에스니시티 변용」, 『이주민의 에스니시티와 거주지역분석』, 이담북스, pp. 38~80.

이종구·임선일, 2011, 「재중동포의 국내 정착과 취업네트워크」, 『산업노동연구』 17(2), pp. 309~330.

이주영, 2005, 「한국 내 조선족 여성이주자의 가사노동 경험」, 『한국사회학회 사회학대회 논문집』, pp. 33~38.

이주희, 2012, 「중국 조선족의 한국 이주 경험과 정체성 전략: 공장 노동자와 국적회복자를 중심으로」, 한양대학교 문화인류학과 석사학위논문.

이주희, 2014, 「조선족의 한국 이주 경험과 정체성 전략: 시화공단 S공장 노동자의 일터를 중심으로」, 『도시인문학연구』 6(1), 서울시립대학교 도시인문학연구소.

이진영, 2002, 「조선인에서 조선족으로: 중국 공산당의 연변지역 장악과 정체성 변화(1945~1949)」, 『중소연구』 26(3), 한양대학교 아태지역연구센터, pp. 89~116.

이진영, 2003, 「한국 내 조선족 여성노동자에 관한 질적 연구: 생활사재구성 방법론을 중심으로」, 인하대학교 정치외교학과 정치학 석사학위논문.

이진영, 2012, 「글로벌 이주와 초국가 공동체의 형성: 영국 거주 조선족 사회의 형성과 변화」, 『한국동북아논총』 62, 한국동북아학회, pp. 53~74.

이진영·박우, 2009, 「재한 중국 조선족 노동자집단의 형성과정에 관한 연구」, 『한국동북아논총』 51, 한국동북아학회, pp. 99~119.

이진영·이철우·이근관, 2005, 「재중동포의 중국국적 취득: 그 시점과 자발성을 중심으로」, 법무부보고서.

이창호, 2008, 「한국 화교의 사회적 공간과 장소: 인천차이나타운을 중심으로」, 한국학중앙연구원 인류학과 박사학위논문.

이창호, 2012, 「한국화교의 '귀환'이주와 새로운 적응」, 『한국문화인류학』 45(3), 한국문화인류학회.

이춘호, 2014, 「재한 중국 동포의 정체성의 정치: 단체의 조직과 활동을 중심으로」, 『아태연구』 21(3), 경희대학교 국제지역연구원, pp. 143~180.

이해응, 2005, 「한국 이주 경험을 통해 본 중국 조선족 기혼여성의 정체성 변화」, 『여성학논집』 22(2), pp. 107~143.

이현정, 2000, 「"한국취업"과 중국 조선족의 사회문화적 변화: 민족지적 연구」, 서울대학교 인류학과 석사학위논문.

이현정, 2001, 「조선족의 종족 정체성 형성 과정에 관한 연구」, 『비교문화연구』 7(2), 서울대학교 비교문화연구소, pp. 63~105.

이혜경·정기선·유명기·김민정, 2006, 「이주의 여성화와 초국가적 가족: 조선족 사례를 중심으로」, 『한국사회학』 40(5), 한국사회학회, pp. 258~300.

임선일, 2010, 「에스니시티(ethnicity) 변형을 통한 한국사회 이주노동자의 문화변용연구」, 성공회대학교 사회학과 박사학위논문.

임성숙, 2004, 「한국 내 조선족 노동자의 민족정체성 재형성 과정」, 한양대학교 문화인류학과 석사학위논문.

임채완·김강일, 2002, 「중국 연변 조선족의 민족 정체성 조사 연구」, 『대한 정치학회보』 10(1), 대한정치학회, pp. 247~273.

전경수, 1989, 「중국 동북의 조선족: 민족지적 개황」, 『사회과학과 정책연구』 11(2), 서울대학교 사회과학연구소, pp. 183~370.

전신자, 2007, 「중국조선족 여성들의 국제결혼으로 본 조선족 사회 가족변화」, 『여성이론』 16, pp. 57~77.

전형권, 2006, 「모국의 신화, 노동력의 이동, 그리고 이탈: 조선족의 경험에 대한 디아스포라적 해석」, 『한국동북아논총』 38, 한국동북아학회, pp. 135~160.

정문수, 2008, 「재현의 공간과 문화의 혼성: 서울 가리봉동 연변마을의 경관 분석」, 서울대학교 환경대학원 석사학위논문.

정신철, 2004, 『한반도와 중국 그리고 조선족』, 모시는 사람들.

정판룡, 1993, 「서문」, 『당대중국조선족연구』(김동화·김승철 편), 연변인민 출판사.

정판룡, 1994, 『내가 살아온 중화인민공화국』, 서울: 웅진출판.

정판룡, 1996, 『세계 속의 우리 민족』, 심양: 요녕민족출판사.

조윤덕, 2001, 「중국 조선족 정체성 형성과 교육」, 강원대학교 교육학과 박사 학위논문.

주덕해일생집필소조, 1988, 『주덕해 일생』, 연변인민출판사.

중국조선족청년학회, 1992, 『중국조선족 이민실록』, 연변인민출판사.

찰스 테일러(이상길 역), 2010, 『근대의 사회적 상상』, 이음.

채수홍, 2007, 「귀환 베트남 이주 노동자의 삶과 동아시아 인적 교류」, 『비교 문화연구』 13(2), 서울대학교 비교문화연구소, pp. 5~39.

최금해, 2007, 「조선족 여성들의 한국결혼생활 적응유형에 관한 질적 연구」, 『여성연구』 1, 한국여성정책연구원, pp. 143~188.

최우길, 1999, 「중국 조선족의 정체성 변화에 관한 소고」, 『재외한인연구』 제 8호, 재외한인학회, pp. 187~210.

최우길, 2014, 「조선족 정체성 다시 읽기: 세 차원의 의식에 관한 시론」, 『재 외한인연구』 34, 재외한인학회, pp. 95~131.

케빈 그레이, 2004, 「계급 이하의 계급으로서 한국의 이주노동자들」, 『아세아 문제연구소』 116, 고려대학교 아세아문제연구소, pp. 97~128.

하득선, 2011, 「한국 국적 취득과 재한 조선족의 정체성: 서울시 가리봉동, 구로동, 대림동 거주 조선족의 사례」, 한국학중앙연구원 인류학과 석 사학위논문.

한건수, 2003, 「'타자 만들기': 한국사회와 이주노동자의 재현」, 『비교문화연구』 9(2), 서울대학교 비교문화연구소. pp. 157~193.

한건수, 2008, 「본국으로 귀환한 아프리카 이주노동자의 사회문화적 적응과 정체성에 관한 연구: 가나와 나이지리아 노동자를 중심으로」, 『한국아프리카학회지』 27(1), 한국아프리카학회, pp. 225~268.

한도현, 2003, 「민족주의와 이중국적의 불안한 동거」, 『정신문화연구』 26(4), 한국학중앙연구원, pp. 111~132.

한상복·권태환, 1992, 『중국 연변의 조선족: 사회의 구조와 변화』, 서울대학교출판부.

한성미·임승빈, 2009, 「소수민족집단체류지역으로서의 옌벤거리의 장소성 형성 요인 분석」, 『한국조경학회지』 36(6), pp. 81~90.

한현숙, 1996, 「한국체류 조선족 노동자의 문화갈등 및 대응」, 한양대학교 대학원 문화인류학과 석사학위논문.

함한희, 1995, 「한국의 외국인노동자 유입에 따른 인종과 계급문제」, 『한국문화인류학』 28, 한국문화인류학회, pp. 199~221.

허명철, 2011, 「조선족공동체와 정체의식」, 『통일인문학논총』 52, 건국대학교 통일인문학연구단, pp. 307~328.

허명철, 2012, 「조선족 정체성 담론」, 『중앙사론』 36, 한국중앙사학회, pp. 451~470.

홍세영·김금자, 2010, 「조선족 간병인의 문화적응 경험에 관한 연구: 노인 간병서비스를 제공하는 조선족 여성을 중심으로」, 『한국노년학』 30(4), pp. 1263~1280.

황승연, 1994, 「중국동포들의 한국사회 적응실태 조사연구」, 『아태연구』 1, pp. 183~208.

황해영·김영순, 2016, 「재한 중국동포 단체 리더의 활동경험에 나타난 인정투쟁의 의미」, 『교육문화연구』 22(4), 인하대학교 교육연구소, pp. 291~319.

황해영·김영순, 2017a, 「재한 중국 동포 여성단체장의 생애사에 나타난 소수자의 인정투쟁」, 『예술인문사회융합멀티미디어논문지』, 인문사회과학기술융합학회, pp. 509~518.

황해영·김영순, 2017b, 「재한 중국동포 결혼이주여성의 일상생활에 나타난 인정투쟁 경험과 의미」, 『교육문화연구』 23(4), 인하대학교 교육연구소, pp. 459~479.

황해영·천지아, 2016, 「재한 중국 동포의 민족 정체성의 변화과정에 대한

연구」, 『예술인문사회융합멀티미디어논문지』, 인문사회과학기술융합
학회, pp. 403~411.

2. 영미문헌

Agnew, J., 1987, *Place and Politics: The Geographical Mediation of State and Society*, Allen & Unwin, Boston.

Anderson, B., 1983, *Imagined Communities*, London(윤형숙 역, 1996, 『민족주의의 기원과 전파』, 나남).

Appadurai, Arjun, 1996, Modernity at Large : Cultural Dimensions of Globalization Minneapolis: University of Minnesota Press(차원현 · 채호석 · 배개화 역, 2004, 『고삐 풀린 현대성』, 서울: 현실문화연구).

Appadurai, Arjun, 1990, "Disjuncture dand difference in the global cultural economy", in M. Feathestone(ed.) *Global Culture*, London: Sage.

Barth, Frederick, 1967, "On the Study of Social Change." *American Anthropologist* 69 : 661-669.

Barth, Frederick, 1969, *Ethnic Groups and Boundaries*. Boston: Little, Brown.

Basch, Linda, Nina Glick Schiller and Cristina Szanton Blanc, 1994, *Nations Unbound: Transnational Projects, Postcolonial Predicaments and Deterritoralized Nation-States*, New York: Gordon and Breach.

Befu, H. (ed), 1993, *Cultural Nationalism in East Asia - Represetation and Identity.* Berkeley: Institute of East Asian Studies.

Berger P. L., Luckmann T., 1967, *The Social Construction of Reslity*, Garden City, N Y: Doubleday.

Brown, Rupert, 1995, *Prejudice, Its Social Psychology*, Oxford: Blackwell.

Calhoun, Craig, 1994, "Social Theory and the Politics of Identity", Calhoun, Craig(ed), 1994, *Social Theory and the Politics of Identity*, Oxford, UK and Cambridge, USA: Blackwell.

Cassirer E., 1970, *An Essay on Man*, Toronto: Bantam Books.

Choi, Woo-Gill. "The korean Minority in China: The Change of its Identity." Development and Society 30(1): 119-141, 2001.

Clifford, James, 1994, "Diaspora", *Current Anthropology* 9(3), pp. 302-338.

Confino, Alon, 1997, "Collective Memory and Cultural History. Problems of Method", American Historical Review, Vol. 102, no 5: 1368-1403.

Erikson, E. H., 1968, *Identity: Youth and Crisis*. New York, W.W. Norton.

Fanon, Frantz, 1995, *Peau Noire Masques Biancs*(이석호 역, 1998, 『검은 피부, 하얀 가면』, 인간사랑).

Fraser, Nancy & Honneth, Axel, 2003, *Redistribution or Recognition?; A Eolitical-philosophical Exchange*, London: Verso.

Fraser, Nancy, 2002, "Recognition without Ethics?", pp. 21-42. in Scott Lash & Mike Featherstone(eds.). *Recognition and Difference*, London: Sage Publications.

Gandhi, Leela, 1998, Postcolonial Theory: A Critical Introduction, Allen&Unwin(이영욱 역, 2000, 『포스트식민주의란 무엇인가』, 현실문화연구).

Geertz, Clifford, 1963, *Agricultural Involution. Berkeley*, CA: University of California Press.

Geertz, Clifford, 1973, *The Interpretation of Cultures*. New York. Basic Books.

Georg Simmel, 1955, *Gonflict*, trans. Kurt H. Wolff, Glencoe, I 11.: The Free Press.

Giddens, A., 1991, *Modernity and Self-Identity: Self and Society in the Late Modern Age*, Polity Press(권기든 역, 1997, 『현대성과 자아정체성』, 서울: 새물결).

Gilroy, Paul, 1991, "It Ain't Where You're From, It's Where You're At...: The Dialectics of Diasporic Identification", *Third Test* 13, pp. 3-16.

Glick Schiller, Nina, Linda Basch and Cristina Blanc-Szanton(eds.), 1992, *Towards a Transnational Perspective on Migration*. New York: Academy of Science.

Glick Schiller, Nina, Linda Basch and Cristina Szanton Bland, 1992, "Transnationalism: A New Analytic Framework for Understanding Migration", *Anndls of the New York Academy of Sciences* 645, pp. 1-24.

Gmelch, George, 1980, "Return Migration", *Annual Review of Anthropology* 9: 135-159.

Gmelch, George, 1980, "Return Migration", *Annual Review of Anthropology* 9: 135-159.

Grossberg, L., 1996, Identity and cultural studies: Is that all there is? In S. Hall & P. Gay(Eds.), *Questions of culfural identity*. London: Sage, pp. 87-107.

Guarnizo, Luis E. and Michael P. Smith 1998, "The Location of Transnationalism." In Smith, M. P. and L. E. Guranizo(eds.) Transnationalism from Below. New Brunswick, New Jersey: Transaction Publishers. pp. 3-34.

Guarzino, Luis Eduardo and Michael P. Smith, 1998, "The Locations of Transnationalism", M. P. Smith and L. E. Guarzino (eds.) 1998, pp. 3-34.

Gurvitch G., 1971, *The Social Frameworks of Knowledge*, Oxford: Blackwell.

Hannerz, Uif, 1990, "Cosmopolitans and Locals in World Culture", M. Featherstone(ed.) *Global Culture: Nationalism, Globalization and Modernity*, London: Sage, pp. 237-251.

Harvey, D., 1990, *The Condition of Postmodemity: An Enquiry into Origins of Cultural Change*, Oxford: Blackwell(구동희 · 박영민 역, 1994, 『포스트모더니티의 조건』, 한울).

Henri Lefebre, 1968, *La Vie quotidienne dans le monde moderne*(박정자, 2005, 『현대세계의 일상성』, 에크리).

Hobsbawm, E. and T. Ranger(eds.), 1983, *The Invention of Tradition*, New York: Cambridge University Press.

Honneth, Axel, 1992, *Kampf Um Anerkennung,* Suhrkamp Verlag Frankfurt am Main(문성훈 · 이현재 역, 1996, 『인정투쟁: 사회적 갈등의 도덕적 형식론』, 동녘).

Jenkins, Richard, 1996, *Social Identity*, Routledge.

Kang, Jin Woong. "The Dual National Identity of the Korean Minority in China: The Politics of Nation Race and the Imagination of Ethnicity." Studies in Ethnicity and Nationalism 8(1): 101-119, 2008.

Kellner, D., 1995, *Media Culture: Cultural Studies, Identity and Politics Between the Modern and the Postmodern*, New York: Routledge.

King, Russell and Anastasia Christou, 2011, "Of Counter-Diaspora and Reverse Transnationalism: Return Mobilities to and from the Ancestral Homeland", *Mobilities* 6(4): 451-466.

King, Russell, 1986, *Return Migration and Regional Economic Problems Economic*, London: Croom Heim.

Laura Uba, 1994, Asian Americans: Personality Patterns, Identity and Mental Health, New York: Guilford Press.

Lee, Jean-young. "The Korean Minority in China: The Policy of the Chinese Communist Party and the Question of Korean Identity." The Review of Korean Studies 4(2): 87-131, 2011.

Levin, Jack & Levin, Wiliam C., 1982, *The Functions of Discrimination and Prejudice*, New York: Harper & Row, Publishers.

Mahler, Sarah J. 1998, "Theoretical and Empirical Contributions Toward a Research Agenda for Transnationalism", M. P. Smith and Guarzino (eds.) 1998, pp. 64-102.

Mills C. W., 1956, *The Power Elite*, New York: Oxford University Press.

Morawska, Ewa, 2001, "Immigrants, Transnationalism, and Ethnicization: A Comparion of This Great Wave and the Last." In Gerstle G. and J. H. Mollenkopf(eds) *E Pluribus Unum? Contemporary and Historical Perspectives on Immigrant Political Incorporation*. New York: Russell Sage. pp. 175-212.

Ong, Aihwa and Donald M. Nonini(eds.), 1997, *Ungrounded Empires - The Cultural Politics of Modern Chinese Transnationalism*, New York: Routledge.

Ong, Aihwa and Donald M. Nonini(eds.), 1997, *Ungrounded Empires - The Cultural Politics of Modern Chinese Transnationalism*, New York: Routledge.

Pang Eng Fong, 1993, "Labor Migration to the Newly-Industrialising Economies of South Korea, Taiwan, Hong Kong and Singapore", International Migration vol. 31, no. 2-3.

Park, Jung-Sun and Paul Y. Chang. "Contention in the Construction of a Global Korean Community: The Case of the Overseas Korean Act." Journal of Korean Studies 10(1): 1-27, 2005.

Pessar, Patricia R.(ed), 1997, *Caribbean Circuits: New Directions in the Study of Caribbean Migration*. New York: Center for Migration Studies.

Portes, Alejandro, 1997, "Immigration Theory for A New Century: Some

Problems and Opportunities", *International Migration Review* 31.

Pred, A. R., 1984, Place as Historically Contingent Process: Structuration and the Time-Geography of Becoming Places, *Annals of the Association of American Geographers* 74(2): 279-297.

Schiller, N. G., Linda Basch and Cristina Blanc-Szanton, 1992, "Transnationalism: A New Analytic Framework for Understanding Migration", N. G. Schiller, Linda Basch and Cristina Blanc-Szaton(eds.) *Towards Transnational Perspective on Migration-Race, Class, Ethnicity, and Nationalism Reconsidered*, New York, pp. 1-24.

Shibutani, T. and K. Kwan, 1996, *Ethnic Statification: A Comparative Approach*. New York: The Macmillan Company.

Tsuda, Takeyuki, 2009, *Diasporic Homecomings,* Stanford.

Uba, L. 1994, *Asian Americans: Personality Patterns, Identity*, and Mental Health, New York: Guilford Press.

3. 일본문헌

梶田孝道・丹野清人・樋口 直人, 2005,『顔の見えない定住化：日系ブラジル人と國家・市場・移民ネットワーク-』, 名古屋大學出版社.

宮島 美花, 2007,「エスニック・トランスナショナル・アクター再考(1)： 朝鮮族の新たな跨境生活圏(渡邉英夫教授記念号)」,『香川大学經濟論叢』80巻2号, 香川大学経済研究所, pp. 193-223.

佐佐木衛, 2005,「中国朝鮮族に見られる移動と階層分化、エスニシティ」,『階層・移動と社会・文化変容』(奥村真知・田巻松雄・北川隆吉編), 文化書房博文社, pp. 41-58.

佐佐木衛, 2005,「国境を越える移動とエスニシティ：中国青島の事例から」, アジア遊学 特集『東アジアのグローバル化』81, pp. 38-47.

小井土彰宏, 2005,「グローバルと越境的社會空間の編成：移民研究におけるトラアンスナショナル視角の諸問題」,『社會學評論』56巻2号, pp. 381-397.

小内透, 2001,「日系ブラジル人の定住化と地域社会の変化」,『日系ブラジル人の定住化と地域社会』, 御茶ノ水書房.

石川雅典, 1998,「日系ブラジル人のデカセギの長期化」,『移住と定住』(佐藤誠編),
　　　同文舘.
前山 隆, 2001,『異文化接触とアイデンティティ-ブラジル社會と日系人』, 東京:
　　　御茶の水書房.
俵, 有美, 2007,「ロ-カル・コミュニティ-と日系ブラジル人の生活展開 : コミュ
　　　ニティ-概念・理論の再檢討」, 金沢大學社會環境科學研究科 박사학위논문.
權香淑, 2011,『移動する朝鮮族』, 彩流社.

4. 중국문헌

朝鮮族間史編輯組, 1986,『朝鮮族間史』, 延吉: 延邊人民出版社.
槻木瑞生, 1975,「日本舊植民地における教育-"滿洲"および間島おける朝鮮人教育」,
　　　『名古屋大學教育學部紀要』.
金钟国, 2004,「延边海外劳务回国人员的动向及再创业问题研究」,『延边党校学报』
　　　2, pp. 78-80.
李宏宇, 2014,「朝鮮族赴韩劳务人员返乡回国创业研究」, 延边大学人文学院社会学
　　　系硕士论文.
劉俊秀, 1985,「關於民族政策中的幾個問題(1948.12.9)」,『中國延邊吉東吉敦地委延
　　　邊專署重要文件彙編(1945.11-1949.1)』(延邊朝鮮族自治州檔案館 編).
朴光星, 2009,「跨国劳动力流动与中国朝鲜族的全球性社会网络」,『中央民族大学
　　　学报』5, pp. 18-24.
朴光星, 2015,「"跨越市场的中间人"角色与沿海城市"朝商"群体的兴起-对青岛市朝
　　　鲜族工商业者的调查探析」,『中国民族报』7.
全錦子, 2009,「尖于延边州返乡妇女生存发展状况的几点思考」,『延边党校学报』3,
　　　pp. 91-93.
孫春日, 2018,「中国朝鲜族 "族群"边界的构建与多重认同」,『广西民族研究』2,
　　　pp. 74-80.
孫春日, 2009,『中國朝鮮族移民史』, 中華書局.
王敏, 2013,「延边劳务回国人员生活状况调查与思考」,『现代交际』1, pp. 15-16.
徐大慰, 2007,「巴特的族群理论述评」,『贵州民族研究』27(6), pp. 66-72.
玄龍淳 等, 1985,『朝鮮族百年史話 1,2,3,4』, 沈陽: 遼寧人民出版社.

延邊朝鮮族自治州檔案館 編, 1985,「延邊地委關於延邊民族問題」,『中國延邊吉東吉
　　敦地委延邊專署重要文件彙編(1945.11-1949.1)』.
延邊朝鮮族自治州地方志編纂委員會, 1996,『延邊朝鮮族自治州志』上, 北京: 中華書局.
中國吉林省延邊自治州統計局, 2009,『延边六十年[M]』, 香港: 中国国际图书出版社.

5. 기타(통계, 홈페이지, 기사)

통계

구로구, www.guro.go.kr『구로통계연보』, 2000-2009.
서울시, www.stat.seoul.go.kr『서울시통계연보』, 2000-2009.
영등포구, www.ydp.go.kr『영등포구통계연보』, 2000-2009.

홈페이지

모이자: www.moyiza.net
조선족30-40대들: www.korean3040.co--/user
재한조선족유학생네트워크: www.kcn21.net
가리봉교회: www.karibong.org
서울 조선족 교회: www.koreanchinese.or.kr
가리봉 이주노동자의 집(천주교): www.nodongsamok.or.kr
(사)한국이주노동자복지회: www.miwel.or.kr
이주민여성상담소: www.g4w.co.kr
중국동포의 집: www.g4w.net
중국동포한마음협회: http://cafe.daum.net/yitiaoxin
중국동포타운신문 독자모임 카페: http://cafe.daum.net/koreanchinesetown
중국정보 온바오: http://onbao.com
조글로: http://www.zoglo.net
희망지성국제방송: http://www.soundofhope.kr
연변통신: http://yanbianforum.com

기사

길림신문, 2008.11.8일 자, "서란시 370여 명 귀향노무자보스로."
료녕조선문보, 2010.6.4일 자, "해외 조선족들의 귀국 정착사업필요성."
연변주취업복무국, 2009, 『길림성 연변주 노무송출과 경외 취업 귀환 상황
    조사보고』.
길림신문, 2006.9.9일 자, "조선족귀국노무자창업…… 단 15%뿐."
길림신문, 2006.7.15일 자, "≪귀국……재출국≫반복-귀국노무자창업 큰 숙제."
길림성현성망, 2015.10.14일 자, 「연변주 귀환창업사업성과가 현저하다-귀환
    자가 만 명을 넘고 창업자가 사천 명에 달한다」.
길림일보, 2004.11.12일 자, 「길림연변발전농촌 노무경계기사」.
쌍창시대, 2016, 「제1회 연변주 귀향 창업 혁신 활동주」.
연길시취업복무국, 2016, 『대중창업, 만중창신: 취업창업정책회편』.
연길시귀환창업영도소조, 2016, 『연길시 귀향 창업지도수첩』.

초국적 공간에서의 경계 재생산
그리고 귀환

초판인쇄 2019년 12월 15일
초판발행 2019년 12월 15일

지은이 방미화
펴낸이 채종준
펴낸곳 한국학술정보㈜
주소 경기도 파주시 회동길 230(문발동)
전화 031) 908-3181(대표)
팩스 031) 908-3189
홈페이지 http://ebook.kstudy.com
전자우편 출판사업부 publish@kstudy.com
등록 제일산-115호(2000. 6. 19)

ISBN 978-89-268-9757-7 93330